Idealização
Lucedile Antunes

Coordenação editorial
Lucedile Antunes e Beatriz Montenegro

SOFT SKILLS KIDS

Literare Books
INTERNATIONAL
BRASIL · EUROPA · USA · JAPÃO

© LITERARE BOOKS INTERNATIONAL LTDA, 2022.
Todos os direitos desta edição são reservados à Literare Books International Ltda.

PRESIDENTE
Mauricio Sita

VICE-PRESIDENTE
Alessandra Ksenhuck

DIRETORA EXECUTIVA
Julyana Rosa

DIRETORA DE PROJETOS
Gleide Santos

RELACIONAMENTO COM O CLIENTE
Claudia Pires

IDEALIZAÇÃO
Lucedile Antunes

EDITOR
Enrico Giglio de Oliveira

ASSISTENTE EDITORIAL
Luis Gustavo da Silva Barboza

REVISOR
Ivani Rezende e Margot Cardoso

CAPA
Edvam Pontes

DESIGNER EDITORIAL
Lucas Yamauchi

ILUSTRAÇÕES
Marcio Reiff

IMPRESSÃO
Gráfica Paym

Dados Internacionais de Catalogação na Publicação (CIP)
(eDOC BRASIL, Belo Horizonte/MG)

S681   Soft skills kids: como desenvolver as habilidades humanas nas crianças para se tornarem adultos bem-sucedidos / Coordenadoras Beatriz Montenegro, Lucedile Antunes. – São Paulo, SP: Literare Books International, 2022.
376 p. : il. ; 16 x 23 cm

Inclui bibliografia
ISBN 978-65-5922-432-6

1. Educação de crianças. 2. Autoconhecimento. 3. Crianças – Desenvolvimento. I. Montenegro, Beatriz. II. Antunes, Lucedile.
CDD 372.21

Elaborado por Maurício Amormino Júnior – CRB6/2422

LITERARE BOOKS INTERNATIONAL LTDA.
Rua Antônio Augusto Covello, 472
Vila Mariana — São Paulo, SP. CEP 01550-060
+55 11 2659-0968 | www.literarebooks.com.br
contato@literarebooks.com.br

SUMÁRIO

7   AGRADECIMENTOS
Lucedile Antunes

9   PREFÁCIO
Lucedile Antunes e Beatriz Montenegro

11   INTRODUÇÃO
Lucedile Antunes, Beatriz Montenegro e Maristela Francener

23   ORGANIZAÇÃO, PLANEJAMENTO E FLEXIBILIDADE

27   EM AMBIENTES DE APRENDIZAGEM
João Rodrigo Lima Agildo

37   EM AMBIENTES FAMILIARES
Débora de Fatima Colaço Bernardo Godoy

47   EM AMBIENTES SOCIAIS
Viviana Boccardi Palou

55   EQUILÍBRIO, CORAGEM E INTEGRIDADE

59   EM AMBIENTES DE APRENDIZAGEM
**Alessandra Pellegrino Casquel Lopes e
Audrey Pellegrino Taguti**

69   EM AMBIENTES FAMILIARES
Cintia Pimentel Sayd

79   EM AMBIENTES SOCIAIS
Carlos Eduardo de Carvalho Corrêa

89	AUTOCONFIANÇA E GRATIDÃO
93	EM AMBIENTES DE APRENDIZAGEM Adriana Moreira da Cunha
101	EM AMBIENTES FAMILIARES Juliana M. Franceschini Roveran
111	EM AMBIENTES SOCIAIS Maria Teresa Casamassima
121	RESOLUÇÃO DE PROBLEMAS E CRIATIVIDADE
125	EM AMBIENTES DE APRENDIZAGEM Beatriz Martins e Ricardo Martins
135	EM AMBIENTES FAMILIARES Ricardo Gaspar
145	EM AMBIENTES SOCIAIS Virgínia Lemos Leal Newton
155	INTELIGÊNCIA EMOCIONAL E COMUNICAÇÃO
159	EM AMBIENTES DE APRENDIZAGEM Aline da Silva França
167	EM AMBIENTES FAMILIARES Ana Paula Luz Rodrigues dos Santos
177	EM AMBIENTES SOCIAIS Rejane Villas Boas Tavares Corrêa
185	RESILIÊNCIA, APRENDIZADO E EMPATIA
189	EM AMBIENTES DE APRENDIZAGEM Andrea Cianflone Zacharias de Andrade
199	EM AMBIENTES FAMILIARES Caroline Leal
207	EM AMBIENTES SOCIAIS Flávia Moraes
217	COLABORAÇÃO E COOPERAÇÃO
221	EM AMBIENTES DE APRENDIZAGEM Fabiana Radomille Gonçalves de Oliveira

229   EM AMBIENTES FAMILIARES
Josana Laignier

239   EM AMBIENTES SOCIAIS
Maria Thereza Valadares e Lais Maria Santos Valadares

247   ESCUTA ATIVA E COMPAIXÃO

249   EM AMBIENTES DE APRENDIZAGEM
Giovanna Almeida Leite

259   EM AMBIENTES FAMILIARES
Maria Fernanda Masetto Montenegro

269   EM AMBIENTES SOCIAIS
Ana Luiza Morrone Gebara

277   TRABALHO EM EQUIPE E RESPEITO

281   EM AMBIENTES DE APRENDIZAGEM
Thaís Pereira Tallo

289   EM AMBIENTES FAMILIARES
Kamilly Guedes

299   EM AMBIENTES SOCIAIS
Amanda Christina Teixeira de Faria

309   RESPONSABILIDADE E ATITUDE POSITIVA

313   EM AMBIENTES DE APRENDIZAGEM
Claudia Siqueira

321   EM AMBIENTES FAMILIARES
Jusley Valle

331   EM AMBIENTES SOCIAIS
Roberta A. M. Bittencourt Ocaña

341   AUTENTICIDADE E ESCUTA

345   EM AMBIENTES DE APRENDIZAGEM
Andrea Quijo e Fabiana Domingues

353   EM AMBIENTES FAMILIARES
Amanda Mota Andrade Marques

363 EM AMBIENTES SOCIAIS
Maria Juliana de Jesus Neta Audi

371 EPÍLOGO
Claudia Siqueira e Luciano Alves Meira

AGRADECIMENTOS

Em 2020 e 2021, eu idealizei os livros da série *Soft skills*, nos quais são apresentadas mais de 50 habilidades comportamentais, e foi surpreendente receber o reconhecimento da revista *Veja* como best-seller. Estar até hoje na lista dos mais vendidos na Amazon, bem como em diversos outros meios de comunicação, me trouxe a certeza de que esta coletânea estava ajudando milhares de pessoas a se desenvolverem e se tornarem seres humanos ainda melhores.

Sempre fui muito apaixonada por apoiar as pessoas a florescerem suas habilidades e se reconectarem com a sua essência. Imbuída desse propósito, idealizei com muito carinho este volume três da série *Soft skills*, e convidei, para estar ao meu lado, um time muito especial.

Quero deixar aqui o meu agradecimento especial à Beatriz Montenegro, Claudia Siqueira, Amanda Christina Teixeira de Faria e Ana Paula Luz Rodrigues dos Santos que, brilhantemente, estiveram ao meu lado na coordenação desse lindo time de coautores, e ao querido Marcio Reiff que, com tanta criatividade e sensibilidade, ilustrou todos os capítulos deste livro. Nosso trabalho em equipe foi uma experiência incrível e de muita união.

A todos os autores desta obra, gostaria de deixar registrado que, ao longo dos trabalhos, eu pude sentir o quanto vocês se entregaram de corpo e alma para trazer aos pais e educadores suas dicas mais valiosas, resultado de muitas experiências com os trabalhos de desenvolvimento infantil. Muito obrigada por acreditarem em meu sonho de construirmos um conteúdo de alto nível, para proporcionar um futuro melhor às nossas crianças, potencializando, desde muito cedo, as habilidades comportamentais cada vez mais necessárias para a construção de relações saudáveis.

E, por fim, o meu agradecimento carinhoso vai para o meu marido Juliano Antunes, que sempre esteve ao meu lado me apoiando em todos os meus sonhos; aos meus filhos, Julia e Raphael, que me inspiram buscar a minha evolução como ser humano a cada dia; e aos meus pais, que me deram a vida.
Muito obrigada,

Lucedile Antunes

PREFÁCIO

Pais e educadores vivem no desejo de oferecer, às crianças, experiências que possibilitem o desenvolvimento e o florescimento das suas habilidades de forma integral.

Para permitirmos e possibilitarmos esse desenvolvimento, é essencial olharmos para nós mesmos, nossa história, crenças, pensamentos, necessidades, referências e certezas. É imprescindível que comecemos, dentro de nós, esse movimento de mudanças que permeiam a inteligência emocional, a escuta ativa, a comunicação não violenta, a autoconfiança, a compaixão, o trabalho em equipe, a organização, a flexibilidade, a autenticidade e a criatividade para resolução de problemas, entre outros atributos.

Sabemos que as *soft skills* se tornaram essenciais no complexo mundo contemporâneo. Portanto, se esse desenvolvimento envolve também, da nossa parte, uma dedicação, poderíamos nos perguntar: "será que não é tarde demais para pensarmos nesse tema?" E aqui entra a beleza e a urgência desta obra: por que não começarmos na infância?

Poderemos caminhar ao lado das nossas crianças, pensando não somente na educação dentro de casa, mas ampliando nosso olhar para que possamos deixar um legado de entregar ao mundo seres humanos muito melhores, que tenham consciência sobre a sua responsabilidade pessoal, reconhecendo e promovendo o próprio bem-estar, bem como a responsabilidade coletiva, compreendendo o seu entorno e preservando o bem-estar dos demais. Que o respeito mútuo possa ser a engrenagem para um mundo sem julgamentos, preconceitos e egoísmo, permitindo que, desde cedo, nossas crianças se sintam conscientemente preparadas para cuidarem de si e habilitadas para entenderem e respeitarem o mundo do outro.

Por isso, apoiar, orientar e ser uma fonte de inspiração, pelo exemplo, permitirá a pais e educadores também desenvolverem um olhar

Lucedile Antunes e Beatriz Montenegro

sobre si e sobre a sua evolução até aqui, ampliando o florescimento das suas *soft skills*.

Assim, em cada capítulo, faremos um convite para que você possa ampliar as suas reflexões, olhando para a criança que convive com você e para a criança que você foi, com o objetivo de se entregarem, juntos, no desenvolvimento das *soft skills*. Nossas crianças não darão um passo sequer no desenvolvimento dessas habilidades se nossos caminhares estiverem em outra direção, afinal, sempre seremos uma referência para elas.

Desejamos uma viagem maravilhosa pelo autoconhecimento e autodesenvolvimento.

Com muito carinho,

Lucedile Antunes e Beatriz Montenegro

INTRODUÇÃO

As crianças aprendem o que vivem

Se as crianças viverem em meio às críticas, aprenderão a condenar.
Se crescerem em meio às hostilidades, acreditarão que o melhor caminho é o do conflito.
Se forem constantemente ridicularizadas, tenderão a se fechar em sua timidez.
Se não aprenderem a lidar com a vergonha, serão marcadas pelo sentimento de culpa.
Contudo, se forem estimuladas a ser elas mesmas, desenvolverão a autoconfiança.
Se suas qualidades forem destacadas, aprenderão a gostar de si mesmas.
Se viverem cercadas por exemplos de tolerância, saberão acolher as diferenças.
Se testemunharem gestos de reconhecimento, serão capazes de apreciar os outros.
Se se depararem com atitudes de aceitação, aprenderão a amar.
Se habitarem em ambientes seguros, reconhecerão o valor da colaboração.
Se a veracidade estiver na essência da comunicação ao seu redor, desenvolverão a honestidade.
Se descobrirem a beleza da amizade, poderão tornar o mundo um lugar melhor de se viver.
(DOROTHY LAW NOLTE)

Lucedile Antunes, Beatriz Montenegro e Maristela Francener

Lucedile Antunes

Uma das referências, no Brasil, no desenvolvimento de *soft skills*. Palestrante e fundadora da L. Antunes Consultoria & Coaching, idealizada com a missão de gerar transformações nas pessoas e empresas. "Somos uma empresa de Desenvolvimento e florescimento humano, ancorada no desenvolvimento de habilidades comportamentais e relacionais". Apaixonada pela evolução das pessoas, já impactou centenas de líderes e colaboradores com seus programas de florescimento humano. É mãe da Julia e do Raphael, mentora e *coach* reconhecida internacionalmente pelo ICF – International Coach Federation. Autora de diversos livros e artigos sobre desenvolvimento humano e organizacional. Idealizadora e organizadora dos livros *Soft skills: competências essenciais para os novos tempos* e *Soft skills: habilidades do futuro para o profissional do agora*, publicados pela Literare Books International, reconhecidos em 2020 e 2021 como best-sellers pela revista *Veja*.

Beatriz Montenegro

Neuropsicopedagoga, Educadora parental e mãe do Benício. Sou encantada pelos processos de aprendizagem, por vivenciar ao lado de crianças e jovens o desenvolvimento de suas habilidades e, nessa parceria, vem a família e a escola. Especialista em Desenvolvimento Infantil e em Educação Parental, uno o trabalho de acompanhar o desenvolvimento de habilidades nas crianças com o fortalecimento dos vínculos familiares, promovendo relações saudáveis, respeitosas e envoltas no amor incondicional. Palestrante, mentora e terapeuta. Sou mentora de famílias, palestrante e neuropsicopedagoga clínica e inclusiva. Idealizadora do Desafio do Brincar e da Comunidade Conexão Materna, trabalhos que eu desenvolvo relacionados à minha missão: possibilitar um desenvolvimento à criança e ao jovem saudável e íntegro. Formação em *Attached at the heart* do API (Attachment Parenting International), oferecida por meio da formação da Escola Positiva. Formada em Atuação Consciente na Infância e na Adolescência, pela Escola de Educação Positiva. Atendo em consultório particular crianças, jovens e famílias.

Maristela Francener

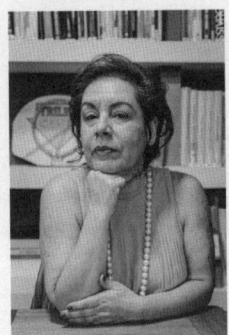
Médica, ginecologista-obstetra e clínica geral, com atividade ampliada pela Antroposofia e atuação em consultório particular e no SUS. Aconselhadora biográfica formada na Artemísia (segunda turma do Brasil), pelo Centro de Desenvolvimento Humano, São Paulo. Coordenadora de *workshops* biográficos em suas diversas temáticas. Docente da Associação Brasileira de Medicina Antroposófica e do curso de Terapia Artística, da Associação Sagres. Palestrante nos temas da Biografia Humana, Desenvolvimento Humano e Metodologia Científica, segundo Goethe, pelo Goethean Science, tendo recebido treinamento na Grã-Bretanha. Cofundadora do curso Biografia e Caminho Iniciático. Formação biográfica de Florianópolis (SC). Mãe da Joana, apaixonada pela biografia humana e sua abordagem dentro dos conteúdos da Antroposofia; pelas histórias de vida das pessoas, suas crises e chances de desenvolvimento.

Por que as crianças precisam desenvolver *soft skills*?

A tradução do termo *soft skills* pode ser, simplesmente, habilidades humanas. Essas, por sua vez, são mais bem definidas pelas diferenças que guardam em relação às habilidades técnicas e aos saberes acadêmicos.

Se nossos filhos crescerem e desenvolverem o melhor do que há em competências técnicas, tecnológicas e acadêmicas, mas negligenciarem questões como autoconhecimento, empatia, agilidade emocional, autenticidade, compaixão, adaptabilidade e resiliência, entre outras, certamente, encontrarão muitas dificuldades para seguir com sonhos, projetos, empreendimentos e carreiras, sendo infelizes e infelicitando as pessoas ao redor.

Já foi o tempo em que crianças eram tratadas como pequenos adultos. Na Idade Média, elas começavam a trabalhar muito cedo na lavoura e na criação de animais. Nos centros urbanos do século XIX – como ficou muito bem ilustrado na obra de Charles Dickens – foram absorvidas pelas fábricas, trabalhando em turnos de até 14 horas diárias. Foi apenas com o progresso das ciências, em especial o da psicologia do século XX, que as leis trabalhistas evoluíram para criminalizar esse expediente inaceitável.

Hoje, no mundo complexo em que vivemos, embora a maioria das crianças nos países desenvolvidos já tenha adquirido o justo direito de brincar e estudar ao longo da infância, uma nova sombra recai sobre elas nos excessos das mídias sociais e em muitas posturas equivocadas de pais, responsáveis e educadores.

Obviamente, as crianças não estão em condições de cuidar sozinhas do próprio desenvolvimento. O caminho para que elas sejam fortalecidas na direção das habilidades humanas passa pela preparação dos pais, dos responsáveis, dos educadores e dos cuidadores em geral que precisam compreender cada vez melhor a importância dessas habilidades no mundo contemporâneo. É essa a clara intenção deste livro.

Depois de termos lançado dois volumes da série *Soft skills* destinados aos adultos em seus desafios profissionais e pessoais – eleitos best-sellers pela revista Veja –, este terceiro volume vem cumprir um anseio nosso de que tal formação tenha início o mais cedo possível na vida das crianças, preparando-as para tudo o que terão de enfrentar, enquanto se descobrem e se projetam no mundo.

Reconhecer que a criança é um ser em desenvolvimento, elucidar esse processo e distinguir as etapas pelas quais ela precisa passar em seu crescimento é, talvez, a primeira lição que todos os adultos deveriam aprender para se libertarem de ideias arraigadas e padrões comportamentais equivocados e disfuncionais.

Por essa razão, convidei a Dra. Maristela Francener, médica e especialista em Antroposofia e Biografia Humana, para que nos explique sobre um dos ritmos da Biografia, os ciclos de sete anos, chamados setênios e, assim, fale sobre o primeiro e o segundo setênios ancorada em saberes científicos que ela muito bem pesquisou e desenvolveu ao longo de sua brilhante carreira. Passo-lhe a palavra nesta introdução.

Os setênios e a antroposofia

Na Grécia pré-socrática, já se falava em dividir a vida em períodos de sete anos. Rudolf Steiner resgatou a questão dos setênios, tendo elaborado e ampliado sua dinâmica em inúmeras palestras sobre Pedagogia e Antroposofia. A vida se transforma ao longo do tempo e os setênios marcam passagens importantes no decorrer desse percurso. A cada seis ou sete anos realmente mudamos, como se trocássemos de pele, passando, assim, a uma nova fase. Esse intervalo possui diversas correspondências com o ritmo do desenvolvimento.

Como se dá o desenvolvimento infantil dos primeiros anos até a pré-adolescência

A primeira e a segunda infância constituem períodos fundamentais para muito do que venhamos a ser na nossa vida adulta. Nosso desenho psíquico e emocional, por assim dizer, muito se esboça nesses dois primeiros períodos formativos.

A primeira infância: do nascimento aos 7 anos

Logo nos primeiros anos de vida, o nosso contato com o mundo vem pela experiência, principalmente, com a família, seus cuidadores e, também, nos ambientes de aprendizagem, visto que muitas crianças vão para a escola bem cedo. A personalidade começa a ser moldada pelo ambiente no qual a criança está inserida, e tudo o que ela vivenciou influenciará o seu desenvolvimento, trazendo consequências aos ciclos seguintes até a fase adulta. Nessa fase, um olhar atento ao desenvolvimento das *soft skills* será fundamental para que as crianças construam um repertório de relações saudáveis.

Desde seu nascimento até os sete anos, a criança e o mundo são unidos um ao outro, como que amalgamados. A criança, em seus primeiros seis a sete anos, vivencia esse entorno como algo pertencente a ela, como continuação direta de seu próprio ser.

A criança pequena é um órgão perceptivo e sensorial, e sua atividade psíquica e emocional tem por finalidade conhecer e explorar o mundo à sua volta.

Seu desenvolvimento acontece a partir das chamadas forças formativas advindas, principalmente, da cabeça e complementadas pelas influências proporcionadas pelo ambiente. As impressões sensoriais, oriundas do mundo externo, ajudam a formar os órgãos. Nesse sentido, essas últimas também ajudam a nos formar, ou deformar, nessa primeira fase da vida, tal como se fôssemos uma esponja a absorver as mais variadas impressões e experiências provenientes do mundo exterior.

A criança pequena aprende por imitação e essa, raramente, é consciente. Ela imita as atitudes dos adultos. Costumo dizer que, como pais e educadores, precisamos nos tornar adultos dignos de sermos imitados.

Querido leitor, convido-o, então, para formarmos uma imagem da criança em seus três primeiros anos de vida. Iniciamos pelo primeiro aninho, quando, ainda bebê, visualizamos esse pequenino ser, recém-chegado ao mundo. Necessita de amparo, calor, proteção e cuidados. Mama e dorme na maior parte do tempo. Nesse primeiro ano de vida, podemos observar o desenvolvimento a partir da cabeça em direção aos membros. A criança coordena o olhar, sustenta a cabeça, senta-se, engatinha, põe-se de pé e, por fim, em torno de um ano, dá seus primeiros passos. Nesse tempo, a fala já vem se ensaiando. Enquanto aprende a postura ereta, verbaliza as onomatopeias e, depois, as palavras soltas.

Em torno de dois anos, a memória se insinua e ajuda a associar as palavras aos objetos. Cadeira é cadeira, mesa é mesa. Esse já seria um primórdio do pensar. Posteriormente, as palavras se juntam, aparecem os verbos e as primeiras frases: "nenê grita", "gato pula", fato que ocorre em torno de dois anos e meio a três. E, por fim, em torno dos três anos, a criança deixa de se referir a si mesma na terceira pessoa do singular e passa a referir-se a si própria na primeira pessoa. Então, antes era "Pepê não quer" e, de agora em diante, será "eu não quero". Esse se constitui em momento importante da biografia humana e costuma-se chamá-lo "a primeira consciência do eu".

A criança pequena se encontra aberta ao mundo, deixando-o fluir com confiança para a sua própria alma. Ela nasce com essa disposição interna, a que chamamos de confiança básica, e essa necessita ser cultivada pelos adultos de seu entorno. Ainda sobre a imitação, nessa fase tenra da vida, ela acontece para muito além da fala ou dos acontecimentos à sua volta. A criança é capaz de assimilar os conteúdos mais sutis que, inclusive, precedem as atitudes ou falas. Também se sabe que, quanto menos consciente ela é – ou seja, quanto menor –, mais profundamente a percepção penetra em sua alma. Aquilo que ainda não vem à consciência, não será elaborado pelo fato de a alma não poder enfrentá-lo com a atitude cognitiva. Esses conteúdos chegarão às camadas inconscientes mais profundas da psiquê, produzindo, mais tarde, determinados sentimentos, tendências e maneiras de agir.

Nesse sentido, cabe aos adultos – pais, educadores ou responsáveis – a grande responsabilidade na proteção e cuidado com a infância. As crianças são seres de grande sensibilidade às impressões e consequentes sensações; são grandes antenas que captam tudo. Sobre o aprendizado por imitação, de nada adiantam as explicações "intelectuais" para ensinarmos ou educarmos as crianças pequenas. O cérebro, ao nascer, ainda está por se desenvolver. E isso vai acontecer, sobremaneira, nos dois primeiros anos de vida, continuando seu desenvolvimento pelos anos vindouros. A criança pequena vai aprender imitando e vai se desenvolver brincando.

Ao redor dos três anos, quando desperta o pensar, a criança fica consciente de sua própria "existência", por assim dizer, e revela essa consciência do próprio "eu" em oposição ao mundo externo, resistindo ao mesmo. Ela percebe que pode dizer "não" e o faz, fortalecendo, assim, a sensação de seu próprio ser. É o período da birra, do "não quero tomar banho", "não quero comer". Também nessa época, ela desperta para a vida semiconsciente dos sentimentos.

Até um aninho, a vida emocional do lactente oscilava entre as sensações de bem-estar e mal-estar, dependendo das funções vitais do seu organismo. Entre um e três anos, a criança pequena fica alegre quando se sente sadia e quando o seu entorno está de acordo com ela, do contrário, fica chorosa e reclamando.

Agora, falaremos sobre a brincadeira, outra maneira de observarmos a vida emocional da criança.

Desde bem cedo, já podemos observar a brincadeira. Segundo a psicanálise, já se constitui em brincadeira o fato de o bebê mamar no seio e, logo em seguida, retirar os seus lábios dos mamilos de sua mãe. Também, desde bem cedo, ainda deitado, brinca com as mãozinhas. Mais mágico ainda vem a ser a descoberta dos pezinhos, que aparecem e depois somem, voltando em seguida a aparecer. Depois são as argolas, um chocalho, tijolinhos ou caixinhas. Os brinquedos desses primeiros anos serão todos aqueles que aparecerão em seu campo visual e que, com certeza, serão levados à boca. Se, por algum motivo, retiramos o brinquedo ou objeto da mão da criança pequena, ela, então, irá chorar um pouco, mas logo em seguida "já passou", e ela irá brincar com outra coisa. Até em torno dos três anos e meio, permanece esse caráter de ligação "momentânea" ao que está por perto, ou seja, a criança, em sua brincadeira, ainda está vinculada ao mundo exterior, manifestando reações de agrado ou desagrado, dependendo da circunstância.

Em torno dos quatro anos de idade, a brincadeira passa por uma transformação importante. Antes dessa idade, a criança se dirigia ao que encontrasse em seu campo visual. A partir de agora, desenvolve-se, no âmbito emocional, uma nova força, algo maravilhoso chamado fantasia criativa. De repente, o tapete da sala virou uma lagoa e a mesa de jantar, uma casa. Ela brinca, então, "na beiradinha do lago e não pode pôr os pés na água, para não se molhar". A criança de quatro a cinco anos não "faz de conta" que a mesa da sala é uma casa. Para ela, a mesa é realmente uma casa, naquele momento. Depois, pode virar outra coisa, de acordo com a sua decisão. Esse é o período em que a criança vê o mundo através de óculos mágicos, sobrepondo a fantasia à realidade.

Esse é um tempo superimportante para o desenvolvimento infantil. Nós, adultos, deveríamos levar muito a sério a chamada fantasia criativa, proporcionando espaço e possibilidades para o cultivo da mesma. Assim, ajudaremos a enriquecer a vida interior da criança. Aqui se compreende, pois, a importância de não se oferecer brinquedos elaborados, sofisticados, complexos e "acabados" a uma criança dessa idade. Com esses, ela nada terá a fazer; será difícil desenvolver sua fantasia criativa.

Assim, chegamos ao quinto ano de vida, quando encontramos a criança no auge do seu brincar criativo. Podemos observar que a brincadeira dura horas e horas. Na praia, por exemplo, presenciamos a construção de castelos de areia que, ao ficarem prontos, são, então, desmanchados para, em seguida, serem novamente construídos. E essas atividades se repetem. O que importa, aqui, é a criação, o ritmo e a repetição. Na brincadeira, ainda não há uma meta a ser atingida. Assim, também acontece com a história contada antes de dormir. Para a criança dessa idade, é maravilhoso ouvir a mesma história repetidas vezes.

Perto de completar seis anos de idade, o brincar se transforma. A brincadeira, de agora em diante, terá uma meta, um objetivo.

Aquele castelo de areia não será desmanchado logo após sua construção, pois, talvez, ganhará alguns castelos vizinhos no dia seguinte, ou será feita uma estrada de acesso ao mesmo. A fantasia criativa da fase anterior, vivida ainda no sentimento, agora, ajudará a desenvolver a volição ou a vontade direcionada. Essa fantasia ativa, que antes era capaz de tantas criações "a partir do mundo interno", agora sofre um certo esmorecimento e a criança necessita criar, "no mundo externo", aquilo que não mais consegue criar a partir de dentro. Assim, o brincar ganha uma meta a ser atingida. A criança estabelece uma tarefa que anseia realizar, pois se deu conta de que não mais pode dar existência real ao que vislumbra com sua fantasia. Essa impossibilidade gera uma certa crise que se assemelha a uma "mini pré-adolescência" temporária, uma separação entre o eu e o mundo exterior; um certo desamparo.

E quando não consegue criar ou empreender, quando se dá conta de sua incapacidade, então, vai em busca da ajuda dos adultos. Aqui começa a nascer um respeito em relação aos adultos, sobretudo, àqueles que são capazes de realizar feitos. Será importante que esse adulto saiba, por exemplo, consertar um carrinho quebrado, remendar a roupa da boneca ou responder às mais variadas perguntas.

Quando a criança chega nessa fase, em que a brincadeira tem uma meta a ser cumprida, significa que está pronta para a aprendizagem das letras, números etc.

A segunda infância: **de 7 a 14 anos**

É a fase de desenvolver o sentir. Explicar e reforçar o caráter positivo da diversidade humana também contribui para ampliar a visão de mundo, estimulando o lado bom de sermos diferentes, ajudando, desse modo, na formação de uma visão conciliadora, trazendo como consequência o desenvolvimento de *soft skills* importantes, como colaboração, trabalho em equipe, escuta, empatia, presença, negociação, entre diversas outras que serão abordadas neste livro.

Em torno de seis a sete anos, a criança vai para a escola "formal". Nessa nova fase, de sete a 14 anos, ela desenvolve a parte média do organismo, seu tórax, onde vivem os órgãos rítmicos: pulmões e coração. Ela própria também vive mais em seus processos rítmicos e está "construindo a casa dos sentimentos". Oscila entre simpatia e antipatia, alegria e tristeza, medo e coragem. Nesse sentido, torna-se importante cultivar o ritmo, tanto na escola quanto em casa, assim como incentivar a criança a aprender a tocar um instrumento.

Entre sete e nove anos, acontece o que chamamos de metamorfose do pensar. Esse, além de captar o mundo externo, também começa a viver em um mundo próprio. A criança, nessa faixa etária, passa da percepção à imagem conceitual. Esse mundo de imagens é algo maravilhosamente real e irreal, e só será abalado com a chegada da adolescência. E se, na fase anterior, aprendia por imitação, agora, aprenderá pela fala, pelo que lhe é contado.

Nas três primeiras séries escolares, a criança ainda não deveria receber ideias abstratas em seu currículo, pois isso ressecaria sua fantasia criativa, tão importante na formação do adulto criativo. Os conteúdos escolares deveriam ser transmitidos por meio das grandes imagens dos contos, das fábulas; e o professor deveria trazer, de modo artístico e criativo, grandes e pequenas verdades da vida ao mundo interior dessa criança.

Esses três primeiros anos da segunda infância – que vão dos sete aos nove anos – ainda são bastante harmoniosos do ponto de vista psíquico; é uma época feliz. Na vida de sentimentos, o mundo ainda está encoberto pela fantasia criativa, que permanece até em torno dos nove anos. A partir dessa idade, a criança começa a passar por uma interiorização maior e, em torno de dez anos, ocorre uma profunda transformação em toda a sua vida emocional. Na verdade, começa a acontecer uma separação maior entre a criança e seu mundo externo, pois, na vida de sentimentos, desfaz-se o véu da fantasia ilimitada que tão carinhosamente a havia envolvido. E, aos dez anos de idade, ocorre o que chamamos de objetivação do sentir. A criança se sente como algo oposto ao mundo exterior e vive essa separação como perda. A partir de agora, torna-se mais crítica, costuma ficar mais quieta, mais ensimesmada e, de repente, começa a sentir medo. Tem medo do escuro, medo de dormir sozinha etc. Esse tempo é vivenciado como uma "pré-queda do paraíso", como se houvesse chegado um pouco mais em si mesma e "na terra". Aqui, torna-se importante a autoridade amorosa dos pais e educadores, dirigida ao coração da criança, quando essa ameaça afundar nas profundezas de si mesma. Importante também, para toda essa fase, será o cultivo dos elementos da arte, da beleza e da religiosidade (essa última, no sentido de levar a criança a cultivar a veneração pelos seres da natureza, desde pedras, plantas, animais e até os seres humanos).

Nessa fase, figuras de autoridade, como pais e professores, influenciam na visão de mundo, bem como na vivência e interação com o mesmo. A criança da segunda infância assimila conceitos, regras ou normas e costumes que poderão se tornar crenças, padrões ou condicionamentos na vida adulta.

Em torno dos doze anos, o impulso do desenvolvimento dirige-se aos membros, sinalizando a pré-adolescência.

Depois desse panorama geral das etapas do desenvolvimento infantil, é hora de passarmos ao estudo e reflexão das habilidades humanas que podem fazer a diferença nesse processo.

Como este livro foi estruturado

Este livro foi estruturado em conjuntos de *soft skills* para olhar para a criança de uma forma cada vez mais integral. Considera-se, aqui, que essa criança vive e transita em ambientes de aprendizagem, como a escola, ambientes sociais e, também, no seu ambiente familiar, e que revela essas aprendizagens a partir do comportamento.

Nesse contexto, vocês poderão aproveitar a oportunidade de compreender a importância e a influência de cada ambiente que a criança faz parte, bem como auxiliá-la no desenvolvimento das habilidades tão importantes para o hoje e para o futuro.

Dividimos o livro em 11 conjuntos de *soft skills* – totalizando 33 capítulos – e convidamos um time de autores de altíssimo nível, especialistas no desenvolvimento infantil que compartilharam suas mais diversas experiências. Em cada conjunto de *soft skills*, trazemos histórias inspiradoras e dicas valiosas para que vocês possam aprender, ampliar as possibilidades e explorar o desenvolvimento das *soft skills* com as crianças. Com certeza, você vai se identificar com alguma situação!

É muito desafiador olhar para uma situação e enxergar o desenvolvimento de apenas uma *soft skill*. Por isso, tivemos a ideia de agrupá-las dentro do universo da infância, considerando a perspectiva do desenvolvimento integral.

Desejamos a você uma excelente leitura!

ORGANIZAÇÃO, PLANEJAMENTO E FLEXIBILIDADE

Sempre que a mãe não parece disposta a desempenhar o seu papel na manutenção da proximidade, a criança está em alerta para assegurar, pelo seu próprio comportamento, que a proximidade seja mantida. Quando, por outro lado, a mãe se mostra pronta a manter a proximidade, a criança pode moderar seus próprios esforços e relaxar.
BOWLBY

ORGANIZAÇÃO   PLANEJAMENTO   FLEXIBILIDADE

Nos próximos capítulo, abordaremos as *soft skills* de organização, planejamento e flexibilidade, que são muito importantes para o desenvolvimento integral da criança e a sua relação com o mundo. Durante a primeira infância, muitas dessas *soft skills* serão garantidas pelos adultos que com elas se relacionam.

A organização é a arte de refazer seus próprios acordos de uma forma ordenada, considerando uma série de elementos que darão forma às partes de um todo.

Já o planejamento é parte integrante da organização, e consiste em desenvolver a capacidade de enxergar etapas à frente e colocá-las em ação.

A flexibilidade foi eleita, recentemente, uma das *soft skills* mais importantes para o profissional do agora. "Tudo que é rígido demais não enverga e se quebra". Flexibilidade é a nossa capacidade de estar sempre de mente aberta para o novo, se adaptando às novas necessidades, demandas, mas sempre alinhados com os valores e princípios interiores.

Relacionamos essas três *soft skills* neste capítulo, pois elas são habilidades que as crianças vivenciam a partir da sua rotina, seja a escolar – em ambiente de aprendizagem – ou no social.

A conquista dessas habilidades envolve propostas práticas – como você verá nos próximos capítulos – mas também avalia o quanto essa criança está inserida em uma rotina que promove a organização, o planejamento e a flexibilidade.

Quando pensamos em rotina, normalmente pensamos em horários bem definidos, em uma sequência de atividades. Porém, na primeira infância, a rotina se caracteriza por algo maior e mais complexo, a proximidade que essa criança vivencia com os adultos e suas relações. Aproximar-se do que vai acontecer, aproximar-se do que se sente, do que incomoda, são essenciais para a conquista dessas *soft skills*.

Os próximos capítulos contarão como aproveitar as situações do cotidiano para permitir que as crianças experimentem rotinas organizadas e, assim, se desenvolvam de forma plena e se tornem adultos organizados, com planejamento e flexibilidade.

Lucedile Antunes e Beatriz Montenegro

1

ORGANIZAÇÃO, PLANEJAMENTO E FLEXIBILIDADE

EM AMBIENTES DE APRENDIZAGEM

A capacidade de atuar em atividades complexas se desenvolve durante a infância e a adolescência e é esperado, no entendimento neurobiológico, que se encontre dificuldades nesse período. Diante disso, veremos como o campo das neurociências está atrelado ao desenvolvimento das *soft skills* de organização, planejamento e flexibilidade, e como a comunidade escolar pode contribuir nesse processo.

JOÃO RODRIGO LIMA AGILDO

João Rodrigo Lima Agildo

Contatos
jr.agildo@uol.com.br
LinkedIn: linkedin.com/in/joaoagildo/
11 98121 1341

Formado em Letras, Inglês e Português, pela USP, com mestrado em Literatura Americana e Curso de Gestão Escolar pela mesma instituição. Coordena o departamento internacional e de língua inglesa do Colégio São Luís, em São Paulo, onde atua fazendo a verticalização e o acompanhamento pedagógico, junto aos professores, desse componente curricular, desde a educação infantil até o ensino médio. Possui 25 anos de experiência em sala de aula, atuando em centros de idiomas e colégios renomados. Sua paixão é trabalhar com alunos, famílias e professores.

Pausa para o intervalo. Em uma sala dos professores, uma professora do 2º ano, enquanto toma uma xícara de café, faz uma lista de tarefas que tem que cumprir ao longo do dia, enquanto ri (acho que de desespero) com as outras professoras para descobrir como faria esse rol de atividades.

Na casa de uma família, uma mãe se programa para levar o filho para tomar a vacina da gripe. Sabe que o posto fica aberto das 8h às 17h, mas ela tem que chegar ao trabalho às 8h, assim como a criança na escola, no mesmo horário. O filho saiu da escola às 16h30 e ela conseguiu com o chefe uma liberação para sair mais cedo. É o dia em que ela não está com o carro, pois o marido fez uma viagem com o veículo. Ela ri (acho que de desespero também), mas começa a pensar em um plano.

Como pais, educadores e interessados no desenvolvimento de habilidades interpessoais, podemos perceber algumas pistas de como se resolve a imensa lista de atividades que ambas as personagens teriam que fazer para conseguir resolver os desafios logísticos e temporais. Certamente não seria uma solução simples, mas elas, cada uma a seu modo, achariam um jeito de lidar com a situação.

Agora, transfiram as situações apresentadas para crianças. Vocês acham que conseguiriam achar uma solução fácil para as situações-problema propostas quando tinham quatro anos? Definitivamente, não! Impossível falar do desenvolvimento das *soft skills* de organização, planejamento e flexibilidade, sem nos atermos ao campo das neurociências.

A capacidade de planejamento, raciocínio e resolução de problemas em situações novas e complexas, dá-se o nome de funções executivas. De acordo com Diamond (2013), há três funções principais que, entrelaçadas, possibilitam realizar essas atividades mais complexas: controle inibitório, memória operacional e flexibilidade cognitiva.

O controle inibitório é a habilidade de suprimir uma resposta mais instintiva, um desejo ou até mesmo um hábito. Vocês já ouviram falar sobre o famoso teste do marshmallow — famoso nos anos 1960 e replicado até hoje — no qual a criança recebia um pedaço de doce e era informada de que ficaria aguardando sozinha na sala? Se conseguisse esperar o pesquisador voltar à sala, sem tê-lo comido, ganharia outro. Crianças com boa capacidade de autocontrole, geralmente, são capazes de analisar as tarefas e os recursos necessários para a sua melhor execução e/ou para se atingir um objetivo. O controle inibitório passa por resistir à tentação de prestar atenção em uma conversa paralela para focar em uma explicação sendo dada na sala de aula. O controle inibitório, como vocês podem inferir, é bastante desafiador para crianças pequenas e essa habilidade vai se desenvolvendo no decorrer da infância até a adolescência.

A memória operacional diz respeito à habilidade de sustentar a informação em mente, por tempo limitado, enquanto a utiliza para a resolução de algum problema. É utilizada em várias situações do dia a dia: quando ouvimos uma instrução de como se chegar a um restaurante e temos que transformá-la numa ação, quando imaginamos uma situação hipotética, quando tentamos dar sentido a um texto lido em voz alta, quando fazemos um plano e pensamos no seu passo a passo mentalmente.

Já a flexibilidade cognitiva se refere ao monitoramento de ações e ao ajustar-se em caso de mudança, seja porque a situação exige diferentes soluções não convencionais ou porque a solução proposta não está funcionando. Um estudante com flexibilidade cognitiva reduzida pode ter mais dificuldade para resolver problemas mais complexos ou ajustar-se a mudanças na rotina.

A literatura na área de neurociência aponta para estudos que demonstram que um bom desenvolvimento das funções executivas está, geralmente, associado a um bom desempenho acadêmico. As funções executivas se desenvolvem durante a infância e adolescência, e é esperado, do ponto de vista neurobiológico, que crianças nessas faixas etárias encontrem dificuldades.

Diante desse pano de fundo, cabe aos pais e educadores estimularem as crianças a pensar de forma mais criativa, para resolver situações-problema; a trabalhar com novos dados e fazer conexões, que até então não haviam sido consideradas; a ter flexibilidade, para acompanhar e aceitar ou rejeitar novas perspectivas; a ter autocontrole, para resistir às distrações e aos desejos de se fazer algo que retire o foco.

Nos meus anos de sala de aula, em um dos atendimentos que fiz com uma família do 6º ano, a mãe me relatava que a filha tinha muita dificuldade para se organizar nos estudos. Sempre reclamava que lhe faltava tempo para fazer as atividades escolares e que, quando algo saía do planejado, a filha ficava tão desconcertada que não reagia. Foi uma conversa assertiva, onde pude atuar precisamente no desenvolvimento das *soft skills* de organização, gestão do tempo e flexibilidade com ela.

Juntos, ela e eu criamos um plano de ação com diretrizes focadas.

1. Organização

Começamos a trabalhar com algumas intervenções bem concretas. Fizemos, juntos, um calendário com o horário de aulas da semana para que a estudante pudesse ter uma visão clara do que estava acontecendo nesse período. Depois disso, enfatizei a importância de se ter uma agenda organizada. Em nossa escola, trabalhamos com agenda física e acredito que, para as crianças menores, é a que mais funciona. A mãe, em parceria constante, ajudou a colar o horário de aulas no ambiente em que a aluna passaria a fazer as lições de casa, pois, até aquele momento, a aluna fazia lição na sala, assistindo à TV ou jogando videogame. Além disso, a mãe começou a estimular que a filha consultasse a agenda e verificasse quais eram as lições imediatas, aquelas que precisariam de materiais extras e aquelas que demandariam um tempo maior para se completar.

2. Automonitoramento

Começamos o trabalho com a organização do local de estudo, que era inadequado e com muitos distratores, e trouxemos esse combinado para mesa de trabalho dela. A mesa deveria ter os materiais da aula que estava acontecendo no momento, e o estojo. Além disso, fizemos com que a aluna chegasse à conclusão de que se sentar tão próxima de sua melhor amiga fazia com que ela não conseguisse manter o foco no objeto de estudo.

3. Regras evidentes

No caso da minha aluna, pude perceber que faltava uma explicitação maior das regras e suas consequências. Era importante que todos os atores envolvidos (família, estudante e escola) comungassem dos mesmos princípios para que a aluna se beneficiasse da clareza das regras. Por exemplo: era esperado que ela fizesse as lições em local adequado, limpasse sua escrivaninha, organizasse com a ajuda da família uma rotina que envolvesse o acadêmico/pedagógico, mas que também desse atenção às atividades físicas e de lazer.

Importante frisar que esse não é um trabalho que acontece da noite para o dia, mas, sim, um trabalho de constância, observação e manutenção. O fato de envolver tanto a família quanto a escola para a resolução da questão se mostrou muito eficaz. Pudemos perceber as mudanças da aluna, na sala de aula e em casa, em relatos da família.

De acordo com a pesquisadora Telma Pantano, a estruturação das funções executivas se inicia, já, nos primeiros meses de vida, tem seu maior desenvolvimento entre os seis e oito anos de idade e, entre 12 e 14 anos, as crianças apresentam um desenvolvimento bem semelhante ao observado em adultos. Já as cientistas Diamond e Lee atestam que as funções executivas são mais importantes do que o quociente de inteligência para o sucesso escolar.

Quanto à questão do desenvolvimento das competências socioemocionais, CASEL (2015) aponta que investir nisso proporciona não apenas o desenvolvimento dessas competências, mas também um melhor desempenho escolar de modo geral e contribui, acentuadamente, para a manutenção de uma sociedade mais ética, responsável e consciente.

No documento da Base Nacional Comum Curricular (BNCC), criado com o objetivo de orientar a elaboração dos currículos de todas as escolas brasileiras, dez são as grandes competências que perpassam todos os componentes da educação básica brasileira, mas, em consonância com as *soft skills* deste capítulo, destaco duas:

• Exercitar a empatia, o diálogo, a resolução de conflitos e a cooperação; fazendo-se respeitar e promovendo o respeito ao outro e aos direitos humanos, com acolhimento e valorização da diversidade de indivíduos e de grupos sociais, seus saberes, identidades, culturas e potencialidades, sem preconceitos de qualquer natureza.
• Agir pessoal e coletivamente com autonomia, responsabilidade, flexibilidade, resiliência e determinação, tomando decisões com base em princípios éticos, democráticos, inclusivos, sustentáveis e solidários.

Isto é, em todos os ambientes de aprendizagem — em especial a escola — é nossa função criarmos situações, momentos, vivências e reflexões para o desenvolvimento dessas competências, pois elas não são específicas de um determinado componente curricular, mas, sim, atuam transversalmente em todo o currículo.

Vocês devem estar se perguntando: mas e a flexibilidade? Como ajudamos a aluna da situação acima? A saída para trabalhar com essa *soft skill* passou pela indicação do filme *O menino que descobriu o vento*, que eu recomendo fortemente!

A aluna, em questão, paralisava diante de uma situação em que algo saía diferente do planejado. Pedi que ela assistisse ao filme com a família e anotasse exemplos de quando o garoto do filme foi flexível, teve que se adaptar, mudar a rota planejada.

Expliquei para a aluna que o conceito de flexibilidade está atrelado à capacidade de mudar o pensamento com base nas demandas de uma situação e adaptar a resposta emocional, devido às mudanças e transições no ambiente. Envolve também a capacidade de improvisar, mudar de uma abordagem para outra, e se adaptar às demandas de uma situação, criando estratégias e desviando a atenção de uma tarefa para outra.

A aluna foi para casa e nos encontramos na semana seguinte. Ela me mostrou a lista com os diversos momentos em que o protagonista, William KamKwamba, adaptou-se e mudou as abordagens para conseguir alcançar o objetivo, que era trazer água para a comunidade que passava por um período de severa seca.

A minha intenção foi instigar a aluna para que ela mesma refletisse sobre suas próprias ações. Não gostaria de oferecer um manual prático para que ela resolvesse suas angústias. Até porque as crianças estão em fase de desenvolvimento cognitivo, social, moral e precisam, com nosso auxílio, criar os caminhos que melhor se adaptam às suas individualidades.

E se nós, como educadores e pais, enfatizássemos a importância de um aprendizado por tentativa e erro, deixando evidente que determinadas questões ou determinados problemas não requerem uma resposta certa ou errada? E se pedíssemos que os estudantes ou nossos filhos reorganizassem os livros em uma estante para ver como eles ficam melhores? Poderíamos transpor isso para outras coisas da nossa convivência?

E se ríssemos mais de nós mesmos ao cometer um erro? Será que isso não poderia ajudar os nossos alunos e filhos a compreender os benefícios imprevistos de fazer as coisas de forma diferente?

Poderíamos também expor as crianças de forma sistemática e gradual a novas situações, começando com áreas com as quais tenham um grau de familiaridade ou conforto. Que tal incentivá-las a participar de uma atividade extracurricular, na qual seus amigos estejam envolvidos? Com certeza, decisões como essas as ajudariam a modelar e compreender a relevância do planejar, de se organizar e de que, em alguns momentos — senão em muitos — flexibilizar ampliará, e muito, sua experiência social e emocional; já que sempre é melhor e recomendável iniciar o desenvolvimento de suas competências sociais, contando com sua rede de apoio e em um ambiente seguro.

Referências

CASEL. *Guide – Effective Social and Emotional Learning Programs*. Disponível em: <http://secondaryguide.casel.org/#Outcomes>. Acesso em: 14 maio de 2022.

DIAMOND, A.; LEE, K. Interventions Show to Aid Executive Function Development in Children 4-12 Years Old. *Science*, 2011.

MARQUES, A. P. P.; AMARAL, A. V. M.; PANTANO, T. *Treino das funções executivas e aprendizado*. Barueri: Manole, 2020.

Ministério da Educação (Brasil). Base Nacional Comum Curricular. Brasília, 2018.

PANTANO, T.; ROCCA, C. C. A. *Como se estuda? Como se aprende?* São José dos Campos: Pulso Editorial, 2015.

PANTANO, T.; ZORZI, J. *Neurociência aplicada à aprendizagem*. São José dos Campos: Pulso Editorial, 2009.

2

ORGANIZAÇÃO, PLANEJAMENTO E FLEXIBILIDADE

EM AMBIENTES FAMILIARES

O aprendizado da rotina diária é importantíssimo para o desenvolvimento de nossas crianças, razão pela qual torna-se imprescindível a abordagem dessa prática em família. Sua implementação, no dia a dia, afasta eventuais discussões, brigas e aborrecimentos. Que tal dedicarmos um tempo para planejar as atividades domésticas e organizar a rotina em nosso lar?

**DÉBORA DE FATIMA COLAÇO
BERNARDO GODOY**

Débora de Fatima Colaço Bernardo Godoy

Contatos
dradeborabernardo@gmail.com
Instagram: @dradeborabernardo
11 98219 7495

Apaixonada por crianças. Lecionei na educação infantil e atualmente desenvolvo um trabalho voluntário como educadora em uma escola de evangelização infantil. Casada com Edson e mamãe da Ana Clara. Minha família é minha maior bênção! Desafios e trocas de experiências são encaradas com amor e carinho no dia a dia para obtenção de um convívio mais harmonioso e respeitoso a todos. Para mim, a família é um berço de crescimento e aprendizado. Graduada em Direito pela Universidade Paulista. Pós-graduada em Direito Público e Privado pela Escola Paulista de Direito e pela Faculdade Prof. Damásio de Jesus. Trabalhei no Ministério Público do Estado de São Paulo. Procuradora do Município. Advogada especialista na área de família e sucessões, com abordagens sistêmicas e humanizadas, atuando também como mediadora de conflitos extrajudiciais. Consultora jurídica. Palestrante.

Fiquei muito feliz ao receber o convite para escrever sobre este tema tão importante no cotidiano familiar.

Sinto-me à vontade para falar sobre isso, pois é algo que priorizo no meu dia a dia.

Cada família é única, por isso não há uma fórmula mágica para inserir o planejamento, a organização e a flexibilidade na rotina doméstica. O que serve para uma família pode não servir para outra. Entretanto, podemos, sim, desenvolver essas *soft skills* com nossas crianças. E é isso o que veremos adiante. Estão preparados?

Primeiramente, vale esclarecer que a organização e o planejamento nos trazem a clareza do que realmente é essencial a ser realizado no dia a dia, desacumulando a mente no sentido de que "tenho tantas coisas para fazer e não sei por onde começar".

Gosto muito da frase do escritor Alan Lakein: "Planejar é trazer o futuro para o presente de modo a fazer algo a respeito agora".

Você sabia que eventuais discussões, brigas e aborrecimentos podem ser evitados ao dedicar um tempo para planejar as atividades domésticas e organizar a rotina dos familiares? E não dá para falar de planejamento e organização sem priorizar a rotina.

Pois bem. Falar sobre rotina é desafiador, pois uns detestam, outros não conseguem viver sem ela. O fato é que os hábitos estão presentes em nossa vida. E tenho certeza de que para você é fundamental ter uma rotina familiar saudável, não é mesmo?

Seguir um roteiro determinado é benéfico para a formação dos nossos filhos, trazendo limites e segurança para eles. Portanto, insira em seu dia a dia rotinas que auxiliem o desenvolvimento físico e emocional dos seus filhos. Educar uma criança é ajudá-la a praticar hábitos saudáveis para a vida, que começam na infância.

Você sabia que as crianças aprendem a serem responsáveis com a rotina?

Segundo a neuropsicopedagoga Beatriz Montenegro: "Rotina é muito mais ampla do que o horário de dormir, acordar, da escola, da lição. Rotina é tudo o que acontece em nosso dia a dia, por isso ela é tão importante. Uma rotina saudável atende às necessidades físicas e emocionais da criança e também dos adultos, pois não tem como a criança ter uma rotina maravilhosa para si e os pais estarem vivendo uma rotina extremamente exaustiva".

Assim, os pais devem ser exemplos para os filhos. Não adianta pedir que os filhos arrumem a cama se você deixa a sua desarrumada. Não faz sentido algum.

O exemplo dado pelos pais e responsáveis é poderoso. Ao observar a forma de agir dos pais, a criança aprenderá. Portanto, indago: como está a sua rotina? Como está o planejamento das atividades em seu ambiente familiar?

É indispensável explicar que a rotina deve ser agradável para toda a família e que pode e deve ser planejada por todos, inclusive pelas crianças.

Estudos demonstram que envolver os pequeninos nas tarefas diárias fortalece o senso de responsabilidade. E a rotina se torna muito mais eficiente quando eles fazem parte de sua elaboração.

Assim sendo, crie uma rotina com seu filho sobre o que vão fazer no dia seguinte, bem como o horário de acordar, escovar os dentes, arrumar a cama, trocar de roupa, tomar café da manhã, ir à escola, tomar banho, dentre outros afazeres diários.

Converse antecipadamente com sua criança sobre o que vai acontecer. Avise se irá ao dentista após a escola, se visitará a vovó à noite ou se viajará no fim de semana.

A rotina é um processo educacional natural e não deve ser dispensada. Não precisa, necessariamente, ser rígida ou perfeita, mas deve ter constância, permanência e flexibilidade quando necessário.

Jane Nelsen, em seu livro *Disciplina positiva*, afirma que "os membros de uma família ficam mais dispostos a cooperar quando participam igualmente no planejamento de eventos dos quais todos irão desfrutar. Atividades semanais e férias têm mais sucesso quando toda a família participa de uma discussão sobre possíveis conflitos e como evitá-los".

Assim sendo, envolva sua criança no desenvolvimento da rotina diária. Peça que elabore a lista dos ingredientes que comprarão no supermercado. Além de treinar a escrita, ela também se sentirá feliz em colaborar.

Escolha com seu filho um dia para organizar e limpar o armário. Incentive-o a doar as roupas e calçados que não servem mais, criando o hábito da generosidade e da compaixão.

Arrumem juntos a mochila antes de ir à escola, verifique todo o material que utilizará no dia. Após, dependendo da idade da criança, já terá condições de dar conta dessa tarefa sozinha.

Ensine a criança a organizar e guardar os próprios brinquedos, dividindo-os em caixas separadas por cores ou tamanhos. Arrumar os brinquedos também pode ser divertido e fazer parte da brincadeira. Você pode cantar uma música enquanto a criança realiza essa atividade: "guarda, guarda, guarda, bem guardadinho... se guardar direito encontra tudo arrumadinho".

Estipule dias e horários para o uso dos eletrônicos (televisão, celular, tablet).

Aproveite a rotina diária para ensinar à criança sobre a importância da pontualidade. Se, por exemplo, o horário da consulta médica é às 11h da manhã e vocês levarão meia hora no trajeto de casa até o consultório, deverão sair de casa no máximo às 10h30.

Planeje com o seu filho os passeios que farão aos sábados e domingos, assim como as viagens nas férias.

Estimule a criança a colaborar com as atividades domésticas, como, por exemplo, lavar ou secar a louça, colocar ou retirar os pratos na mesa, regar as plantas, dar comida ao animal de estimação, pois cuidar do ambiente onde vive é também cuidar de si. Ou seja, aproveite a rotina para preparar seus filhos para lidar com a vida adulta, pois a ausência de regras infelizmente pode abrir espaços para que hábitos não saudáveis e não edificantes se estabeleçam. E mudar um hábito exige muito esforço.

Para a educadora Jane Nelsen: "(...) quanto mais as crianças fazem por elas mesmas, mais capazes e encorajadas elas se sentem. Uma das melhores maneiras de evitar aborrecimentos na hora de dormir e de manhã é envolver as crianças na elaboração de quadros de rotina e depois deixá-las seguir os quadros em vez de dizer a elas o que devem fazer".

Nesse sentido, não faça para a criança o que ela já tem condição de realizar por si própria. Apenas ensine, estimule, acompanhe e auxilie quando for necessário. Lembre-se de que a rotina pode ser estabelecida em conjunto com a criança, de forma leve, lúdica, divertida e por meio de brincadeiras.

A criança é capaz de efetuar pequenos trabalhos domésticos e isso contribui para a autonomia, autoestima e autorresponsabilidade.

Conforme nos explica Dorothy Corkille Briggs, em seu livro *A autoestima do seu filho*: "Uma autoestima elevada afeta acentuadamente o modo pelo qual a criança utiliza as habilidades de que dispõe". Portanto, a elaboração em conjunto da rotina fará com que ela se sinta aceita no ambiente doméstico, pertencente e valorizada, podendo se tornar mais cooperativa.

Para mim, organizar os compromissos diários também pode auxiliar no encorajamento da criança.

Ainda segundo Jane Nelsen, doutora em Educação, em seu livro *Disciplina Positiva*, os pais devem ensinar seus filhos a cumprirem as tarefas, dando tempo suficiente para aprenderem e dedicando um tempo para treinamento. Esclarece a educadora: "Isso não é tão óbvio quanto pode parecer. Os adultos, muitas vezes, esperam que as crianças cumpram tarefas para as quais não tiveram treinamento suficiente. Isso é mais comum nos lares do que em escolas. Os pais esperam que as crianças limpem seus quartos, mas nunca ensinaram como fazê-lo".

Às vezes nós, pais, somos muito exigentes e queremos que nossa criança organize as coisas com perfeição, desrespeitando seu ritmo de aprendizado. Porém, o importante é que ela coopere e se sinta valorizada e amada.

As habilidades que desejamos que nossos filhos tenham no futuro devem ser ensinadas e treinadas no presente. Ensinando sobre planejamento e organização, futuramente, sua criança se tornará um adulto capaz de elaborar adequadamente um projeto profissional, por exemplo.

Como mencionei anteriormente, a rotina, além de trazer segurança à criança, também auxilia no desenvolvimento da responsabilidade e estimula um ambiente familiar agradável, saudável e harmonioso. E tudo isso é o que queremos, certo?

Outro ponto a ser considerado é que, ao planejar e organizar a rotina familiar, as tarefas domésticas poderão ser divididas e não haverá espaço para a sobrecarga, pois todos estarão colaborando para um ambiente familiar harmonioso.

Você deve estar se perguntando: tenho tanta coisa para fazer no dia a dia que não disponho de tempo sobrando para planejar e organizar as coisas. Mas aqui vai uma ótima notícia: Christian Barbosa nos garante que "planejar é a melhor forma de ganhar tempo!".

É fundamental destacar que com organização sobra mais tempo para fazer o que você gosta como, por exemplo, ler um ótimo livro como este, assistir a um filme, cuidar de si mesmo e até mesmo descansar mais, se assim desejar. Organizando-se, você adquiri mais tempo de qualidade para cuidar e brincar com as crianças. Isso não é incrível? E aproveite todas as oportunidades para se conectar com seu filho. Até mesmo no momento do banho, você pode brincar com ele (com moderação, é claro, para não desperdiçar água).

Por vezes, reclamamos que não temos tempo de qualidade para ficar com nossas crianças, em razão da "vida corrida", mas nos distraímos facilmente com as redes sociais, conversas, telefonemas e mensagens inúteis. Diga "não" às distrações e priorize o que realmente quer e o que necessita ser feito.

Aqui vai uma dica: para o planejamento e organização das atividades, os pais podem contar com o auxílio de uma agenda, que pode ser de papel, on-line ou do celular.

Aqui em casa, eu tenho uma agenda pessoal na qual anoto os meus compromissos pessoais e profissionais.

Meu marido e eu também montamos um *planner*. Nele, marcamos todos os compromissos familiares (dias e horários em que iremos ao supermercado, à academia, ao jogo de futebol, quem buscará nossa filha na escola, quem levará para a aula de música, enfim, todas as nossas atividades). O *planner* é mensal, mas fazemos os ajustes diários, quando necessário.

Crie um *planner* familiar e deixe-o em um local bem visível e adequado para que todos possam verificar e anotar o que for importante, inclusive sua criança (dependendo da idade que ela tenha).

Cada um tem o seu modo de checar essa ferramenta de apoio à organização familiar. Eu gosto de analisá-la toda manhã, assim que acordo, para saber quais serão os compromissos naquele dia; já meu marido prefere verificá-lo e checá-lo antes de dormir. Assim, conseguimos planejar e organizar nossa rotina doméstica, antecipadamente, facilitando demais no dia a dia.

Nossa filha tem um quadro de rotinas, que é um brinquedo com algumas figuras, tais como: arrumar a cama, escovar os dentes, ir à escola, tomar banho. Ela mesma "monta" seus compromissos.

O quadro de rotinas também poderá ser confeccionado de forma simples. Basta uma folha de sulfite na qual a criança poderá desenhar ou escrever a ordem das atividades diárias.

Mas lembre-se de que nem tudo sairá conforme o planejado. Pode ser que surja algum imprevisto. Nesse caso, devemos ser flexíveis às mudanças e fazer os ajustes necessários.

A importância da flexibilidade

A flexibilidade é a habilidade de solucionar a situação de outra forma, adaptando-se ao acontecimento e permanecendo motivado. Nem tudo ocorre conforme planejamos e organizamos. Imprevistos e urgências acontecem e, nesse momento, é fundamental sermos flexíveis e buscarmos outras alternativas para solucionar a questão.

Assim sendo, diante de um imprevisto, vamos refazer e reorganizar o que havíamos planejado anteriormente, mudando nossa rotina.

Certa vez, combinei com minha filha de irmos ao parque, mas de repente começou a chover. E agora? Como "trabalhar" o sentimento de frustração da criança? Conversei com ela sobre a impossibilidade de irmos ao parque, pois os brinquedos estavam molhados e então, juntas, decidimos ir ao cinema.

Eu me recordo de uma ocasião em que planejamos assistir a uma peça teatral, mas, antes de sairmos de casa, chegou uma visita. Minha filha ficou tão nervosa e começou a chorar. Expliquei que poderíamos ir ao teatro outro dia e que, naquele momento, deveríamos ser agradáveis e respeitosas com as pessoas que foram nos visitar. Enfatizei também que nem tudo acontece conforme o nosso planejamento, que imprevistos ocorrem e que podemos aceitar as situações inesperadas e pensar em outras possibilidades.

Ensine a sua criança a ser flexível diante de uma situação inesperada, pois, por mais que tenha planejado algo, pode ser que não ocorra a contento e está tudo bem!

Referências

BARBOSA, C. *A tríade do tempo*. Rio de Janeiro: Sextante, 2011.

BRIGGS, D.C. *A autoestima do seu filho*. 3. ed. São Paulo: Martins Fontes, 2002.

NELSEN, J. *Disciplina Positiva*. 3. ed. Barueri: Manole, 2016.

3

ORGANIZAÇÃO, PLANEJAMENTO E FLEXIBILIDADE

EM AMBIENTES SOCIAIS

Neste capítulo, quero compartilhar com você as habilidades que trazemos, na nossa mala de viagem, a este mundo para nos adaptarmos ao "novo". Ensine seus filhos a serem mais autônomos e adaptáveis aos desafios do novo.

Não é no espaço que devo procurar minha dignidade humana, mas na organização do meu pensamento.
BLAISE PASCAL

VIVIANA BOCCARDI PALOU

Viviana Boccardi Palou

Contatos
vivianapalou@gmail.com.
Instagram: @palouviviana
11994964341

Bióloga, psicopedagoga, neuropsicopedagoga, artista plástica e imigrante especializada em trazer ao Brasil uma mala cheia de planejamentos para atingir um propósito de vida. Trabalhou no setor de neurologia experimental (Laboratórios de Investigação Médica – LIM15) FMUSP – Hospital das Clínicas. Participou de vários trabalhos de pesquisa relacionados a doenças neuromusculares em crianças e adultos. Neuropsicopedagoga e Psicopedagoga clínica e institucional, trabalha com o diagnóstico e a intervenção relacionados aos problemas de aprendizagem em crianças, jovens, adultos e crianças em risco social. Monitora internacional (nível I) Método Neuropoint, potencializador da inteligência infantil (COMAU – UCP) na Universidade de Ciências Pedagógicas Enrique José Verona (Havana, Cuba).

Planejamento, organização e flexibilidade

Ultimamente, tenho visto, quase como uma situação rotineira, crianças birrentas, jovens depressivos e adultos com grande rotatividade nos seus empregos por insatisfação profissional.

Fazendo uma análise dessas situações chego à conclusão de que a frustração é o denominador comum em todas elas, sendo esse o resultado por não atingirmos o nosso objetivo.

Fico surpresa em ver quão pequena é a tolerância do ser humano à frustração e à adaptação a situações que nem sempre são planejadas. Então, me pergunto: o imprevisto ocorre para poucos?

Estar tudo sob o nosso controle nem sempre é possível, então, como lidar com o inesperado, com aquilo que não conseguimos? Como adaptar o nosso comportamento?

O ser humano é o mais bem-sucedido, considerando outras espécies, sobrevivendo mesmo em circunstâncias extremas. Então, quais são as nossas habilidades inatas? Será que as perdemos durante a chamada "evolução"?

O planejamento, a organização e a flexibilidade são habilidades cognitivas inatas que fazem parte do que chamamos de "funções executivas". Elas, apesar de serem "inatas", precisam ser desenvolvidas para uma melhor adaptação do indivíduo ao novo, ao imprevisto e ao ambiente, seja em que idade que for. Então, por que não ensinar, desde cedo, às nossas crianças para fazerem delas adultos mais adaptados e felizes? Vamos conhecê-las?

Funções executivas: prazer em conhecer

Na última década, áreas do conhecimento, principalmente ligadas à Neurociência, trouxeram novos aportes científicos relacionados às habilidades cognitivas.

Quando falamos de habilidades cognitivas nos perguntamos, o que são? Por que tanto se fala a respeito?

Vamos tentar entender a importância e o significado delas na vida do indivíduo.

Funções executivas são as habilidades que permitem o controle do comportamento, das cognições e das emoções (SEABRA, 2013), ou seja, são os três aspectos fundamentais que tornam o indivíduo um ser único do ponto de vista do conhecimento (conhecer), da emoção (sentir) e da união dessas, o comportamento, ou seja, o ser.

O conhecimento e a emoção caminham sempre de mãos dadas, uma vez que nos interessamos em conhecer algo, se aquilo nos emociona ou se faz sentido para nós. Por isso, temos lembranças, temos um passado, como a nossa formatura, abrir os presentes no dia de Natal, sabe?

O interessante é que esse processo é repetitivo, vitalício e forma o acervo de experiências do indivíduo e, assim, lapidam a nossa personalidade.

As funções executivas nos ajudam a desenvolver habilidades de planejamento, na tomada de decisão, na resolução de problemas, no estabelecimento de objetivos e na autorregulação (SEABRA, 2013). Sendo, essa última, extremamente importante no autocontrole de comportamentos inapropriados, respostas automáticas. Você já ouviu falar sobre isso?

Estudos apontam que crianças com desenvolvimento adequado dessas habilidades foram mais bem sucedidas profissionalmente, com menor uso e abuso de entorpecentes e até tendência menor ao suicídio. (SEABRA, 2013).

Vamos refletir um pouco?

Quais são as experiências que as crianças, seus filhos guardam na memória?

Qual a significância delas para que representem um aprendizado?

Você participou dessas experiências e aprendeu junto com seu filho?

Quando me refiro à autorregulação, falo da flexibilidade que é a responsável pela capacidade de adaptação do indivíduo. Está relacionada a conseguir mudar o foco para novas situações, alterar estratégias para a resolução de um conflito, ou seja, a tomar decisões, mudando os rumos perante uma situação ou problema.

O interessante é que essas habilidades se desenvolvem por diferentes mecanismos e que esse processo de aprendizagem ocorre a vida toda, com seu início na infância. Portanto, podemos nos tornar capazes de desenvolvê-las em todas as nossas fases, uma vez que aprender é para toda a vida, não é mesmo?

Desenvolver indivíduos autossuficientes é função de todos nós

A cada dia, em minha experiência no consultório, nas escolas, e nos ambientes sociais, observo as crianças com comportamentos desafiadores, fora dos padrões esperados, que causam alterações orgânicas e transtornos comportamentais que eram pouco frequentes tempos atrás.

Se a base da autonomia do indivíduo reside em desenvolver habilidades cognitivo-comportamentais como parte do neurodesenvolvimento humano, teoricamente, a mais desenvolvida de todas, então, em que momento as perdemos e quem teria que ensiná-las?

Por que o padrão comportamental das crianças está mudando?

É função de todos nós formar indivíduos completos, autossuficientes e, principalmente, engajados no ambiente social. E isso começa na infância, principalmente, na família e em todos os ambientes de convivência social.

Bom, se o ser humano é primordialmente sociável, vamos pensar em todos os ambientes onde convivemos com pares e que podem ajudar a desenvolver essas habilidades para que as crianças possam se tornar adultos autossuficientes.

Planejamento – autorregulação

Planejar significa considerar todas as possibilidades numa dada situação, traçar caminhos para atingir objetivos e diminuir os "imprevistos ou situações de insucesso".

Mesmo assim, existirão situações imprevisíveis para as quais teremos que ser flexíveis e adaptáveis.

Vamos a um exemplo?

Nada como compartilhar e até disputar uma vaga na fila do escorregador do parquinho da praça, não é mesmo?

Essa situação, quando supervisionada por um adulto, é uma importante ferramenta para desenvolver a autorregulação, principalmente, quando uma criança verbaliza: "Tenho que esperar a minha vez!" ou "Como faço para esperar?".

Pode parecer simples, mas, às vezes, evita que o passeio de domingo se transforme numa verdadeira tragédia, quando a frustração da criança no esperar devora o prazer do brincar.

Como podemos estimular essa função?

Alguns pontos que devemos considerar:

- Planeje passeios, "propositadamente", a lugares onde seu filho deva aprender a esperar de maneira positiva, junto com outras crianças para promover a socialização.
- Ensine que, às vezes, o momento de lazer inclui o esperar.

Essa espera pode ser até prazerosa e, para isso, explique ao seu filho que esse tipo de situação poderá ocorrer outras vezes.

Vivenciar essas situações promoverá o aprendizado significativo, porque a criança sentirá as emoções desse momento e terá a chance de construir um comportamento adaptado.

Com frequência, na vida adulta, para viver instantes de bem-estar, precisamos passar por outros nem sempre agradáveis ou desejados e, por isso, saber acionar mecanismos de autorregulação é fundamental para sermos flexíveis ao imprevisto e para melhor nos adaptarmos.

Ensine a seu filho a esperar, porque esperar é preciso!

O planejamento e a tomada de decisão: uma tarde de jogos

Incluir as crianças nos ambientes sociais, ao levar alguns jogos e/ou brinquedos apropriados para a faixa etária, pode proporcionar oportunidades importantes de interação. Seja num restaurante, num parque, na praça ou na praia; os jogos, de um modo geral, são ferramentas importantes para desenvolver a autonomia, que está diretamente relacionada ao planejamento e tomada de decisões.

Convidar outras pessoas e até propor uma tarde de jogos permite desenvolver habilidades, de maneira lúdica, e contribuem na formação de crianças conscientes das suas decisões e dos seus atos.

O planejamento evita surpresas, ajuda a tomar decisões e diminui as frustrações.

Inclua jogos compatíveis para todos os integrantes do grupo que permitam o planejamento de estratégias e a tomada de decisões.

Escolha jogos cooperativos, nos quais todos os integrantes tenham um objetivo comum. Seus filhos aprenderão a desenvolver o próprio perfil social dentro de um grupo. Mostre a eles que, mesmo havendo planejado e decidido estratégias, a chance de acertar ou errar é a mesma, porque na vida é assim, não é mesmo?

Ensine aos seus filhos a decidir, porque tomar decisões é preciso!

Organizando um torneio de pipas

Mantendo as lembranças vivas, ou seja, aquelas experiências de qualidade – lembra-se? – organizar um torneio de pipas ou apenas empinar pipas com os amigos, no parque, pode ser uma experiência maravilhosa, na qual seus filhos aprenderão a se organizar, a tomar decisões e a planejar.

Vamos ao exemplo?

Para organizar o passeio, precisamos de uma ordem, de uma organização. Começando pela lista de amigos, os materiais para fazer as pipas, como serão essas pipas etc. Essa é uma excelente oportunidade de crescimento pessoal e social. Então:

Deixe que seu filho organize a lista de convidados (classificação, organização).

Deixe-o organizar o material necessário para a confecção das pipas. Com isso, você trabalhará as outras habilidades anteriores: a flexibilidade e tomada de decisões, como a necessidade da troca de um material pela falta de outro.

Distribua as tarefas entre seus filhos. Diga-lhes que terão que saber esperar (flexibilidade-autorregulação) a confirmação dos convidados.

Estimule o seu filho a fazer "suas próprias pipas", incentive-o a ser criativo e flexível na tomada de decisões.

Deixe o seu filho sugerir alternativas. Por exemplo, se o dia está chuvoso, por que não trocar o torneio de pipas por jogos de tabuleiro?

Quando planejamos e organizamos, distribuímos melhor o tempo e a energia da criança, direcionamos as atividades dela de uma maneira mais produtiva, eficaz e menos imediatista.

"Ensine ao seu filho que tudo o que ele consegue e não consegue fazer, não tira a qualidade do que ele é."

Para concluir

Com essas experiências, quis mostrar que é possível desenvolver as habilidades cognitivas inatas da nossa espécie, que podem tornar as crianças adultos mais seguros, mais determinados e mais bem adaptados ao mundo.

O perfil das crianças está mudando, é verdade, mas podemos melhorá-lo, nos transformando, junto com os nossos filhos, em disseminadores de mudanças sociais.

Se você não teve essa possibilidade de crescimento, então, transforme-se ao lado de seus filhos, cresçam juntos e tornem-se, nas diferentes fases das suas vidas, seres humanos autônomos, mas, acima de tudo, felizes.

Referência

DIAS.M., N.; MENEZES, A.; SEABRA, A. G. *Alterações das funções executivas em crianças e adolescentes. Estudos interdisciplinares em psicologia*, v. 1 n.1, p. 80-95. Londrina: 2010.

EQUILÍBRIO, CORAGEM E INTEGRIDADE

Quando emprego pessoas, procuro três coisas. A primeira é integridade, a segunda é inteligência e a terceira é um alto nível de energia. Se não existir a primeira, as outras duas acabarão com você.
WARREN BUFFETT

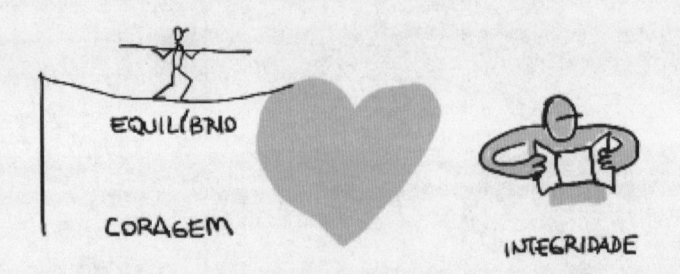

Nos capítulos a seguir vamos falar sobre equilíbrio, coragem e integridade, *soft skills* bastante desafiadoras, já que, aparentemente, buscamos todas elas para viver em sociedade na vida adulta, e sabemos sobre a complexidade para mantê-las em nossas práticas diárias.

Podemos afirmar que para a criança esses exercícios são mais leves, pois, quando pequena, ela não elabora juízo de valor. Esse só vai aparecer por volta dos 11 anos, e à medida que eles modelam com seus pais – suas maiores referências – assim como na escola. Dessa forma, vemos a importância de trazermos essas *soft skills* para o universo da infância.

Fomos buscar no dicionário Michaelis as possíveis definições para equilíbrio e selecionamos estas:

1. Estado de um corpo que se mantém sem se inclinar para nenhum dos lados; aprumo, posição estável.
2. Estado daquilo que sofre ação de duas forças antagônicas iguais; igualdade entre forças opostas.
3. Proporção harmoniosa; harmonia.
4. Estabilidade emocional e mental; controle, autocontrole, autodomínio.
5. Afastamento de qualquer excesso; prudência, moderação nos gestos, modos, palavras, sentimentos etc.

Com certeza, quando pensamos em equilíbrio e crianças, logo consideramos que elas estão experimentando o equilíbrio corporal, o que é um desafio e tanto. Agora imaginem, então, o emocional. Esse é um desafio enorme e complexo, em razão da maturidade cerebral. No entanto, isso não significa que seus modeladores não buscarão ajudá-los a experienciar essa *soft skills* intencionalmente, mas, sim, com parcimônia, por compreender a complexidade desse desenvolvimento.

Já a coragem está muito presente no universo da criança, seja nos desenhos animados, na literatura ou nas relações. O que precisamos é também ajudá-la a lidar com a ausência de coragem diante de alguns fatos isolados. Se nós, adultos, não somos corajosos todos os dias – e em todas as situações – precisamos estar atentos para promover esse lugar desafiador, do ato de coragem, e também o lugar vulnerável de sua ausência, na vida da criança. Porque ser corajoso socialmente representa um alto status. Talvez, ajudar a criança a compreender que ser corajosa não é uma regra, o que consiste uma grande valia para que ela caminhe para a adolescência com uma visão não distorcida do conceito de "ser corajosa".

Agora, quando falamos de integridade, falamos de uma modelagem importante, considerando a máxima: criança vê, criança faz! A família tem um papel primordial e relevante nessa *soft skill*, já que a integridade é vivenciada em pequenos e invisíveis atos, simples, cotidianos e corriqueiros. E ela, a criança, está ali a nos observar, a nos imitar, a nos admirar. Assim, cabe a todos que pertencem à rede de apoio de uma criança, ajudá-la a viver com integridade, respeitando sua integridade física e moral, porque a experiência passa pelo corpo. Dessa forma, criar ambientes seguros é determinante para o desenvolvimento da integridade.

Portanto, após trazer brevemente os conceitos dessas três *soft skills*, traremos exemplos, vivências e reflexões de nossos especialistas, que materializarão as muitas inquietações provocadas até aqui.

Lucedile Antunes e Beatriz Montenegro

4

EQUILÍBRIO, CORAGEM E INTEGRIDADE

EM AMBIENTES DE APRENDIZAGEM

Em tempos desafiadores, o ambiente escolar tem a missão de propiciar à sua comunidade ferramentas e segurança para que todos desenvolvam *soft skills* com equilíbrio, coragem e integridade. Compartilhamos nossa incessante busca por uma educação humanizada e convidamos vocês a refletirem sobre a encantadora arte de educar.

**ALESSANDRA PELLEGRINO
CASQUEL LOPES E
AUDREY PELLEGRINO TAGUTI**

Alessandra Pellegrino Casquel Lopes e Audrey Pellegrino Taguti

Contatos
www.colegiobis.com.br
alessandra@colegiobis.com.br
audrey.taguti@colegiobis.com.br
Instagram: @colegiobis
11 5502 5555

Alessandra e Audrey são irmãs e ambas escolheram a mesma missão profissional. Há 23 anos, fundaram o Brazilian International School, colégio bilíngue de São Paulo, e seguem nos cargos de Diretora Executiva e Diretora Pedagógica, respectivamente. Ambas são formadas em magistério, superior em Pedagogia, especialização em Administração Escolar, Educação Infantil, Orientação Educacional, Supervisão Escolar, Recursos Humanos e pós-graduação em Psicopedagogia e Bilinguismo. Há mais de 35 anos, trabalham na área educacional, quando iniciaram suas trajetórias como assistente de classe, educadoras, coordenadoras e diretoras. Desde 2016, Alessandra Pellegrino assumiu também a Diretoria Comercial da OEBI — Organização das Escolas Bilíngues. Alessandra e Audrey dedicam este capítulo à sua família de sangue e à família BIS. Ambas são fontes de amor, evolução e inspiração.

Na infância, o primeiro espaço social onde a criança está inserida, sem a presença dos pais, é a escola. Ou seja, esse é o único local onde ela se vê desacompanhada, "sozinha", sendo necessário, então, que ela assuma sua identidade e novas posturas. Sendo assim, o processo de ensino e aprendizagem será um grande gerador de condutas para a formação de sua personalidade e caráter.

O termo *inteligência emocional* foi amplamente difundido pelo psicólogo Daniel Goleman e trata-se da capacidade que cada ser humano tem para administrar as próprias emoções e entender as dos outros. Essa inteligência, portanto, está ligada à habilidade de controlar os sentimentos e usá-los de maneira positiva.

Na escola, nesse primeiro espaço social, as práticas pedagógicas que estimulam o desenvolvimento da inteligência emocional são estratégias que propiciam aos educandos e aos professores mais controle acerca dos aspectos emocionais. Afinal de contas, todos os seres humanos têm pensamentos positivos e negativos, momentos conflitantes e inquietudes.

Também, de acordo com a Base Nacional Comum Curricular (BNCC), cabe ao ambiente escolar promover práticas que desenvolvam autoconhecimento, autocuidado e equilíbrio emocional, e que possam ser aplicadas pelo resto da vida, como: interpretação de textos, autorretratos, contação de histórias, dramatizações, jogos, entre outros.

É fundamental aprender a lidar com as emoções, controlar o comportamento e moldar a atitude com equilíbrio, coragem e integridade para que sejam benéficos para a saúde e para as relações interpessoais. O desenvolvimento da inteligência emocional deve ser incentivado constantemente. Assim como é possível aprender conteúdos intelectuais, as habilidades emocionais devem ter prioridade na escola, pois fazem parte do desenvolvimento global do ser humano.

O aprender a conviver e a socializar forma no indivíduo um bom equilíbrio emocional, fator fundamental para o bom relacionamento entre as pessoas. Isso permite maior entendimento nas relações interpessoais e melhor interação e aceitação entre as diversas personalidades que completam o ambiente escolar. As pessoas que investem no desenvolvimento de sua inteligência emocional conseguem sentir, pensar e agir de forma mais equilibrada e consciente. É importante que as emoções não controlem a vida, apenas façam parte das experiências pessoais.

Os desafios da educação contemporânea são cada vez maiores e provocam preocupações em educadores e gestores. Com os avanços tecnológicos, a nova geração tem se tornado um desafio para as famílias e para os educadores. Grande parte do dia dessas crianças envolve o contato com dispositivos, como tablets, computadores e celulares — o que limita relacionamentos e gera um novo perfil comportamental, no qual, na maioria das vezes, falta habilidade para lidar com frustrações.

É justamente nessa realidade que a educação socioemocional consegue o seu espaço, sendo fundamental para o desenvolvimento de habilidades que auxiliem na construção da autocrítica e na constituição de ferramentas de tolerância e respeito para com os outros — construções essas que levam o ambiente escolar a uma convivência harmônica, ações corajosas e à preservação da integridade física, mental e emocional de todos. O objetivo primordial do desenvolvimento desse processo, dentro da escola, é o aprendizado do gerenciamento das emoções de todas as partes envolvidas, que aprendem a lidar com os próprios sentimentos e a respeitar os dos outros.

Para crianças e jovens serem capazes de identificar seus pontos positivos e suas fragilidades, é preciso que permitam e exercitem as competências de conhecerem-se, apreciarem-se e cuidarem de sua saúde física e emocional. Dessa forma, serão capazes de compreender a diversidade humana e respeitar as diferenças, reconhecendo, por meio da autocrítica, suas emoções e as dos outros.

Para isso, o projeto pedagógico de uma unidade escolar deve contemplar práticas que desenvolvam em seus alunos:

1. Autoconsciência: precisam conseguir construir um senso coerente de si mesmos, sendo capazes de compreender a perspectiva dos outros e identificarem quando ela é diferente da sua.

2. Autoestima: devem ser aptos a compreender e desenvolver seus pontos fortes e fragilidades de maneira consciente e respeitosa, enfrentando pressões sociais e investindo no seu aprimoramento.

3. Autoconfiança: usarem seus conhecimentos, habilidades e atitudes com confiança e coragem; selecionando, utilizando e analisando estratégias para vencer desafios.

4. Equilíbrio emocional: reconhecerem emoções e sentimentos, bem como a influência que pessoas e situações exercem sobre eles. Buscarem manter-se seguros, tranquilos e otimistas em situações emocionalmente intensas.

5. Cuidados com saúde e desenvolvimento físico: cuidarem da saúde física, do bem-estar, da afetividade e evitarem exposição a riscos. Reconhecerem, acolherem e lidarem com mudanças relativas à sua faixa etária e fatores que afetam seu crescimento pessoal, físico, social, emocional e intelectual.

6. Atenção plena e capacidade de reflexão: manterem a atenção diante de estímulos que distraem ou competem por sua atenção. Descreverem e avaliarem sua forma de pensar, integrando a prática reflexiva ao seu cotidiano.

Compartilhando histórias significativas

Aos 11 anos, a aluna C.C. estava participando de uma olimpíada acadêmica na Inglaterra com seu grupo de mais 19 alunos e quatro educadores. Andando pelas ruas de Londres, ela se deparou com um morador de rua e me perguntou: "Posso oferecer o meu lanche para ele?'" Eu respondi: "Claro, ele vai ficar muito feliz!". Fiquei de longe, acompanhando a cena. Ela o abordou se abaixando e colocando as mãos em seu ombro. O rapaz pegou o lanche, desembrulhou e, de repente, jogou longe, demonstrando muita raiva. Ela foi até o lanche, pegou-o, jogou no lixo e voltou, tranquilamente, para perto de mim com um sorriso no rosto e doçura peculiar. Eu, indignada, falei: "O que deu nele?". Ela respondeu: "Nada, ele só não gosta de frango". Nem preciso afirmar o quanto essa ação me fez refletir sobre respeito ao próximo e suas escolhas. Naquele momento, eu constatei o quanto a aluna estava equilibrada emocionalmente e consciente das práticas de empatia e respeito às relações.

A virtude humana é algo que agrada a todos. Ser virtuoso é ter a capacidade de "dosar" e equilibrar suas ações e reações, já que nenhuma das virtudes pode ser exercida em exagero. Uma criança, ao nascer, pode, sim, apresentar certas virtudes. Entretanto, é nas relações sociais, por meio da contemplação de seus modelos — família e escola — que ela adquire, aprimora e segue a conduta dos adultos que estão ao seu redor.

Na escola, frente a essa questão, um dos muitos desafios do professor consiste em ensinar e trabalhar com a virtude da coragem em sala de aula, de modo que ela esteja voltada para as ações do bem comum. Ele se torna um referencial disso, quando se transforma num exemplo vivo de coragem para seus alunos ao superar suas dificuldades, anseios, medos, incertezas, frustrações, comodismos, preconceitos etc. Como diz o filósofo francês André Comte-Sponville: "Não é corajoso aquele que tem certeza da vitória, mas, sim, aquele que, mesmo diante de grande possibilidade de derrota, luta pelo que acredita".

É fácil reconhecer nos alunos atitudes de coragem. Não daquela coragem dos super-heróis idealizada em livros, cinema, TV, mas, sim, da coragem do enfrentamento do dia a dia. Para eles, é preciso coragem para enfrentar o novo. Na rotina estudantil, diariamente, eles conquistam um novo saber, uma nova descoberta, demonstram conhecimento prévio ou a falta dele. É necessário coragem por parte dos alunos para questionarem, enfrentarem as consequências de suas ações, o desafio na hora de responderem a uma questão ou para dizerem que não sabem a resposta. Ser aluno também é ser corajoso. Acreditamos que a sala de aula seja um espaço que estimula a coragem e que tanto o educador quanto o aluno podem nele aprender a cultivar e aprimorar essa virtude em favor das relações significativas, pautadas em respeito mútuo, ética, evolução pessoal e coletiva.

Contudo, além dessa coragem intrínseca ao cotidiano escolar, também acreditamos que o educador possa valorizar essa virtude por meio de diferentes ferramentas, tais como: jogos, teatro e a literatura que aborda valores humanos, entre outros.

As aulas de teatro, por exemplo, são uma forma eficaz de vivenciar virtudes e podem ser realizadas desde a Educação Infantil até o Ensino Médio.

Por meio de histórias, lendas e contos, a moral da história é aprendida e trabalhada para que as virtudes e as condutas sejam exercitadas. A dramatização dessas histórias pode ser uma maneira simples e eficiente de abordar não apenas a virtude da coragem, mas também todas as outras, visando, acima de tudo, ao bem-estar da vida em sociedade.

Interação na escola (relato de experiências)

A aluna G.C. ingressou no contexto escolar aos três anos de idade e, desde o primeiro dia, se recusava a se comunicar com os educadores e colegas, interagindo apenas com a sua mãe. Ela participava de todas as atividades propostas, cumpria o combinado, mas apresentava insegurança para verbalizar seus sentimentos e emoções. Em uma terça-feira, após o período de aula, a educadora foi de surpresa à casa da aluna para almoçarem juntas. Essa ação fez com que G.C superasse o desafio de insegurança e buscasse coragem para enfrentar o mundo fora de seu âmbito familiar. Após esse dia, ela foi se fortalecendo emocionalmente e expressando com mais segurança seus desejos e escolhas.

No desenvolvimento integral da criança, a escola tem o seu papel em destaque, visto que é nela que se inicia a socialização, desde a Educação Infantil. É lá, também, onde o desenvolvimento físico, psicológico e cognitivo são aprimorados.

A escola, dentro de sua abordagem pedagógica, deve proporcionar projetos interdisciplinares, trocas de vivências, atividades investigativas e reflexivas, para que o aluno se desenvolva e estabeleça conexões para atuar na sociedade, contribuindo de maneira significativa, lutando por seus direitos e cumprindo com seus deveres.

A competência na prática (relato de experiências)

O aluno G.G., sem motivo aparente, entrou em conflito com o colega F.S. Quando encaminhado para o momento de sensibilização, a coordenação provocou uma reflexão, questionando o aluno F.S. se ele gostaria de fazer com o G.G. o que ele havia feito com ele. O aluno F.S. respondeu que sim, e a coordenadora o instigou: "Por que você não fez?'". F.S respondeu: "Se eu fizesse, perderia a razão".Nesse momento, o aluno G.G. verbalizou espontaneamente: "F.S. poderia dar uma aula sobre respeito, não é?"

Finalizamos este capítulo, desejando aos leitores que busquem, por meio de reflexões e revisitações de suas experiências, o autoconhecimento. Na vida, o nosso maior adversário somos nós mesmos. Reconhecer nossas limitações e desafios é o passo inicial para evoluirmos com equilíbrio emocional, coragem e integridade.

Agradecemos a contribuição de Ludmila Mourão, uma profissional que nos inspira e que faz a diferença em nossas vidas.

Referências

BASE NACIONAL COMUM CURRICULAR (BNCC). *Educação é a base*. Disponível em: <http://basenacionalcomum.mec.gov.br/>. Acesso em: 1 jun. de 2022.

BRINGEL, A. M.; SANTIAGO, C. S.; COSTA, J. P.; SILVA, R. L.; ASSIS, T. C. A coragem no contexto escolar. *Revista Pandora Brasil*. Disponível em: <http://revistapandorabrasil.com/revista_pandora/coragem.htm>. Acesso em: 2 jun. de 2022.

DECCACHE, M. Covid-19: por que medir a temperatura em locais públicos não é mais eficaz. *Revista Veja*. Disponível em: <https://veja.abril.com.br/saude/covid-19-por-que-medir-a-temperatura-em-locais-publicos-nao-e-mais-eficaz/>. Acesso em: 1 jul. de 2021.

PETROCELLI, M. *9 soft skills mais procuradas pelas empresas*. Mba USP/ESALQ. São Paulo, 19 de maio de 2022. Disponível em: <https://blog.mbauspesalq.com/2019/08/08/9-soft-skills-mais-procuradas-pelas-empresas/>. Acesso em: 30 maio de 2022.

PIACENTI, F. Escola é responsável pelo aluno e sua integridade física. *Sônia Aranha - tirando suas dúvidas sobre educação*. Disponível em: <https://www.soniaranha.com.br/a-integridade-fisica-do-aluno-e--responsabilidade-da-escola/>. Acesso em: 1 jun. de 2022.

RICO, R. Competência 8: autoconhecimento e autocuidado. *Nova Escola*. Disponível em: <https://novaescola.org.br/bncc/conteudo/12/competencia-8-autoconhecimento-e-autocuidado>. Acesso em: 30 maio de 2022.

SÓLIDES. *Conheça 15 soft skills para desenvolver agora mesmo*. Disponível em: <https://blog.solides.com.br/conheca-soft-skills-para--desenvolver/>. Acesso em: 30 maio de 2022.

5

EQUILÍBRIO, CORAGEM E INTEGRIDADE

EM AMBIENTES FAMILIARES

Neste capítulo, procuramos sugerir como promover estímulos adequados e abordar situações que permitam favorecer essas *soft skills*. Em sua construção de sujeito, uma criança se depara com desafios da vida, do mundo e das relações. Observando os modelos que lhe são oferecidos, a criança desenvolve os próprios meios de resposta e resolução das experiências, aprendendo com aqueles que cuidam dela.

CINTIA PIMENTEL SAYD

Cíntia Pimental Sayd

Contatos
cintiasayd@gmail.com
Instagram: cintiasayd_pensandopsiquiatria
Facebook: cintiasayd_pensandopsiquiatria
11 99812 4197

Médica e mãe apaixonada por crianças e pelo universo infantil. Formada há mais de 25 anos pela Faculdade de Medicina de Santo Amaro (São Paulo/SP), cursou Residência Médica em Psiquiatria no Hospital do Juquery (Franco da Rocha/SP). Tem especializações em psiquiatria da infância e adolescência pelo IDH e SEPIA (IPQ/FMUSP). Especialização em Saúde Pública (UNAERP/SP) e pós-graduação em Abordagem Integral no TEA e TDAH (Uniamérica). Em 2019, iniciou a prática dos tratamentos neuropsiquiátricos com *cannabis* medicinal. Possui título de especialista em psiquiatria pela ABP e registro de qualificação de especialista pelo CRM-SP. A ampla experiência clínica no atendimento de crianças, adolescentes e adultos, em diferentes serviços de saúde, construiu a prática clínica integrada ao trabalho de outros profissionais.

Coragem

Considerada uma virtude, a coragem é a possibilidade de agir em situações difíceis, apesar do medo ou da intimidação. Veja bem: apesar do medo.

A coragem na história de nossa espécie permitiu a sobrevivência e adaptação diante das adversidades e situações desfavoráveis.

> *A coragem é a resistência ao medo, o domínio do medo e não ausência do medo.*
> MARK TWAIN

Conhecer nossos medos ajuda a aprender a enfrentá-los e até dominá-los. A coragem não é inata ao ser humano. Pode e deve ser exercitada e isso começa no ambiente familiar.

Lembro-me de descobrir essa *soft skill* em 2011, quando meu marido foi diagnosticado com um câncer raro. Ele precisaria realizar uma cirurgia extremamente difícil. Meus filhos estavam com 4 e 6 anos naquela época e, aos poucos, fomos situando-os sobre a internação, a cirurgia, a ausência. Suas reações sempre foram muito distintas: um perguntava de tudo e o outro, pouco falava.

Uma amiga querida, psicóloga, ofereceu-se para nos ajudar. Realizou uma sessão com os dois para que pudessem compreender melhor o que viria pela frente. Conseguiu abordar a questão de forma lúdica e no contexto deles.

A internação prevista de sete dias durou quinze. Foram momentos difíceis, muito choro, perguntas, orações... Minha mãe, minha família e eu procuramos oferecer-lhes segurança, apoio, acolhimento.

A possibilidade de se expressarem, perguntarem, mostrarem que sentiam a nossa falta e também o medo de o pai não voltar para casa foram essenciais para que pudessem desenvolver a coragem de lidar com as mudanças que ocorreram em nossas vidas. Nunca deixamos perguntas sem respostas francas, mas é claro que dentro de um repertório adequado para duas crianças.

Elas não são miniadultos, nunca se esqueçam disso!

Quando meu marido retornou para casa, meu filho mais velho ainda tinha muitas perguntas e o mais novo se expressava demonstrando irritação e algumas vezes até agressividade. Por mais que tentássemos abordá-lo, demorou meses para, um dia, ele soltar: "Por que meu pai ficou doente?".

Tentei explicar que estas coisas poderiam acontecer com as pessoas e ele, chorando, prontamente reagiu: "Não pode não, não pode".

Somente aí pude entender que ele precisava demonstrar sua incompreensão, revolta e medo. Foi um alívio ele poder se expressar. Depois disso se tranquilizou, conseguiu elaborar seus sentimentos.

Se observarmos com atenção nossos próprios medos e questões, poderemos evitar que estes "transbordem" para nossos filhos. Isso pode parecer simples, mas, na verdade, não é.

Quantas vezes agimos com as crianças firmados em nossas próprias referências, traumas, nos esquecendo de que elas são outros indivíduos e se tornarão sujeitos diferentes de nós?

Para tornarmos nossos filhos corajosos, precisamos, em primeiro lugar, acreditar que eles conseguirão enfrentar os diferentes desafios da vida e não interpretar suas possibilidades. Explicar a situação, acolher seus medos, mostrar que inseguranças são humanas e que terão apoio independentemente do resultado do desafio promoverá coragem.

Proteger excessivamente uma criança não permitindo que ela resolva os próprios medos pode transmitir a mensagem de descrédito em sua capacidade e, consequentemente, gerará insegurança. Pode transmitir a mensagem de que o mundo é muito perigoso e difícil. Então, como será uma pessoa corajosa?

Outro campo da coragem que pais precisam exercitar: assumir o papel de pai/mãe e deixar o papel de filho(a) para trás. Não é possível estar nos dois papéis sem que um deles seja desfavorecido. Precisamos fazer a transição. Quantas vezes os adultos não parecem maduros para ocupar essas posições, agindo com imaturidade com seus filhos? A transição não se deu por completo nesses casos e isso pode estar relacionado, entre outras coisas, ao não enfrentamento dos próprios medos.

Proporcionar referências de amor, prioridade, segurança, apoio, cuidado para e com a criança a ajudará a desenvolver coragem.

Equilíbrio

O papel de responsável por uma criança exige assumir lugar de liderança na família. O treino dessa posição a tornará real. Essa tarefa precisa ser exercida com equilíbrio.

Além do mais, ações ou decisões tomadas com parcimônia são mais bem sustentadas e proporcionarão o exemplo.

Ter equilíbrio é o desejo de muitos, mas nem sempre é fácil atingir esse objetivo. Muitas vezes nossos filhos parecem "nos testar" e precisamos auxiliá-los a compreender os seus e os nossos limites.

É, portanto, essencial observar diferenças entre conceitos básicos e fundamentais como, por exemplo, firmeza e rigidez.

A firmeza é fundamental e estruturadora. A rigidez impede possibilidades podendo causar impactos e estragos desastrosos. Em situações de conflito, observe se está sendo rígido e questione-se sobre isso. Flexibilize, ajuste, equilibre.

Boas experiências afetivas na infância têm influência positiva na vida do indivíduo.

Exaltação de ânimos, punições, raiva não ensinam o que queremos às crianças. No máximo, elas saberão o que é sentir raiva. Posicionamentos coerentes, firmes, pensados, conscientes serão de suma importância para que as crianças construam os próprios limites. Permitirá que vivenciem as situações sem excessos desnecessários. Caso se exalte em algum momento, reflita, desculpe-se e corrija-se.

Você pode ajudá-la a compreender o próprio comportamento em situação de descontrole (choro, raiva, teimosia excessivos) buscando traduzir a situação-problema, para que ela se acalme e descubra como encontrar uma solução para o que está sentindo.

Usando uma linguagem que ela consiga compreender e possibilitando que se expresse, sinalizamos que o equilíbrio auxilia na resolução dos problemas. Às vezes, envolver a criança em um abraço firme usando palavras de afeto é capaz de reorganizá-la: "Estou abraçando você, para que se acalme. Estou aqui para ajudá-la a resolver isso". Isso pode aplacar as emoções exaltadas.

Mais tarde, procure conversar, promover uma brincadeira, desenhar sobre o ocorrido, propondo estimulá-la a descobrir possibilidades de reação diante de um próximo desafio, de forma equilibrada.

Outra questão que exige equilíbrio: elogio e crítica. Não exageremos. Elogio não é adulação e crítica não é humilhação. Extremos desequilibram. Crianças precisam saber se estão ou não no caminho correto, de modo objetivo e coerente.

Mas cuidado: "Não emende o elogio com uma bronca". Pare no "e se, mas está vendo, se fosse assim..."

Treinar o equilíbrio começa na infância e a prática se perpetuará durante toda a vida. Ponderar sobre escolhas, hábitos, posturas, decisões, relacionamentos, em todos os âmbitos afetará inclusive nossa saúde mental, emocional, física e espiritual.

Integridade

Para a construção de vínculos, é necessário respeito à sua integridade. Adultos precisam cuidar dos vínculos respeitando-os. Observando a plenitude de papéis, hierarquia, individualidade, fases do desenvolvimento da criança, proporcionamos construção de integridade nela.

Proporcionar interações saudáveis é cuidar da integridade física, emocional, psicológica dos pequeninos. Eles não podem estar "em pé de igualdade" com os adultos. Papéis não podem ser invertidos. O que chamo de "nivelação com o adulto" é um problema que estamos lidando com maior frequência do que víamos nos últimos anos.

A hierarquia é necessária e não se constrói de forma autoritária, impositiva, mas, sim, com respeito à individualidade, empatia, amor, cuidado com os vínculos.

Nas escolhas familiares, pode-se incluir expectativas de todos, mas existem situações em que a decisão será de responsabilidade dos adultos. Vejo famílias discutindo assuntos sérios envolvendo a criança na decisão a ser tomada.

Diferenciar quando algo diz respeito somente aos adultos ou quando os filhos devem ser incluídos nas discussões exige respeito à integridade do indivíduo, da família, dos vínculos, da hierarquia.

Se isso não estiver claro, a criança pode correr o risco de desenvolver excesso de ansiedade, de autocobrança, de baixa tolerância a frustrações, falta de limites, depressão, comportamento opositor e desafiador etc., que impactarão em sua construção de sujeito e em seus relacionamentos futuros.

Vejo hoje crianças preocupadas excessivamente com questões financeiras da família, insatisfações dos pais no trabalho e na vida amorosa, problemas dos adultos, assuntos que não são de sua competência. Sofrem sentindo-se parte da solução, em meio a conflitos, angústias e discussões. Em outro extremo, noto crianças exigindo e ditando regras a seus próprios pais como pequenos ditadores.

Desenvolver a integridade vai além do ponto de vista da ética e da moral; permite que o indivíduo desenvolva melhores relações com o outro e com o mundo que o rodeia.

O olhar cuidadoso do adulto responsável pela construção do apego (normalmente a mãe) em um bebê é insubstituível. O reconhecimento das expressões faciais, luz, sons, toque, voz, cheiro, calor, construção do apego serão elementos integradores para o desenvolvimento.

Muitos fatores interferem no desenvolvimento infantil e a atenção dada a cada etapa é fundamental. Além das interações familiares, há interferências escolares, sociais e ainda da tecnologia e das telas, que estão facilmente à disposição de todos oferecendo um mundo de possibilidades. Portanto, precisamos ter maior cautela a prejuízos que podem causar na integridade do desenvolvimento. Cada vez mais esse assunto é discutido por especialistas na área da saúde mental.

A Sociedade Brasileira de Pediatria, em 2020, lançou um manual de orientação para exposição de crianças a telas e propõe que menores de 2 anos não sejam expostos passiva nem desnecessariamente a aparelhos tecnológicos. Recomenda ainda que crianças de 2 a 5 anos usem no máximo 1 hora de telas ao dia e as de 6 a 10 anos, 2 horas, sempre com supervisão de adultos. Conteúdos devem ser condizentes com a idade.

Elas precisam de humanos e não de telas. Que tal também refletir sobre seu próprio limite de telas? Quantas vezes você não se pegou sem ouvir o que seu filho disse por estar no celular ou assistindo à TV? Crianças precisam da presença de verdade, da dedicação integral de quem cuida delas.

Mais algumas dicas

- Toda experiência que você mesmo(a) teve em sua infância pode servir para reflexão na ação com sua criança. Recorde-se e não repita o que não foi construtivo.
- Crianças expressam-se muito mais por gestos do que pela fala. Estão em construção da própria compreensão de mundo. Também aprendem por meio de gestos e ações e não apenas por seu discurso.
- Animações podem ajudar a falar sobre esses e outros assuntos com a criança. Promova uma "sessão pipoca". As sugestões a seguir tratam de relações familiares, medos, coragem, respeito, equilíbrio, integridade, individualidade, idealizações, vínculos, mitos familiares.
- *Os Croods.*
- *Encanto.*
- *Red: crescer é uma fera.*
- *Luca.*
- *Viva: a vida é uma festa.*

Conclusão

Família e pais ideais não existem. Falhamos, e a maioria de nossas falhas serão reparáveis. Poderão ser corrigidas, elaboradas, ressignificadas nas experiências do dia a dia. Crianças sempre trarão desafios. Procure aprender com as situações.

Tenha coragem de recuar quando necessário, pois decisões podem precisar de mudanças ao longo do processo. Não misture seus medos com os da criança. Confie que ela será capaz de resolver os próprios desafios e medos.

Atenção ao equilíbrio quando falar, determinar limites, transmitir suas preocupações à criança. Comunique-se de forma objetiva, clara, sem detalhes desnecessários ou ameaças.

Esteja atento ao distinguir e equilibrar suas emoções antes de iniciar uma fala e equilibre essa com sua fisionomia e postura, antes de agir. Vivenciar equilíbrio é importante para a criança também desenvolvê-lo.

Cuide da integridade dos vínculos. Quando precisar corrigir seu filho, diga a ele que o faz por cuidado e amor. Nunca o deixe duvidar de seu amor, mas nunca se sinta refém do medo de perder seu amor. Assim, você exercita equilíbrio e integridade, o que será modelo para a criança.

Demonstrar fragilidade, medo, cometer erros não afetará a integridade da relação estabelecida se você for capaz de refletir e se corrigir.

Atenção aos conteúdos consumidos por nossas crianças. Devemos zelar pela integridade do desenvolvimento infantil.

Lembre-se de que a melhor maneira de ensinar será a partir do exemplo.

Referência

SOCIEDADE Brasileira de Pediatria. *Manual de orientação* (2019-2020). Disponível em: <https://www.sbp.com.br/fileadmin/user_upload/_22246c-ManOrient_-__MenosTelas__MaisSaude.pdf>. Acesso em: 03 out. de 2022.

6

EQUILÍBRIO, CORAGEM E INTEGRIDADE

EM AMBIENTES SOCIAIS

As palavras *coragem, equilíbrio e integridade* me tocam e provocam reflexões sobre as sensações de medo, de instabilidade e de parcialidade, que compõem minhas experiências pessoais e clínicas. Meu desejo, ao escrever este capítulo, é o de dar vida às palavras e de encontrar uma forma de apresentar essas habilidades como possuidoras de corpo e movimento durante experiências vividas de forma singular por cada um.

CARLOS EDUARDO DE CARVALHO CORRÊA

Carlos Eduardo de Carvalho Corrêa

Contatos
carloseducorrea@gmail.com
11 99908 7199

Minha primeira formação ocorreu na Faculdade de Medicina da USP de Ribeirão Preto/SP. Depois fiz residência e trabalhei por 10 anos no Hospital de Cotia/SUS, a mais importante formação que tive em UTI neonatal e mudanças nos protocolos de atenção ao recém-nascido. Tenho título de especialista em neonatologia, parte da pediatria que estuda o recém-nascido. Trabalhei durante 20 anos em UTI neonatal, com foco na humanização de assistência aos bebês saudáveis e doentes, assim como a inclusão da família nos seus cuidados dentro do ambiente UTI neonatal, sala de parto e alojamento conjunto. O último curso realizado: Clínica Interdisciplinar de Primeira Infância no Sedes Sapientiae, com duração de um ano. Atualmente, faço atualização em pediatria pelo centro de estudos do Instituto da Criança da Faculdade de Medicina da USP. Sou professor convidado do curso de Psicologia e Psicopatologia da perinatalidade do Sedes Sapientiae.

Sobre ensinar o que sei e o que não sei

Transitar entre o que sei e o que não sei me move na participação deste livro e me mantém próximo, de fato, da oportunidade de escrever este capítulo, pois, como Larrosa (2014), acredito que "a experiência, e não a verdade, é o que dá sentido à escritura".

Tenho o prazer de ser parte desse todo que apresenta múltiplas faces, composto de várias experiências, que nos despertam para nossa condição em pertencer e que é tão vital quanto respirar. Novamente me aproximo do trânsito entre o que vai para dentro e o que vai para fora. O quanto falo, o quanto calo. Quando ando e quando paro.

Entre ações e não ações, a primeira memória que desperta é a oração que apresenta sabedoria ancestral sobre possibilidades e imperfeições no ser humano.

"Senhor, dai-me força para mudar o que pode ser mudado. Resignação para aceitar o que não pode ser mudado. E sabedoria para saber quando mudar e quando resignar."[1]

Como diz Denise de Castro (2016), nós podemos muito, mas não podemos tudo e, diante dessa verdade, a memória de um tempo pode brincar com meus saberes atuais.

Gosto de começar pensando que estou em contínuo aprendizado sobre essas três habilidades: coragem, equilíbrio e integridade. E como qualidades humanas estão em constante transformação e modificam esse humano, amadurecendo a condição de estar bem com seu próprio

---

1 A frase é atribuída a São Francisco de Assis, ao almirante norte-americano Thomas Charles Hart (1877-1971) e ao teólogo, também norte-americano, Reinhold Niebuhr (1892-1971).

ambiente corporal e emocional e seu meio ambiente. Compartilho qual caminho percorri para desenvolver uma narrativa fragmentada e integrativa, buscando coerência. Como concebi a forma mais complexa que pude alcançar para expor, como fotografias ou cenas inteiras, situações marcantes na minha clínica. Afasto-me das noções de certo ou errado e reflito sobre a infinita busca da beleza. E não há nada mais humano do que isso. Pensar o significado da experiência chamada amor está muito além desses julgamentos, mas existem princípios norteadores.

Aventuro-me a pesquisar sobre moral e ética. O humano sempre teve que lidar com essas dimensões dos seus ambientes compartilhados e individuais: "A minha liberdade acaba quando interfere na liberdade do outro" (SPENCER, H., frase atribuída). Esse foi um princípio norteador em minha formação. Ouvi e pensei a respeito, muitas vezes, na infância e adolescência, como uma verdade inquestionável. O que causava incômodo. Mais tarde, entendi que essas questões do eu/meu, nós/nosso, você/seu vão sempre se apresentar, e vivemos um aprendizado contínuo sobre o tema. Isso compõe o processo de amadurecimento. Então, encontrei nas palavras do Cortella (2020) uma nova visão: "A minha liberdade acaba quando acaba a do outro" (citação oral). Reencontro e tranquilizo uma memória desconfortável sobre o assunto, quando estava a serviço do bem-estar do outro. Minhas vivências me amadureceram, e as novas palavras deram um contorno, mais generoso e possível, à minha qualidade de estar com as pessoas. A parte não desqualifica o todo e o todo não necessita sacrificar suas partes. Essa é a fisiologia do processo vivo.

Cumpre refletir sobre o significado das palavras *moral e ética*, e os sentidos que elas podem tomar na dinâmica da vida para entendermos melhor o caminho feito por mim. A moral trata de um conjunto de valores, normas e noções sobre o que é certo ou errado, proibido ou permitido, dentro de uma determinada sociedade. A ética é um ramo da filosofia que lida com o que é moralmente bom ou mau, certo ou errado.

Descrever o processo que vivi na construção desse texto me faz experimentar um reencontro com situações marcantes, que reverberam e ocupam minha atenção como fragmentos de uma clínica baseada na escuta e na tentativa de promover um encontro.

Nessa clínica do encontro, diante de uma família, me deparo frequentemente com dilemas éticos que envolvem a liberdade: Quando eu falo? Quando me calo? Acredito que essas questões pertencem ao vivo, desde o princípio das comunidades humanas e "o principal problema ético é a liberdade. Da liberdade decorre, no entanto, imediatamente, a responsabilidade" (SILVA, 2018, citação oral).

Perante a liberdade e a responsabilidade, como colocar a criança diante de ações éticas sem que ela possa experimentar as mais diversas atitudes e expressar as próprias emoções? Certamente, ela não pode responder por uma série de comportamentos, ao mesmo tempo que pode se responsabilizar por tantos outros.

A ética está imersa nos acontecimentos vivos e precisa ser vivida, concretizada antes de ser abstraída. São questões como essas que pulsam nos corações das famílias que me procuram, às voltas com os desafios de educar seus filhos. Esses obstáculos seguem reverberando ao descobrir o que não sei sobre coragem, equilíbrio e integridade.

Entre encontros e desencontros

Lembro-me de um caso em que estávamos falando sobre as capacidades do filho. A mãe tinha preocupações sobre seu desenvolvimento, sua aparente falta de interesse em organizar e planejar. Conversamos sobre o amadurecimento da criança e da mãe na experiência de cuidar. Estávamos tentando entender se havia uma variação normal ou uma condição que merecia ajuda profissional.

Então, a criança me olha e diz:
– Sai da frente.

Ele olha o caminhão, olha através de mim e se lança percorrendo o seu trajeto planejado (me tirando da sua frente, claro). Assisto à cena e saio do lugar, cedendo espaço para ele e o seu caminhãozinho.

Ao mesmo tempo, a mãe pergunta:
– Isso é jeito de falar? É assim que se fala?

E eu penso: retirar obstáculos da sua frente, essa não é uma forma de organizar e planejar? As verdades possíveis em cada um dos componentes desse enredo. Cada um experimentando uma possibilidade de ação/não ação diante dessa cena.

Com essa história, pretendo começar pela definição da palavra *coragem*. Quantas possibilidades cabem em uma mesma palavra. Em cada um de nós existe uma vivência de coragem/falta de coragem que nos torna únicos diante da experiência e, ao mesmo tempo, nos aproxima por ser uma necessidade relacionada ao bem-estar e ao bem viver.

Ânimo = coragem de encarar o desafio.

Desfaçatez = você teve coragem? Que absurdo!

Coração: morada dos sentimentos. O que anima a experiência vivida. Estado de espírito, desejo, ardor. Força interior.

Quando pesquisei o significado de *coragem*, encontrei um vocábulo que expressa o encontro entre o espírito humano e o seu corpo físico. A palavra tem tanta potência na sua experiência individual que pode ser ouvida como uma expressão de excesso para transgredir limites de forma positiva (ânimo) ou como algo que anuncia um mau comportamento do ponto de vista ético e/ou moral (desfaçatez).

No caso descrito anteriormente, encontro coragem nas duas possibilidades de significado. A mãe, quando se expressa, pergunta ao filho se ele teve coragem de pedir meu afastamento, sem suavizar a solicitação com uma elegância socialmente mais aceita (moralmente adequada). A criança tem coragem de expressar seu desejo e tenho coragem de ir além da forma e do conteúdo do pedido da criança, supondo que ela esteja construindo um trajeto do qual eu e meu deslocamento não fazemos parte.

Para falar de equilíbrio, penso em uma condição que pertence ao corpo físico (material) e aos ambientes que o cercam. As relações humanas necessárias para a constituição do ideal de bem-estar são objetos deste texto.

No fato narrado, vemos um triângulo formado e, simultaneamente, relações a dois. O menino e eu. A mãe e o menino. A mãe e eu. E o consultório como ambiente social interferindo nessas relações. Há um movimento gerando desequilíbrio e uma tentativa de recompor esse equilíbrio, aceitando ou negando a proposta feita pela criança.

Aristóteles define a prudência como uma qualidade que modula a coragem a partir de preceitos éticos e morais: "O prudente é aquele que, em todas as situações, é capaz de julgar e avaliar qual a atitude e qual a ação que melhor realizarão a finalidade ética".

Quero ousar propor as noções de equilíbrio e de integridade como elementos da prudência que afetam diretamente o exercício da coragem. A simultaneidade de capacidades expõe o caráter complexo desse tema. Posso identificar um lugar comum a esses três elementos humanos que se organizam a cada nova vivência, se moldando em formatos que deem conta dessa vivência única. Um acontecimento vivido no aqui e agora de cada um dos elementos: mãe, criança, eu e o consultório.

Sobre integridade, nessa experiência quero apontar a da mãe em nomear um princípio de convívio social, no qual as pessoas fazem pedidos de forma gentil. Posso supor, nessa maneira de solicitar, a possibilidade da negativa ao pedido e à condição para não estabelecer uma comunicação violenta e imatura. A criança demonstra integridade ao planejar e criar condições para que o deslocamento do caminhãozinho aconteça e preserve seu princípio de "organização" do ambiente/consultório e do ambiente gerado entre mim e a criança, dentro desse espaço. Integridade agrega a parte e o todo. O que é parte e o que é o todo vivem em um contínuo trânsito, um sistema vivo; e geram, naturalmente, conflitos necessários ao processo formativo do corpo-criança, do corpo-mãe e do corpo-pediatra. Sem equilíbrio, essa tentativa da criança em construir uma trajetória própria expõe a própria criança ao risco físico, comportamental, emocional e cognitivo, ativando um corpo capaz de se desdobrar e se dobrar (CASTRO, 2022). Nessa experiência, nós, adultos, somos cuidadores, ao mesmo tempo que fornecemos tempo e espaço para que a experiência forme, de fato, a criança com suas novas partes, alterando a unidade corporal em constante desenvolvimento. Sempre haverá algum risco. Castro nos lembra que o corpo é aquele que está sempre sendo descoberto e, nesse sentido, qual lado a mãe não vê? Qual a face que o pediatra não vê? Qual o horizonte da criança? Nessa situação, nós, adultos, somos cuidadores para que a experiência integre partes na criança.

Outro exemplo que gostaria de trazer é de um atendimento do casal com um bebê nas primeiras semanas de vida. A mãe me conta que está sentindo muita dor ao amamentar. Desnuda a parte de cima do corpo e me mostra as feridas oriundas da amamentação nos primeiros dias. Vamos conversando e me chama a atenção o fato de ela manter os peitos à mostra. Destaca que adoraria amamentar, mas não sabe como, já que os mamilos estão machucados. Escuto e tento estabelecer uma conexão atravessando a primeira camada, que, nesse caso, é a sensação de dor e de incapacidade. Digo que ela está em uma trajetória. Teve de fazer uma pausa, pois, num primeiro momento, essa dor impediu a amamentação e mereceu uma espera. Depois dessa fase, ela conseguiu viver a experiência de dar o peito. Portanto, já tinha um repertório construído a partir da experiência de dar e não dar o peito machucado. Ela teve coragem de recusar, para se recuperar, e coragem para voltar a estabelecer essa ponte com o seu bebê. Teve integridade de ouvir a si própria sobre quando podia e quando não podia oferecer suas mamas. Equilíbrio para manter esse canal de contato corporal aberto, para poder negar e oferecer conforme sua coragem e integridade são capazes de construir e sustentar essa ponte de encontro mãe-bebê.

O pai tenta participar oferecendo o cuidado de trocar, alimentar com leite materno ordenhado e lidar com o choro. Sabe que não é capaz de amamentar e deve ter coragem de testar formas de estar presente na relação com seu bebê, com integridade e equilíbrio, para não se fundir ao bebê que chora pedindo cuidados. Deve poder cuidar dele sem competir com a mãe, que está fragilizada, emocional e fisicamente, diante da dificuldade de oferecer suas mamas fissuradas.

O bebê experimenta o vazio. Não encontra o corpo dela. Oscila diante de uma mãe hesitante e de um pai sem peitos. Sacia sua fome, mas se mantém alerta diante da ausência materna. Busca coragem, integridade e equilíbrio nos pais para existir com suas faltas. Tenta, à medida que vive fragmentos, se constituir no outro como unidade.

Cada um vivendo a importância de estar junto, cada qual com suas capacidades mais ou menos amadurecidas.

Segundo Jonas Melman (2020), existem seis níveis de escuta. O último deles, a escuta empática, a dificuldade de se ter, sugere um longo caminho de aprendizado: "Escutamos para compreender o universo do outro, a sua maneira de ver o mundo".

Nessa situação, mãe, pai, bebê e eu nos aproximamos e nos diferenciamos, graças à coragem que nos faz pulsantes, à integridade que nos torna unidade e partes, simultaneamente, e ao equilíbrio, como uma busca constante encarnada no movimento de inspirar, expirar e as pausas que possibilitam um novo movimento. Saber e não saber me fazem testemunhar e registrar minhas experiências do cuidar.

Referências

CASTRO, D. *O método corpo intenção. Uma terapia corporal da prática à teoria.* São Paulo: Summus, 2016.

CASTRO, D. *O ambiente de cuidado e o jogo de forças: para uma clínica do desdobramento.* Trabalho de mestrado pela PUC (SP), 2022, no prelo.

CORTELLA M. *A minha liberdade acaba quando acaba a do outro* - ano 2005 - Baú do Cortella #71, Maio de 2020. Disponível em: <https://www.youtube.com/watch?v=aeOia6o1gpM>. Acesso em: 04 out. de 2022.

LARROSA, J. *Tremores: escritos sobre experiência.* Belo Horizonte: Autêntica, 2014.

SILVA, F. L. A ética necessária: responsabilidade e solidariedade. *Café Filosófico.* São Paulo, 2018. Disponível em: <https://www.youtube.com/watch?v=dFRMFAgBLpQ>. Acesso em:

SPENCERS, H. *Da Liberdade à escravidão.* Lisboa: Livraria Clássica Editora, 1904.

AUTOCONFIANÇA E GRATIDÃO

A gratidão concede reverência, permitindo-nos encontrar epifanias cotidianas, aqueles transcendentes momentos de espanto que mudam para sempre a forma como vivenciamos a vida e o mundo.
JOHN MILTON

AUTOCONFIANÇA

GRATIDÃO

Nos capítulos adiante, abordaremos as *soft skills* – autoconfiança e gratidão. Ambas são temáticas bem contemporâneas. Nunca se falou tanto em gratidão, em ser grato, agradecer no sentido mais profundo que essa palavra pode ter. Assim como a autoconfiança, a geração atual tem vivido com esse desafio, já que saímos da era fabril, na qual socialmente valorizava-se a obediência "cega".

Buscamos duas pesquisas para compreendermos o quê e o porquê os holofotes se voltaram para essas duas *soft skills*.

A gratidão, segundo pesquisadores da Harvard Medical School, é como se fosse um remédio importante para o cérebro. Ao experimentar esse sentimento, duas partes do órgão são ativadas: pré-frontal medial ventral e o córtex, na porção dorsal. As áreas estão envolvidas em percepções de recompensa, moralidade, interações sociais positivas e capacidade de entender o que o outro pensa.

Cultivar o hábito de ser grato por aquilo que se tem, pelas experiências vividas, pelas relações de afeto – e mesmo pelas relações desafiadoras – ajuda a criança a se concentrar naquilo que ela tem e não no que lhe falta.

No dicionário, *gratidão*, significa o sentimento de graça experimentado por alguém em relação a outro alguém que lhe concedeu algum favor, um auxílio ou benefício, uma gentileza.

Podemos afirmar que modelar a criança para que ela experiencie o sentido da gratidão é levá-la a enxergar o "lado cheio do copo", não paralisando diante de situações de vulnerabilidade, mas, sim, e nesses casos, buscando alternativas com maior flexibilidade.

O mesmo ocorre com a autoconfiança. Ela não colabora apenas para a autoestima das pessoas, mas também pode fazer com que tenham sucesso. Segundo um estudo feito por pesquisadores da Universidade da Flórida, as pessoas que tinham uma imagem positiva de si mesmas, quando adolescentes ou jovens, obtiveram salários maiores na meia-idade.

O professor de administração, Timothy Judge, que comandou o estudo, relata que a diferença era ainda maior dentre as pessoas das classes A e B. Ele coloca que,

> Há, certamente, vantagens significativas para as crianças que crescem com pais cultos e que tenham ocupações profissionais, mas essas vantagens são especialmente profundas quando as crianças têm autoconfiança, indiferentemente da classe social.

Complementa, ainda, que: "o conceito positivo sobre si mesmo parece funcionar como um catalisador."

Um dos muitos padrões identificados na pesquisa aponta para a relação entre autoestima e motivação. Estudos apontam que pessoas positivas, que acreditam em si mesmas, têm metas mais ambiciosas, por isso, mesmo que encontrem adversidades, não têm tanta tendência em absorvê-las e assumem mais riscos.

Assim, quando conseguimos atuar intencionalmente em diferentes ambientes sociais para desenvolver essas *soft skills*, contribuímos para que as crianças construam uma melhor autoimagem e sejam mais generosas consigo e com os outros.

Lucedile Antunes e Beatriz Montenegro

7

AUTOCONFIANÇA E GRATIDÃO

EM AMBIENTES DE APRENDIZAGEM

Há de se cuidar do broto para que a vida nos dê flor e fruto.
MILTON NASCIMENTO

Ser autoconfiante está vinculado ao empoderamento pessoal de acreditar que algo é possível e realizá-lo. Estar agradecido torna-se, portanto, um dos resultados do reconhecimento desse processo. Sendo assim, veremos a seguir algumas reflexões e experiências de como os diferentes papéis da comunidade escolar são importantes no desenvolvimento dessas duas *soft skills*.

ADRIANA MOREIRA DA CUNHA

Adriana Moreira da Cunha

Contatos
dricavenceslau@yahoo.com.br
Instagram: @adrianacunhacoach
18 98116 0699 / 18 99640 0966

Fundadora do Instituto Crer & Ser Gente e idealizadora do projeto Adolescer Para a Vida e do Programa Família Amanhecer. Estudante de Psicologia Positiva, com 29 anos de experiência como educadora nas prisões do Estado de São Paulo. Formada em Letras, Pedagogia, Psicopedagogia, Docência do Ensino Superior, Educação de Jovens e Adultos. *Coach* pelo IBC, *Kid Coaching* pelo Instituto de Coaching Infantojuvenil. Formação Power Profissional, pelo Instituto Eduardo Shinyashiki. *Practitioner* em Programação Neurolinguística, *Mentoring* e *Neurocoaching*. Professora e ex-coordenadora pedagógica na ETEC Prof. Milton Gazzetti – Centro Paula Souza. Atua como professora, *coach*, pedagoga, psicopedagoga, escritora e palestrante.

Autoconfiança e gratidão

Confiar em si mesmo não é uma qualidade inata, é um estado mental que requer um esforço considerável para se desenvolver e manter quando as coisas se tornam difíceis e distantes. A autoconfiança pode ser aprendida, praticada e dominada assim como qualquer outra *soft skill*.

No mundo 4.0, tudo se modifica rapidamente e, todos os dias, adultos e crianças se deparam com situações que exigem aprendizagem de novas habilidades. Pais e educadores, por vezes, se sentem inseguros e confusos diante dessa realidade.

Para as crianças, essa realidade é ainda mais complexa: convivem com familiares, com educadores e amigos na escola, no clube; apercebem-se de diferentes crenças, valores e regras, e, nas redes sociais, observam um mundo de perfeição e sucesso.

A cada dia, pais e professores se preocupam, mais e mais, com a necessidade de estimular a criança e o adolescente a desenvolver a autoconfiança.

Gosto da definição de autoconfiança como um sentimento de acreditar, genuinamente, nas próprias capacidades, habilidades e julgamentos. Veja bem, ser autoconfiante não está atrelado à ausência do questionamento sobre si mesmo, mas ao empoderamento pessoal de acreditar que é possível e realizar aquilo, mesmo que as condições não sejam as desejadas.

Como Henry Ford disse: "Se você acredita que pode, você tem razão. Se você acredita que não pode, também tem razão."

Então, o que é necessário para ser mais autoconfiante?

Durante todo o meu tempo como educadora de crianças, jovens e adolescentes, percebi a necessidade que meus alunos tinham de desenvolverem autoconfiança desde o ambiente escolar, e como esse fator de empoderamento influenciava no desempenho e, principalmente, nas relações que eles estabeleciam ali.

Ao longo dos anos, foram vários os alunos com habilidades e potenciais que não conseguiam explorar e desenvolver, porque simplesmente não acreditavam na capacidade de fazê-lo. Apesar da escola desenvolver várias atividades e projetos diferentes, em sua grade curricular, não os ensinava a olharem para dentro de si e a reconhecerem-se, de verdade, como eram e aonde poderiam chegar.

Percebi que a maioria dos pais se preocupava com o aprendizado de conteúdo, se a criança estava "tirando boas notas", e quando a mesma chega ao espaço da escola, a preocupação se repete: tabelas, livros, gráficos, contas e a quantidade de conteúdos aprendidos aumenta a cada dia, e pouco espaço se tem para algo que vá além da compreensão dos livros, ou de uma boa nota em uma prova escrita. Algo que faça o aluno se enxergar como gente de verdade, descobrindo o seu lugar e potencial, quem ele de fato é. Por muito tempo me questionei sobre o papel da escola nisso. Como a escola ajudaria esse aluno a criar autoconfiança? Como eu, sendo educadora, poderia ajudar o meu aluno a se desenvolver? Precisava descobrir o que eu poderia fazer para melhorar a escola e a autoconfiança dos meus alunos.

Saindo da zona de conforto

Foi tomando à frente do sarau da escola em que atuo, um projeto muito bonito e que me oportunizou descobrir qual era o papel da educação nisso tudo e o meu papel também, que percebi o quanto as crianças e adolescentes se sentem inseguros e não valorizam suas habilidades pessoais.

O sarau consistia em fazer uma apresentação com um tema – que era escolhido, democraticamente, pelos professores e alunos – logo no início do ano e, a partir dessa escolha, os alunos não só faziam as apresentações de poemas, músicas e textos, mas também assumiam o controle da organização do evento, desde a escolha das funções, apresentações e ensaios até a venda dos convites. Nessa construção, eles tinham o direito de errar e refletir sobre as soluções para corrigir o erro.

Parecia loucura colocar tanta responsabilidade nas mãos de crianças e jovens tão inseguros diante dos desafios. Mas eles tinham o ano inteiro para se organizar, discutir sobre o assunto, ter as próprias ideias, desejos, vontades e ensaiar. Desenvolver autoconfiança exige respeito ao tempo de entendimento e maturação de cada um.

Eles precisavam se desafiar, sair da zona de conforto e explorar, na prática, as suas capacidades e talentos. Entendi que o caminho não era falar sobre seus potenciais, mas os levar a conhecê-los por si mesmos, descobrir na prática que era possível e que eles realizariam o sarau.

O processo da autoconfiança

Definitivamente não foi fácil. Nos primeiros meses, eles se sentiam perdidos, reclamavam do que teriam que fazer e muitos tinham aquela crença de que não conseguiriam apresentar nada.

Eles se dividiam em grupos e decidiam quem iria cantar, quem iria dançar, declamar poesias e atuar. E quem não se identificasse com nenhum desses talentos, seria do grupo que chamamos de "suporte". Esses estudantes teriam a função mais importante: organizar a logística das apresentações e confeccionar o que fosse necessário para os cenários, figurinos e organização do local.

Perceba que cada um teve que descobrir no que era bom e como poderia contribuir com o grupo e a escola. Até mesmo quem considerava que não tinha talento para se apresentar, tinha um papel. Eles estavam escolhendo suas habilidades, de acordo com o que sabiam de si mesmos. Esse foi o primeiro passo que deram para a autoconfiança: entender quais eram suas forças e como poderiam usá-las.

Em casa, na hora do nervosismo e do medo, a fala de apoio, sem julgamento, por parte dos pais, fez toda a diferença. Na maior parte do tempo, a criança e o adolescente necessitam apenas de afeto, colo e uma escuta de verdade: com tempo, foco e dedicação para que seu processo de autoconfiança comece a se desenvolver. Mas de que maneira os pais têm feito isso, se, na maioria das vezes, trabalham por horas e horas, e, no momento que estão em casa, dividem o pouco tempo que teriam para seus filhos e família, com obrigações e deveres, redes sociais e bate-papo no celular?

Fui observando o desabrochar da autoconfiança dia após dia, e a determinada altura parecia que as coisas estavam se encaminhando e o sarau começava a ganhar forma.

Uns ainda um pouco inseguros, outros despertaram dentro de si a bravura e a coragem; rapidamente, comecei a identificar neles suas forças. Alguns simplesmente eram líderes, tomavam a frente da organização; outros, extremamente criativos, davam um jeito para ultrapassar todos os obstáculos; e ainda tinham os que estavam se encontrando na música, na dança e na atuação. Esse foi um processo tão natural que eles ainda não se davam conta do que realmente estavam descobrindo.

Depois de toda a organização, produção de roteiro, escolhas de músicas e coreografias foi a vez de começar os ensaios. Esse foi o momento em que as discussões entre eles se intensificaram. O fato era que muitas opiniões diferentes estavam se convergindo e, agora, precisavam aprender a lidar com o grupo, desenvolver a autoconfiança de saber quem eram e qual era o papel deles dentro do grupo e diante dos demais integrantes da sala. A lição desse momento foi saber se posicionar na sociedade, sem perder o seu espaço e personalidade.

Os meses passaram e chegamos à véspera do **evento**. A maioria deles estava muito nervosa. Já reconheciam o processo pelo qual passaram e a importância disso no desenvolvimento pessoal. Mas uma coisa era ter autoconfiança diante dos colegas nos bastidores e outra era tê-la diante de todo um público para vencer o nervosismo e se apresentar.

Finalmente, vi meu momento de ajudar: havia passado os meses como observadora do processo de autoconhecimento e confiança dos meus alunos, tentando fazer com que descobrissem sobre si mesmos o potencial que eu já via e sabia que possuíam. Na última reunião, era o momento de fazê-los refletir sobre o processo que haviam passado, durante aquele período, e como haviam aprendido sobre quem eram. Resolvi homenageá-los contando como foi observar a evolução de cada um, por todos aqueles meses, tudo que foram capazes de fazer e criar. Como mostraram que podiam muito mais do que eles mesmos achavam que podiam, ultrapassaram limites e já não eram mais os mesmos do começo do ano letivo.

E o momento mais emocionante para mim, como educadora durante os meses de preparação, foi ver os olhinhos dos meus alunos brilhando e se enxergando como eu os via em todas as minhas palavras. Consegui notar o semblante de alguns mudar, e perceber que agora estavam se sentindo mais poderosos, como se, naquele momento, estivessem se descobrindo novamente e mais uma *soft skill* se destacou: a gratidão. Estavam gratos pelo aprendizado que eles não poderiam adquirir nos livros.

Minha autoconfiança

Engana-se quem pensa que naquele sarau algum aluno aprendeu mais do que eu, como professora. Para minha surpresa, a autoconfiança de cada um deles me fez mais autoconfiante: como filha, esposa, mãe e educadora. A experiência que vivi havia sido incrível e me ensinara como eu poderia ser melhor para os meus filhos e alunos, como ajudá-los a se conhecerem e a acreditarem em si mesmos.

Aprendi que o sentido de ser educadora está em levar para o aluno não só o conteúdo, mas também a autoconfiança de ser quem ele desejar ser. O papel da escola não pode ser apenas formar profissionais, mas acima de tudo formar gente.

E para estimularmos o desenvolvimento da autoconfiança em uma criança, é preciso, como diz a dra. Gisele George (2012):

> Sermos vigilantes, mas não intrusivos, estimularmos sem pressionar, ajudarmos dando tempo ao tempo. Para que as crianças tenham autoconfiança e alcem voo. Para que os adultos tenham orgulho das escolhas que fizeram como pais e possam observar tranquilamente os filhos crescerem.

Referências

GEORGE, G. *A autoconfiança de seu filho*. São Paulo: Martins Fontes, 2012.

TIBA, I. *Quem ama, educa! Formando cidadãos éticos*. São Paulo: Editora Gente, 2002.

8

AUTOCONFIANÇA E GRATIDÃO

EM AMBIENTES FAMILIARES

Neste capítulo, trago reflexões e orientações sobre como desenvolver autoconfiança e gratidão em nossas crianças – habilidades essenciais e que permeiam todas as relações – com base em minha história, em meus atendimentos e na literatura.

JULIANA M. FRANCESCHINI ROVERAN

Juliana M. Franceschini Roveran

Contatos
www.intersersaudeintegral.com.br
interser8@gmail.com
Instagram: @jufranceschini_
11 99180 7043

Prazer, sou Juliana. Sou mãe do Gabriel, ex-professora de literatura e, depois de um período vivendo na Irlanda, migrei para o mercado financeiro, no qual fiquei por 10 anos. Apaixonada pelo desenvolvimento humano, após uma crise interna, fiz uma nova transição de carreira e decidi levar *Wellness & Consciousness* para as famílias por meio do yoga e das terapias integrativas. Fiz especialização em Desenvolvimento Socioemocional no Instituto Singularidades, tenho duas formações em yoga, me especializei em diversas práticas integrativas, dentre as quais a terapia floral e a yoga, voltadas para o cuidado em família. Meu trabalho consiste em orientações e soluções de forma natural, consciente e integrada no que tange à saúde integral da família. Participo de congressos e diversos estudos visando ao desenvolvimento e ao bem-estar integral do ser humano.

Autopercepção nas relações

A criação e a orientação no desenvolvimento de um novo ser são o maior desafio da atualidade. Diversos e novos estímulos, principalmente tecnológicos, invadem os lares e as escolas tornando o desenvolvimento intra e interpessoal das crianças cada vez mais desafiador. Nós, como pais e educadores, precisamos ajustar a velocidade e equilibrar o acesso a todos esses estímulos que damos a elas. E, mais que isso, é preciso nos preparar para estarmos conscientes do processo e acolher as nossas incertezas e vulnerabilidades para ajudá-los a se manifestarem nesse mundo tão complexo.

Internacionalmente, já se fala do movimento *slow kids* que permite que as crianças tenham momentos de ociosidade, fiquem livres para brincar, explorar sua criatividade sem excessos de estímulos eletrônicos. Esses momentos são extremamente importantes para a criança saber lidar com ela mesma, se auto-observar para, então, se autorregular e aprender a se relacionar com outras pessoas.

Ela precisa interagir com outras crianças para poder expressar as suas potencialidades. Aprender a se posicionar com humildade e assertividade é fundamental para um convívio saudável que permeia todas as relações e para o desenvolvimento de habilidades socioemocionais, conhecidas também por *soft skills*.

Nas aprendizagens evidenciadas nas relações, num simples brincar coletivo, proporcionamos o desenvolvimento de diversas habilidades, dentre elas a autoconfiança e a gratidão.

Autoconfiança como força motriz

A autoconfiança tem uma origem antagônica ao medo, que é uma das emoções básicas amplamente vivenciada por todos nós. O medo, quando exacerbado, deixa de ser prudência e pode vir a nos paralisar em diversas situações. Já a coragem é o grande antídoto para essa emoção e que, ao ser estimulada e fortalecida, se torna uma força pessoal, promovendo a nossa autoconfiança.

Compreender que o medo é uma emoção real e amplamente vivenciada no universo infantil é essencial para que, primeiramente, possamos acolher nossos pequenos sem negar e ou banalizar a legitimidade dessa emoção e, então, orientá-los sem hipervalorizar esse medo ao promover reflexões acalentadoras e possíveis desfechos, tangibilizando assim algo tão sutil e intenso.

E como podemos tangibilizar e facilitar o entendimento em situações em que predominam o medo e/ou a insegurança? Falando sobre o tema abertamente.

Questione, pergunte à criança o que provoca medo, o que aconteceria em determinada circunstância. Faça a escuta ativa. Por vezes nos surpreendemos com o repertório e as respostas dela. E, ao se sentir ouvida e acolhida, talvez seja o suficiente para minimizar essa emoção e promover a autorregulação. Se necessário, pensem em conjunto quais desfechos seriam possíveis numa determinada situação e o que poderiam fazer para aliviar essa tensão.

Uma vez que esse medo ou insegurança forem mapeados, é hora de despertar a coragem e autoconfiança. Pequenos gestos cultivados no dia a dia, nas mais diversas situações ajudam, e muito, no desenvolvimento dessas habilidades.

Elogio: promoção da autoconfiança e valorização do processo

Podemos usar o elogio como forma de gerar autoconfiança ao reforçar um comportamento adequado, positivo e prestativo da criança. Entretanto, é preciso cuidar para elogiarmos o processo e não apenas o resultado. Elogie o esforço, a determinação, o desempenho, a bondade dela.

Exemplo: em vez de dizer apenas que fez um desenho bonito, fale que o desenho ficou lindo, porque ela se concentrou e fez com capricho. Essa forma de elogio pode se estender para outros contextos.

É importante pontuar a técnica, o modo como a criança faz determinada ação. O elogio precisa focar nas habilidades específicas para que ela entenda por que deve continuar a fazer e reforçar certos comportamentos.

Lembre-se de que a criança precisa de constante aprovação para saber se está tudo bem em seguir por esse ou aquele caminho. Se ficar claro que está no rumo correto, a tendência é que ela queira reforçar e fortalecer esse comportamento na próxima vez.

Ao verbalizarmos os elogios, além de as crianças aprenderem novos vocabulários, deixamos claro a elas – e exercitamos nossa assertividade – quais características devem ser cultivadas e que poderão se tornar habilidades promissoras no futuro.

Posicionamento: manifestação da autoconfiança nas relações

A autoconfiança, quando integrada à criança, tem papel superimportante em suas relações. Ela está presente no posicionamento com os amigos, professores e familiares, ajudando na assertividade e no cultivo de relações prósperas e equilibradas. Essa *soft skill* está associada também ao desenvolvimento da autonomia e responsabilidade, habilidades tão essenciais quando pensamos na "criação da criança para o mundo".

A autoconfiança é plástica e, quanto mais cultivada, mais resistente e resiliente fica. E a construção é constante e progressiva. Podemos colocar pequenas metas como forma de reforçar esse comportamento.

Certa vez, eu e meu filho, na época com cinco anos, estávamos na praia e havia três garotos em torno de oito anos jogando bola. Meu filho ficou animado com a possibilidade de brincar com as "crianças maiores", mas estava receoso de fazer o pedido e receber um *não* como resposta (e sentir toda a frustração envolvida).

Ele fez "aquela cara" e pediu que eu perguntasse se poderia jogar com eles. Eu poderia ter ido lá e perguntar? Poderia. Fiz isso? Não. Em vez disso, chamei meu filho e o orientei a ir e perguntar aos meninos.

Antes, citei a possibilidade de os meninos não concordarem – cenário bem possível – e ele falou que, se não desse para jogar com eles, continuaria montando seu castelo na areia e que, na pior das hipóteses, caso recebesse uma resposta negativa, continuaria o que já estava fazendo, mas que, se desse certo, ele poderia fazer novos amigos. Valia o risco. Disse que eu acompanharia de longe e que estaria ali para acolhê-lo perante qualquer desapontamento. Conclusão: jogaram bola facilmente por uns 30 minutos e ele virou o caçulinha da turma.

Quantas vezes tomamos a frente da situação por receio de magoar ou por medo de que nossos filhos se frustrem? Precisamos compreender que frustração faz parte da vida e que é essencial aprender a vivenciá-la ainda na infância, pois somente assim aprenderemos a superá-la e a compreender a dinâmica da vida. Orientar e incentivar nossos filhos para que tenham posicionamento, iniciativa e autonomia é importantíssimo para o desenvolvimento das habilidades e maturidade emocional.

E não podemos nos esquecer de elogiá-los a cada tentativa pela determinação ao se permitirem vivenciar essa habilidade, mesmo que não tenham o resultado esperado. A autoconfiança é uma estrada em construção e, assim como o elogio, deve ter o foco no processo e não no resultado, evitando, assim, a manifestação da arrogância. Os dois caminham juntos, numa espiral ascendente.

Autonomia e responsabilidade: pilares da autoconfiança e criação para "o mundo"

Comentei que autoconfiança está relacionada também à autonomia e responsabilidade.

Vejo muitas famílias, em meus atendimentos, em que a mãe, extremamente sobrecarregada com as questões profissionais, chega em casa e precisa arrumar a mochila, uniforme, além de diversos afazeres domésticos. Aproveite essas situações do dia a dia para promover autoconfiança e despertar autonomia nas crianças.

Chame seu filho para separar o uniforme da escola que ele usará no dia seguinte. Avaliem juntos a previsão do tempo na noite anterior e alinhem possíveis combinações, respeitando a autonomia da criança. Agora, se a previsão é fazer frio e seu filho insistir em ir de regata, tente ajudá-lo na escolha, avisando que poderá passar frio, e oriente sobre as eventuais consequências dessa escolha. Escute seu filho e fique atenta às respostas. Se ele usar um argumento válido, mesmo contra a sua vontade, coloque uma blusa de frio na mochila e avise que, em caso de frio, ele poderá se esquentar.

Ao sustentarmos a escolha das nossas crianças, vamos fortalecendo a autoconfiança, autonomia e posicionamento delas, enquanto vamos fazendo eventuais ajustes na retaguarda, de forma que não fiquem desamparadas nessa fase tão importante.

Outra forma de promover autoconfiança e autonomia pode ser no tão temido momento das refeições. Esse é um tema recorrente e que, em algum momento, já foi foco de conversa de todas as famílias. Que muitas crianças são seletivas nessa hora e que uma boa alimentação é necessária para uma boa saúde e desenvolvimento é fato, porém podemos criar estratégias para fazer desse momento um clima mais leve e educativo.

Deixe a criança montar o prato. Por exemplo: se há seis opções de comida, peça que ela escolha ao menos três. Incentive-a a colocar ao menos um pedaço dos itens rejeitados no prato para provar. Se estiver resistente, vale a tentativa de passar a língua (como se fosse um picolé) para sentir o sabor, sem obrigá-la à ingestão. Aos poucos, ela vai se familiarizando com outros alimentos. Perceba que não há a opção de não comer, mas, sim, o acordo dela escolher, dentre as opções disponíveis, o que vai querer.

Crie, num fim de semana, um momento em família para preparar uma receita qualquer. Veja qual alimento desperta interesse da criança e peça que ela participe do preparo, auxiliando na separação dos ingredientes necessários. Ela poderá ser o *chef* com a devida orientação, considerando a faixa etária.

Essa simples ação, além de estreitar a relação da criança com os pais, desenvolve maior autoconfiança no manuseio dos itens e autonomia durante o preparo, além de aprender a aguardar o tempo – habilidade tão escassa em época de *streaming*.

Lembre-se de elogiar e valorizar a criança pela ativa participação no processo.

Gratidão: ancoramento e realização do *Self*

Outra *soft skill* não menos relevante, mas, infelizmente, não tão cultivada no dia a dia é a gratidão.

Como terapeuta integrativa e professora de yoga, ensinar e vivenciar o ato de agradecer faz parte do meu dia a dia. A gratidão vai muito além de qualquer religião. É por intermédio dela que nos conectamos com o nosso interior e acessamos a espiritualidade que há em todos nós. A palavra gratidão vem do estado de graça, de felicidade em que reconhecemos que há coisas boas que permeiam a nossa vida, ou seja, precisamos reforçar e evidenciar o uso das emoções agradáveis vivenciadas em nosso dia a dia.

Ela está relacionada a qualquer tipo de demonstrações de alegria, interesse, esperança, orgulho, inspiração, diversão, pertencimento, acolhimento, conexão, amor e contentamento por parte da criança. Todas essas emoções corroboram para a manifestação da gratidão. Contudo, há pessoas que têm maior dificuldade em vivenciá-la.

Se, eventualmente, perceber que a criança acredita que nada do que faz remete ao estado de gratidão, experimente conversar com ela sobre os seguintes pontos:

1. Quais pensamentos, comportamentos, situações podem ajudar a sentir essa emoção?
2. Quais ações podem ajudar a vivenciar mais essa emoção?
3. Como nós (pais/família/responsáveis) podemos ajudar a vivenciar essa emoção?

Para cada pensamento ou emoção desagradável que a criança trouxer, faça o contraponto e mostre a ela a situação por outra perspectiva, reforçando sempre o aspecto positivo associado. Tenha em mente que podemos incluir a gratidão em várias situações.

Ao dormir, relembre com a criança todos os momentos agradáveis que ela teve ao longo do dia. Aqui vale reforçar uma atividade/aula da qual ela gosta e até mesmo o simples fato de poder frequentar a escola e se divertir com os amigos que ela tanto admira. Essa atividade pode ser feita já na cama, pronta para dormir – e esse momento da gratidão pode anteceder a leitura noturna.

Outra forma é a criança pontuar – dependendo da idade, desenhar ou anotar num diário/caderno – três coisas boas que ela fez/teve no dia – e ela explicar:

1. Por que essa coisa boa aconteceu?
2. O que isso significou para ela?
3. Como pode ter mais experiências iguais a essa no futuro?

Agradecer pelos bens materiais e pela saúde dela e de seus familiares também é interessante para reforçar a compaixão e empatia.

Conclusão

- Estimule seu filho com programas, principalmente aos fins de semana, para sair das telas e ir para a natureza, se relacionar com os amigos etc.
- Elogie sempre o processo para reafirmar e orientar seu filho em qual caminho ele deve continuar.
- Promova autonomia, senso de responsabilidade e deixe-o se posicionar. Faça uma escuta ativa.
- Implemente a prática da gratidão no seu dia a dia junto à sua família.
- Agradeço a vocês pela atenção e disponibilidade na leitura deste capítulo, com a certeza de que conseguirão colocar em prática algumas das orientações aqui dadas para criarem crianças mais autoconfiantes e gratas.

9

AUTOCONFIANÇA E GRATIDÃO

EM AMBIENTES SOCIAIS

Como percebemos quando a criança está exercendo autoconfiança e demonstrando entender o que é gratidão? A intenção deste capítulo é trazer exemplos e ideias de como podemos orientar e ajudar os pequenos a desenvolver essas duas *soft skills* que são conectadas, além de nos levar a pensar o quanto é importante que o adulto esteja atento à criança nessa fase de desenvolvimento.

MARIA TERESA CASAMASSIMA

Maria Teresa Casamassima

Contatos
teca_london@hotmail.com
Instagram: @mariateresacasamassima
LinkedIn: Maria Teresa Casamassima
11 97514 9214

Educadora, com formação dedicada à prática pedagógica Reggio Emília e, por assim acreditar, empreendedora e fundadora do Berçário e Escola Playteca, onde atua como diretora. Com mais de 30 anos de paixão e experiência na educação, auxilia no desenvolvimento cognitivo e emocional de crianças e famílias. Orientadora parental, promove *workshops* na área da primeira infância, abordando a educação humanizada. Ser mãe de Pedro e Matheus, e a vivência de estar na Inglaterra durante o período de alfabetização deles, despertou o interesse e, consequentemente, uma sólida experiência com crianças bilíngues expostas a ambientes multiculturais, tendo alfabetizado crianças brasileiras e produzido material em Língua Portuguesa durante o período de expatriação. Graduada em Letras, Pedagogia, Bilinguismo e Gestão.

Falar de autoconfiança e gratidão em situações sociais foi um desafio delicioso.

Sabemos que a construção dessas habilidades se inicia cedo, antes até do próprio entendimento. Porém, ao aceitar a definição de autoconfiança como um sentimento de confiança nas nossas próprias habilidades, qualidades e julgamentos; e da gratidão como uma qualidade em retribuir um gesto ou atitude com empatia, é que compreendemos que, na maioria das vezes, são as situações sociais que nos levam a desenvolver e utilizar essas habilidades.

Nesse espaço sobre autoconfiança e gratidão infantil, nas situações sociais, serão considerados momentos de convívio da criança com outras crianças e com adultos, pessoas que nem sempre fazem parte do seu círculo familiar ou escolar. Momentos em que a criança sai de situações comuns do seu dia a dia, como quando vai a um parque, a um *buffet* infantil, ao teatro ou a um shopping. Lugares onde as famílias se encontram.

São situações em que podemos perceber a criança em uma convivência mais livre, em situações não planejadas. Momentos em que a criança se relaciona, demonstra empatia e socializa. Também são nessas situações que a família, os amigos da família observam as crianças e esperam que os conceitos ensinados por eles ou pela escola sejam colocados em prática.

Apesar de parecerem natas, muito pode ser feito para desenvolver essas habilidades e as questões emocionais e sociais que são envolvidas nessa fase. É na infância que a maioria delas é aprimorada e reconhecida e, por isso, temos que dar atenção a cada uma delas, apesar que, de maneira concreta, não há como desassociá-las.

A construção da autoconfiança, a partir da autoestima, promove uma identidade segura, faz com que a criança possa reconhecer as potencialidades e limitações emocionais, físicas e sociais; além de aprimorá-las quando mais velha. E são nos ambientes sociais que a criança utilizará esse conhecimento, que é adquirido no dia a dia.

Considerando que a autoconfiança é uma habilidade desenvolvida a partir do autoconhecimento e do exercício da autonomia, dar à criança algumas tarefas simples e responsabilidades cabíveis à faixa etária contribuirá para esse desenvolvimento. A importância de sentir-se útil gerará confiança. Além disso, a rotina é importante. Manter horários para as atividades diárias trará à criança controle de seu mundo e de suas ações, cultivando a segurança. Com a maturidade virá organização, reconhecimento e introdução de outras habilidades não menos imprescindíveis.

Sabemos que reconhecer as *soft skills*, levando em conta somente as habilidades naturais dos indivíduos, é bem delicado. Não é fácil identificá-las num ambiente social e não é sempre que a criança pertence ao ambiente em que está sendo exposta momentaneamente, o que dificulta a análise da situação.

As crianças precisam se enquadrar em muitas situações sociais. Entender rapidamente como as regras funcionam e perceber que o ambiente espera delas uma resposta de interação. E para identificar tudo isso, elas precisam da orientação do adulto. Compreender e lidar com esse movimento, que é quase invisível para elas, não é uma tarefa fácil.

O que é, às vezes, óbvio para um adulto, como, por exemplo, não falar alto durante uma apresentação no cinema, para a criança é pura interação, simplesmente por não ter sido estabelecida para ela a regra social. Antecipar as situações e conversar com a criança a caminho do cinema, pode ajudá-la a se atentar para isso. Porém, nem sempre de primeira, as regras serão absorvidas.

Ajudamos a interagir, compreender e se conectar com as pessoas que estarão em um evento social, quando estimulamos as habilidades sociais nos pequenos. Incentivá-los a fazer amizades, a mostrar empatia, comunicar-se pela fala pode facilitar a postura da criança em outros momentos da vida.

As *soft skills* são habilidades e qualidades, principalmente adquiridas com vivências e não com estudo e, por isso, é mais difícil de serem rapidamente absorvidas e demonstradas pelas crianças. É como regar uma plantinha todo dia com um pouco de água, para que não fique muito encharcada nem seque de repente.

Percebemos que a criança é segura em muitas situações sociais. Quando observamos uma criança pequena que solta a mão dos pais e anda na frente deles – mesmo que de vez em quando dê uma olhadinha para ver onde os pais estão – temos ali uma criança demonstrando confiança.

Por outro lado, aquelas que não conseguem interagir com a proposta, desejando algo diferente do que está sendo sugerido, mostram que precisam de ajuda para desenvolver a autoconfiança.

Quando observo uma criança em um ambiente social, fico atraída a conversar com ela, a fazer perguntas, cujas respostas a posicione em relação ao que ela está fazendo, como e com quem está brincando, o que está pensando. As crianças são sinceras, autênticas e essa espontaneidade traz uma diversão garantida: sempre muito criativas com as respostas mais inesperadas. Isso tudo pode ser usado a favor do desenvolvimento das habilidades de autoconfiança e gratidão.

Ajudamos as crianças a desenvolver essas habilidades sociais quando mostramos a elas que é necessário ter uma escuta ativa e respeitar a hora de ouvir e de falar. Indiretamente, isso fará com que ela desenvolva o autocontrole, quando espera sua vez de falar e presta atenção ao que está sendo dito por outra pessoa. Ela aprenderá muito mais pelo exemplo; quando não a interrompemos quando é ela quem está falando e quando respondemos às suas perguntas com respostas completas e respeitosas.

Outra forma que ajuda o desenvolvimento da autoconfiança é a comunicação ser sempre clara e não serem usadas palavras que limitem ou infantilizem a ação da criança. Quando a criança já conseguir se expressar claramente, não apenas de maneiras que só os pais entendam, ela demonstrará mais segurança e compreensão social, pois terá condições de compreender o que é falado por pessoas que não fazem parte do seu cotidiano. E, no futuro, quando for exposta a um ambiente escolar ou profissional, sentirá conforto em expor suas dúvidas comunicando-se com firmeza.

A autoconfiança, a autonomia e a autorregulação caminharão sempre juntas, já a gratidão pode ser compreendida como uma qualidade e consequência da junção dessas *soft skills*, adquiridas desde essa fase de vida.

É delicado pensar em ensinar gratidão, entendemos que seja muito mais do que educação. Gratidão é uma qualidade ligada à vontade, à boa vontade, é estar disposto. É fazer perceber que atender a um pedido é um favor, não uma obrigação. Isso ajuda as crianças a compreenderem que seus pedidos não precisam ser exigências. É importante auxiliá-las a perceber que todos têm desejos e que, em algumas ocasiões, tudo bem se eles não forem atendidos. É, indiretamente, desenvolver a empatia, mostrando que fazer algo e contribuir com as necessidades de alguém que precisa de ajuda pode ser prazeroso.

Inicialmente, mostramos à criança o que é o agradecimento quando ensinamos a agradecer a alguém, ou dizemos que somos agradecidos por algo. Para a criança, dizer "obrigada", nos primeiros anos de vida, não tem muito significado. Esse só virá depois, com a consciência e entendimento do sentir-se agradecida.

Segundo o Instituto de Psicologia Aplicada (Inpa), a gratidão "para a ciência é algo inato, e para a psicologia positiva, a gratidão e sua prática é a mais elevada forma de amadurecimento psicológico do ser. A gratidão também interfere em nosso cérebro, pois toda vez que agradecemos e nos sentimos gratos por algo ou alguém, aumentamos os níveis de dopamina, que é um neurotransmissor responsável pelo bem-estar, humor e prazer. Consequentemente, sentimo-nos mais felizes, leves e satisfeitos, porque ativamos o sistema de recompensas do cérebro". Percebemos, então, o quão é importante o desenvolvimento dessa qualidade desde cedo.

Você já presenciou uma criança que, ao chegar a um lugar, como a uma festa, por exemplo, não consegue comer, beber ou brincar sem ser direcionada ou acompanhada pelos pais? Nesse exemplo simples, vemos como as habilidades de autonomia e autoconfiança poderiam ser desenvolvidas.

Uma criança de seis ou sete anos já teria condições de colocar-se pela fala, já conseguiria perceber se tem fome, se tem sede, se está com calor ou cansaço. Teríamos aí uma ótima oportunidade para que a autoestima e a gratidão fossem colocadas em prática: ajudamos quando estimulamos a criança a participar de eventos coletivos, quando aguardamos que ela expresse o que está sentindo e não nos antecipamos em relação às suas necessidades. Uma educação superprotetora (ou até mesmo autoritária) pode resultar em filhos inseguros e que demonstrem no futuro que estão despreparados para assumir responsabilidades simples.

Uma festa de aniversário pode ser uma grande chance para reforçarmos e colocarmos em prática as habilidades da criança. Quando deixamos que falem, por exemplo, se a comida estava boa, estamos fazendo com que promovam o pensamento crítico. E se, nessa mesma festa, os vínculos entre os pares forem, de forma discreta, autorizados e, depois, for permitido que a criança fale deles e se expresse livremente, reforçaremos a gratidão, que parte também da necessidade de estar em grupo, de compartilhar, de fazer parte.

> *A construção do conhecimento implica uma ação partilhada, exigindo uma cooperação e troca de informações mútuas, com consequente ampliação das capacidades individuais.*
> VYGOTSKY

Há muitas formas de estar junto que criam experiências que deixam de ser leis, que qualificam experiências vivas, são acordos construídos a partir de uma experiência diferente. Esse aprendizado, quando incentivado pela prática, levará a criança a se desenvolver. Muitos filmes, histórias e livros podem nos ajudar nessa tarefa, mas o mais importante é que a criança tenha oportunidade de convivência com pessoas, sem distinção.

Uma viagem também pode ser muito interessante. Se o contato com a diversidade é permitido e a criança mostrar confiança para interagir, saberemos que estamos atingindo os objetivos de ajudá-la na construção da própria visão de mundo. Ao oferecermos à criança o acesso a outras culturas e a experiências diversas, ela aprenderá a respeitar as diferenças. Passará a identificar que não é necessário concordar ou levar para si tudo o que se conhece, mas que o importante é respeitar e não julgar as diferenças. E, assim, a gratidão será desenvolvida quase sem ser percebida.

Ao compreender que determinados costumes não são melhores nem piores, são apenas diferentes do que os que ela está habituada a vivenciar, ela passará a valorizar essas oportunidades.

Outro dia, no shopping, observei uma garotinha de uns sete anos em uma máquina daquelas que têm um gancho, e ao movimentarmos o controle, o gancho, no tempo dado, desce na tentativa de apanhar um dos bichinhos de pelúcia que ficam na vitrine. Depois de duas tentativas frustradas, o pai que estava ao lado, disse:

— Você não acha melhor eu tentar? Vai ser a última chance de ganhar o brinquedo.

Ela olhou para ele e para a fila atrás deles e disse:

— Não, obrigada. Eu quero jogar, o divertido é tentar. Podemos esperar para ver quem vai conseguir?

O pai concordou e ela não conseguiu o bichinho, mas vibrou com palmas quando o rapaz logo atrás dela, de primeira, trouxe um urso para fora da máquina.

Oferecer à criança a oportunidade para que o acerto ou o erro diante de uma situação não seja o mais importante, e permitir que ela experimente a própria frustração, não é uma tarefa fácil. Mas ao deixar que ela avalie e perceba o aprendizado em ambas as situações, estamos dando oportunidade para que seja construída a autoconfiança.

Apoiar e encorajar as aptidões que a criança possui e mostrar que novas aptidões podem ser adquiridas, mesmo diante de decepções ou frustrações, é fundamental para que as habilidades sejam desenvolvidas de forma saudável.

Nunca ajude uma criança em uma tarefa que ela sente que pode realizar sozinha.
MARIA MONTESSORI

Para formar crianças seguras e gratas, é importante reforçar as decisões da criança e valorizar situações em que, sozinhas, possam descobrir seus gostos, limites e potencialidades.

Ao reconhecer e definir as emoções, a criança passará a entender que tudo o que ela sente faz parte da natureza de cada indivíduo e, à medida que elas crescem, o processo de evolução é adaptativo.

Suas necessidades mudam e o redefinir e reconhecer os próprios sentimentos passa a ser um ato inconsciente.

Referências

FUZZY MAKERS. *5 dicas para trabalhar as habilidades sociais em crianças*. Disponível em: <https://fuzzymakers.com/habilidades-sociais-em-criancas/>. Acesso em: 21 jul. de 2022.

PIAGET, J. *Psicologia e pedagogia*. Rio de Janeiro: Forense Universitária, 1982.

REGO, T. S. *Vygotsky: uma perspectiva histórico-cultural da educação*. Petrópolis: Vozes, 1995.

RESOLUÇÃO DE PROBLEMAS E CRIATIVIDADE

Ser criativo para buscar ideias e conexões te possibilitará encontrar os melhores caminhos em busca da resolução de problemas.
LUCEDILE ANTUNES

RESOLUÇÃO DE PROBLEMAS

CRIATIVIDADE

Nestes próximos capítulos, abordaremos os comportamentos que podemos desenvolver na criança para potencializar as capacidades de enfrentar os problemas, perante os diversos desafios que surgirem no dia a dia, usando a criatividade como um meio para a busca das melhores soluções.

A resolução de problemas é a capacidade de pensar "fora da caixa" para se chegar a novas possibilidades de respostas ou soluções. Já a criatividade é a nossa capacidade de usar a imaginação para gerar novas ideias.

Relacionamos essas duas *soft skills* nestes próximos capítulos, pois, ao potencializarmos na criança as capacidades de colocar em cena a criatividade e assumir o protagonismo na resolução e superação dos incômodos e problemas, poderemos gerar a capacidade de não desistir facilmente frente aos desafios, com um *mindset* de sempre buscar novos caminhos para as soluções.

A infância é uma fase muito dinâmica, o corpo infantil passa por muitas transformações, envolvendo a motricidade, a oralidade, a autonomia, a percepção das emoções, até chegar à fase adulta; momento no qual, continuamos a nos desenvolver, mas não da mesma forma, velocidade e intensidade.

Nesse processo, a criança vivencia inúmeras interações com as pessoas e o ambiente. Em muitos momentos, elas enfrentam "problemas", e o papel do adulto cuidador é o de exercitar a sua capacidade de desempenhar a escuta ativa. Em seguida, acompanhar a criança, fornecendo caminhos para a resolução dos problemas. Além de ter a capacidade e a consciência da importância de apoiar, pelo diálogo, choro e pedido de ajuda vindos de forma pura e autêntica. O papel do adulto é essencial para permitir que essa busca por soluções seja sempre vivida individualmente por cada criança, sem antecipar a ela pequenas respostas. Nos próximos capítulos, você verá como permitir que esse processo natural aconteça.

Reforçando essas *skills* na infância, existe um grande potencial de formarmos adultos capazes de superar e buscar caminhos criativos para novos e antigos problemas.

Lucedile Antunes e Beatriz Montenegro

10

RESOLUÇÃO DE PROBLEMAS E CRIATIVIDADE

EM AMBIENTES DE APRENDIZAGEM

O capítulo a seguir traz uma reflexão e também uma provocação sobre duas *soft skills* essenciais, que hoje, mais do que nunca, precisam caminhar de mãos dadas: resolução de problemas e criatividade. Prepare-se para "sair da caixa" e "se apaixonar pelos problemas".

BEATRIZ MARTINS E
RICARDO MARTINS

Beatriz Martins e Ricardo Martins

Contatos da Beatriz
biadpmartins@gmail.com
Instagram: @biadpmartins
Contatos do Ricardo
www.icebergs.com.br
contato@icebergs.com.br
Instagram: @ricadpmartins

Beatriz Martins é coordenadora pedagógica e especialista em bilinguismo e primeira infância. Acumula mais de 25 anos de experiência na área, desenvolvendo um trabalho diretamente com alunos, formação de professores e orientação de famílias.

Ricardo Martins é educador especialista em tecnologia aplicada à educação. Atua há mais de 20 anos na área. Possui ampla vivência em ministrar aulas, realizar palestras, *workshops* e projetos na formação e desenvolvimento de jovens criativos. Autor de livro sobre cultura *maker* e aprendizagem de programação. Pai do Gabriel e fundador, com Priscilla Mekitarian Martins, da Icebergs Capacitação e Marketing, empresa que capacita estudantes de forma gratuita pelo canal Icebergs: atividades criativas no Youtube.

Apaixone-se pelo problema e não pela solução!
URI LEVINE

Como assim? Em um mundo onde os problemas são os grandes vilões, como podemos nos apaixonar por eles?
Enfrentar problemas não é uma exclusividade do mundo adulto. As crianças encontram problemas todos os dias, seja com seus brinquedos, com seus colegas ou com um exercício de matemática. Mas o que é um problema?

Um problema é algo que nos incomoda. É um obstáculo que nos impede de progredir em uma situação desejada. Um problema é aquele espaço entre "o que é" e "o que deveria ser". Um problema cria um estado de insatisfação e desequilíbrio.

A verdade é que os problemas são uma constante na vida de todas as pessoas e, por isso, no contexto do desenvolvimento das *soft skills*, a resolução de problemas é, sem dúvida, a mais importante. A capacidade de encontrar soluções para problemas do mundo real usando processos criativos é crucial para evoluir no presente e se preparar para o futuro.

As *soft skills* mais importantes que as crianças precisam desenvolver atualmente estão ligadas à capacidade de se tornarem pensadores criativos e solucionadores de problemas.

Você não pode esgotar a sua criatividade.
Quanto mais você usa, mais você tem.
MAYA ANGELOU

É comum imaginar que ser criativo é uma habilidade específica e, muitas vezes, inata de algumas pessoas. Mas isso não é verdade. Há algum tempo, muitos neurocientistas, como Anna Abraham – autora do livro *The Neuroscience of Creativity* – vêm se dedicando a estudar e mapear como o cérebro compreende a criatividade, e todos têm observado que o pensamento criativo pode ser desenvolvido e exercitado.

Por exemplo, quando uma parte do cérebro é comprometida, uma pessoa pode encontrar outras formas de realizar a mesma atividade, utilizando novas estratégias. Dessa forma, compreende-se que a criatividade é uma capacidade e, como o desenvolvimento de qualquer habilidade, pode ser aprimorada com a prática. Mas como?

Ser criativo ou incentivar o desenvolvimento da criatividade vai muito além de pensar em arte, pintura ou escrita. Incentivar uma criança a imaginar uma forma de resolver um problema é uma maneira de desenvolver a inventividade. A criatividade é uma habilidade-chave, uma *soft skill* essencial para as profissões do amanhã.

> *Há escolas que são gaiolas e há escolas que são asas.*
> RUBEM ALVES

A escola é o primeiro passo no reconhecimento, desenvolvimento e valorização das *soft skills*. É no ambiente escolar que se constroem os primeiros elementos de socialização necessários ao desenvolvimento de cada criança.

A criança, na educação infantil, já vive em um mundo competitivo, globalizado e tecnologicamente avançado. Dessa forma, o educador é convocado a proporcionar-lhe oportunidades para que desenvolva conhecimentos, habilidades e comportamentos necessários para resolver problemas e desafios.

Assim, é essencial que a criança possa desenvolver as habilidades de resolução de problemas e pensamento criativo, mas também autoconfiança, curiosidade, vontade de correr riscos e aprender com os erros.

É por meio da exploração e da investigação, partes integrantes da brincadeira, que as crianças pequenas desenvolvem essas habilidades. Por exemplo, cada vez que a criança pergunta "por quê?", faz perguntas sobre como algo funciona, procura uma ferramenta que a ajude em sua tarefa, ou inventa um jogo e explica as regras aos seus colegas. Ela vê o mundo ao redor de uma forma fundamentalmente criativa.

> *Se eu tivesse uma hora para resolver um problema – e minha vida dependesse dessa solução – eu passaria 55 minutos definindo a pergunta certa a se fazer.*
> ALBERT EINSTEIN

Boas perguntas incentivam a criança a pensar fora da caixa e resolver problemas de forma criativa. O pensamento criativo é uma habilidade de resolução de problemas que os empregadores de hoje (e de amanhã) estão procurando.

Mas cuidado para não parecer um interrogatório. O processo de *brainstorming* infantil deve fluir com leveza. Pais e professores podem ser grandes incentivadores dessas *skills* tão necessárias.

O jogo e a brincadeira são fundamentais para a inovação e a criatividade. Por gerações, as crianças usaram a imaginação para encontrar novas maneiras de usar os objetos que tinham em mãos para realizarem brincadeiras. Não podemos deixar isso se perder.

Enquanto brincam e interagem com novos materiais, com seus colegas e com o ambiente de aprendizagem, as crianças testam as ideias originais, fazem perguntas, validam ou desafiam as próprias teorias. Os mediadores, pais ou professores, podem e devem admirar as hipóteses que as crianças levantam, além de elaborarem novas perguntas.

Fazer perguntas abertas melhora a capacidade da criança de pensar de forma crítica e criativa, o que, posteriormente, lhe permitirá resolver melhor os problemas. Aqui estão alguns exemplos de perguntas abertas:

- Por que não? E se...? O que você faria...? Como resolveria...? Você acha que é possível...?
- Como poderíamos trabalhar juntos para resolver esse problema? O que foi fácil? O que foi difícil?
- O que você faria diferente na próxima vez?
- Conte-me sobre o que você construiu, fez ou criou.
- O que você acha que vai acontecer depois? O que aconteceria se...?
- O que você aprendeu?

As perguntas abertas não têm uma resposta correta e não podem ser respondidas com um simples *sim* ou *não*.

No processo de solução de problemas de forma criativa, há uma diferença entre perguntar "por quê? ", e perguntar "por que não?"

O pensamento **convergente** tem uma abordagem mais linear e sistemática e procura reduzir múltiplas ideias na tentativa de encontrar uma solução única para um problema. Dessa forma, a pergunta feita é sempre: "**Por quê?**".

O pensamento **divergente** foca na geração de ideias múltiplas e na conexão entre essas ideias. Vê o problema como oportunidades, além de encorajar o uso de diferentes recursos e materiais de maneira criativa. O pensamento divergente encoraja a assumir riscos criativos e, por isso, a pergunta que mais o caracteriza é: "**Por que não?**".

Sobre sereias e unicórnios

Certa vez, duas crianças de cinco anos contaram sobre um "problema" que tiveram. Cada uma queria brincar de uma brincadeira específica. Uma queria "sereias" e a outra queria "unicórnios". A divergência entre os desejos delas fez com que começassem a brigar para que somente uma vontade prevalecesse. A intervenção da educadora foi somente uma pergunta: "O que aconteceria se as sereias e os unicórnios se conhecessem?", e afastou-se da situação. As crianças, ainda incomodadas, saíram caminhando e conversando. Voltaram em poucos minutos e disseram: "Tivemos uma ideia. Como o unicórnio não mergulha no mar e nem a sereia caminha no chão, vamos brincar de sereias aladas e os unicórnios serão os *pets* alados das sereias".

As crianças nascem "fora da caixinha" e, por isso, precisamos cuidar para não fazer com elas o caminho inverso. Dar espaço para explorarem e desenvolverem a criatividade faz toda a diferença para a formação de pessoas que se **sentirão desafiadas, positivamente, ao encarar as incertezas e não frustradas diante de situações indesejadas**. A incerteza é uma parte inevitável da vida e, por isso, demanda criatividade.

Quanto mais o professor colocar seus alunos em situações-problemas reais e complexas — mais eles encontrarão significado no que aprendem.

Há muitas metodologias que incentivam as competências e habilidades para despertar a sensação de fazer, criar e resolver problemas de forma criativa, por exemplo: aprendizagem baseada em projetos (PBL), cultura *maker*, design *thinking*, *steam*, aprendizagem criativa, resolução criativa de problemas (*creative problem solving*) etc. Porém, o mais importante é sempre ter em mente que são as explorações **práticas e as trocas** de ideias, com colegas e adultos, que auxiliam a criança a desenvolver estratégias de resolução de problemas e a aprender a ver as coisas a partir de diferentes ângulos, de maneira ainda mais significativa.

Outra abordagem interessante para a resolução de problemas de forma criativa é baseada no ciclo espiral proposto por Resnick[1], em que a criança é levada a **imaginar, criar, brincar, compartilhar, refletir** e, de novo, **imaginar**. Esse ciclo espiral faz com que os estudantes desenvolvam as habilidades do pensamento criativo e inventivo. Além dessa abordagem, vale a pena também destacar os quatro Ps da aprendizagem criativa: Projeto (*project*), paixão (*passion*), parceria (*peers*) e pensar brincando (*play*).

A tecnologia a favor da criatividade.

Uma proposta pedagógica de uns anos atrás, em 2014, foi convidar a coordenadora da educação infantil para contar como estava sendo o aprendizado em relação aos fonemas — pares de rimas, sons das palavras — para os estudantes de quatro, cinco e seis anos, e lançar o desafio de como poderíamos colaborar de forma criativa para os alunos menores aprenderem de formas distintas. A partir do relato, iniciamos uma série de discussões para gerar ideias do que poderíamos criar no ambiente *scratch* — linguagem de programação baseada em blocos coloridos que funcionam como um quebra-cabeça — onde cada função tem um formato e uma cor específicos, encaixando-se somente se a sintaxe (a forma de escrita) estiver correta. Para explorar esse recurso, acesse: https://scratch.mit.edu/.

Ao longo de dois meses, discutimos e aplicamos o ciclo espiral de **imaginar, criar, brincar, compartilhar, refletir** e, de novo, **imaginar**

---

[1] Mitchel Resnick é professor de pesquisas educacionais do Laboratório de Mídia do MIT, ligado à Fundação LEGO, há muito tempo mantida pelo MIT. Lá, desenvolvem novas tecnologias e atividades para envolver, principalmente, crianças nas suas experiências criativas.

com os estudantes, com o objetivo de chegar em diversas ideias para o mesmo problema. As crianças perguntavam se podiam inventar uma história que fosse explicando o som das palavras, ou se podiam fazer um jogo com imagens que, ao se encontrarem e tivessem o mesmo som, desaparecessem da tela, ou um jogo onde apenas clicando nas imagens correspondentes dava o acerto. Por exemplo, janela e panela, bombeiro e brigadeiro, buzina e piscina, violão e coração e muitas outras. Ao final das criações, refletimos sobre os jogos, mudamos alguns pontos, compartilhamos e fomos apresentar para a educação infantil. Esse dia foi incrível! As crianças de 10 e 11 anos apresentaram o que tinham feito para estudantes de cinco e seis anos com a maior naturalidade e domínio sobre o assunto. As produções e ideias dos estudantes não param por aí, eles também criaram histórias com perguntas, jogos matemáticos, *quizzes* sobre o sistema solar e muito mais.

Onde tudo começa

De acordo com Resnick, o ciclo espiral surge a partir de um processo que se inicia na educação infantil, pois é lá que a criança desenvolve e refina as habilidades como pensador criativo. É nesse início de vida escolar que ela deve ser incentivada a desenvolver as próprias ideias, a testar, explorar, investigar e experimentar alternativas para o mesmo problema, além de estar aberta para ouvir sugestões dos outros para a construção de novas ideias. Imaginar, criar, brincar, compartilhar e refletir são direitos de aprendizagem que devem ser garantidos e presentes em todo o tempo do desenvolvimento infantil.

O dia da avó

Essa é uma história real e mostra um pouco sobre a resolução de problemas de forma criativa, e como nós, adultos, pais e professores, podemos ser os grandes responsáveis por potencializar a capacidade criativa das crianças.

Meus irmãos e eu, quando éramos crianças, não tínhamos avós. Todos, infelizmente, faleceram muito cedo. Meu irmão Eduardo e eu nunca questionamos meus pais sobre essa ausência. Até que um dia, Ricardo, o caçula, chegou incomodado da escola dizendo que somente ele não tinha avós e que queria muito tê-los.

Meus pais conversaram com ele de maneira mais superficial, porém o incômodo e o questionamento permaneceram.

Minha mãe, artista plástica e criativa, resolveu esse "problema" de uma maneira um tanto quanto inusitada. Criou o **Dia da Avó**.

Uma vez por mês, ela trocava seu papel de mãe pelo de avó. Vestia-se e comportava-se de forma diferente. Dudu e eu achávamos tudo aquilo engraçado, mas para o Rica era um dia muito esperado. Seus olhos brilhavam.

Ele podia chamá-la de vovó, ela nos levava para passear e nos mimava como somente as avós fariam. Vocês não imaginam a alegria do Ricardo e a nossa também nesses dias. Ele chegava na escola orgulhoso e contava sobre suas aventuras com a Vovó Vera.

Já se passaram muitos anos, e essa história, até hoje, nos toca e nos mostra que, quando nos apaixonamos pelos problemas – como disse Uri Levine, cofundador do Waze –, conseguimos encontrar soluções criativas e impactantes que podem transformar o dia de uma criança ou até mesmo **mudar o rumo** de muitas vidas.

A mente que se abre a uma nova ideia
jamais voltará ao seu tamanho original.
ALBERT EINSTEIN

Referências

ABRAHAM, A. *The Neuroscience of Creativity*. Cambridge: Cambridge University Press, 2018.

CLAXTON, G.; BILL, L. *Educating Ruby*. Wales: Crow House Publishing, 2015.

RESNICK, M. *Lifelong Kindergarten: Cultivating Creativity Through Projects, Passion, Peers, and Play*. Massachusetts: MIT Press, 2017.

11

RESOLUÇÃO DE PROBLEMAS E CRIATIVIDADE

EM AMBIENTES FAMILIARES

A criatividade e a capacidade de resolução de problemas, inversamente ao entendimento do senso comum, não são características herdadas, mas habilidades e competências que se desenvolvem a partir da prática e das experiências.

RICARDO GASPAR

Ricardo Gaspar

Contato
ricardo@geniumeducation.com

Graduado em odontologia pela Universidade Camilo Castelo Branco (1989). Cursou pós-graduação em Neurociência na USP e mestrado em Psicologia do Desenvolvimento pela Fundação Universitária Ibero-Americana. Participou do instituto MBE (*Mind, Brain and Education*), na Universidade de Harvard, em 2009. Pesquisador na área de Intervenção no Desenvolvimento Psicológico e Educação. É *Master Trainer* para implantação de Educação do Caráter, pela CharacterPlus – Saint Louis/USA. Com uma experiência de 34 anos na área de educação, é cofundador de diversas instituições na área de educação, tais como o Colégio Petrópolis, a escola Liceu Jardim, a Genium High School e o Instituto do Caráter, além de ser o autor do projeto educacional da PEN Life International School. Atualmente é diretor geral do Colégio Petrópolis, da Escola Aquarela, da PEN Life International School e da Genium High School, além de trabalhar com formação de educadores (pais, mães e professores) em diversas instituições de ensino.

O desafio da parentalidade, além dos provimentos básicos essenciais, tais como segurança, saúde, sono e alimentação, guarda tarefas que, quando bem exercidas, promovem as habilidades que pais e mães sonham ver as crianças desenvolverem. Autonomia, perseverança, resiliência, criatividade, autocontrole, gentileza, empatia e compaixão – só para citar algumas – sem dúvida, representam parte de uma lista de qualidades que todos esperam ver em seus filhos.

É bem verdade que todas as crianças que nascem saudáveis e outras tantas que vêm ao mundo com alguma complicação, podem desenvolver todas as qualidades tratadas aqui, bem como diversas outras que, dependendo do contexto de criação, também poderiam ser adquiridas. Nesse sentido, como as pesquisas na área de desenvolvimento cognitivo, psicossocial e moral vêm demonstrando, a experiência da criança é decisiva para o desenvolvimento, tanto no sentido positivo quanto no negativo.

Embora cada criança tenha uma constituição genética única – exceto nos casos de gêmeos idênticos (univitelinos) – e repleta de possibilidades e predisposições, de forma alguma esse DNA representa uma sentença ou destino predeterminado. Pelo contrário, nosso código genético, conforme nos apontam os trabalhos que tratam do tema plasticidade neuronal, representa muito mais um repertório de quase infinitas possibilidades do que um enredo de uma história já definida.

Isto é, o ecossistema em que essas crianças crescerem será decisivo para o resultado do desenvolvimento infantil e, mais relevante no que tange à parentalidade, é que o adulto, parte desse ambiente, determinará a qualidade da experiência dessa criança. Assim, esse adulto representará o principal fator de promoção ou complicação desse processo.

Assim, como deveria ser uma atuação parental para a promoção de valores éticos, virtudes, forças de caráter, habilidades e competências socioemocionais?

Muito bem, quando analisamos as diversas possibilidades de exercício de parentalidade, certamente nos deparamos com tipologias que não fogem muito dos três tipos básicos e mais recorrentes, conforme descritos a seguir.

1. Parentalidade rígida: caracterizada pela firmeza e com regras determinadas pelo adulto, sem a participação ou reflexão da criança. Nessa abordagem parental, os pais costumam ser firmes, porém falta gentileza e carinho. "Essas são as regras que você deve seguir e essa é a punição que você vai receber por violar as regras". Crianças não são envolvidas no processo de decisão. Estabelece-se a ordem sem liberdade, sem escolhas e a criança deve fazer o que o adulto manda.

2. Parentalidade permissiva: caracterizada pela liberdade sem ordem. Nesse tipo de parentalidade, a relação com os pais ou cuidadores é caracterizada pela gentileza sem firmeza. Os adultos podem ser indulgentes ou negligentes. Os indulgentes, sob o pretexto do amor incondicional, deixam para as crianças todas as decisões, entendendo que, "desde que possamos nos entender bem, tudo o mais se resolverá e todos serão felizes para sempre". Já os pais negligentes, diferente dos indulgentes, praticam a permissividade por não se interessarem pela educação das crianças, de forma que nunca colocam os assuntos de criação como uma prioridade. Permitem qualquer comportamento das crianças, mais por comodidade do que por legítima preocupação com a felicidade delas.

Cabe ressaltar, antes de descrever a última categoria de parentalidade, que tanto a Parentalidade da Rigidez quanto a Parentalidade da Permissividade não favorecem o desenvolvimento de automotivação, autonomia e competências ligadas à criatividade, resolução de problemas ou conflitos, uma vez que priorizam controles EXTERNOS de comportamentos. O adulto está determinando, pela premiação (pais permissivos) ou pelo castigo (pais rígidos), o comportamento da criança. Nesses modelos, o desenvolvimento caminha, normalmente, para a formação de jovens adultos que esperam que os outros determinem o que devem ou não fazer (criação rígida), ou de indivíduos com pouca capacidade de se adaptar aos diversos desafios da vida (criação permissiva), uma vez que sempre esperam que suas vontades sejam atendidas em um mundo que "gira em torno de seu umbigo".

3. Parentalidade positiva ou democrática: caracterizada pelo equilíbrio entre firmeza e gentileza: "Juntos, nós vamos decidir as regras para o nosso benefício mútuo. Também vamos pensar juntos nas soluções que nos ajudarão a resolver nossos problemas. Quando eu precisar usar meu discernimento sem a sua interferência, eu serei firme com gentileza, dignidade e respeito". Nessa abordagem, os pais ou cuidadores constroem um ambiente de liberdade com ordem, no qual as escolhas são limitadas e obedecem aos limites que demonstrem respeito.

Nesta última abordagem, que decorre do pensamento e pesquisa do campo da ciência da psicologia do desenvolvimento e educação (Alfred Adler e Rudolf Dreikurs), o ponto de partida para o estabelecimento das relações e dinâmicas que devem ser estabelecidas entre pais e filhos reside no respeito às duas necessidades humanas básicas: **pertencimento e relevância.**

Toda criança necessita construir a convicção do pertencimento, isto é, a exemplo do adulto, tem a necessidade de se sentir acolhida, querida e amada no grupo em que está inserida, seja a família, a escola ou grupo social. Da mesma forma, a criança precisa construir a consciência de relevância, representada pelo entendimento de que sua contribuição é importante no contexto em que está inserida, ou seja, sua participação no âmbito familiar ou escolar é importante e apreciada pelas outras pessoas envolvidas nessa convivência.

A partir dessas premissas, faz-se de fundamental importância tangibilizar e ilustrar o que significa praticar uma Parentalidade Positiva ou democrática e o motivo pelo qual esse exercício se conecta direta e, fundamentalmente, com a construção das *soft skills*, como a capacidade de resolução de problemas e criatividade.

Se estivéssemos analisando essas questões do ponto de vista essencialmente neurofisiológico, trataríamos da questão de resolução de problemas, controle emocional e gerenciamento de frustrações, verificando apenas as propriedades das funções executivas e de que maneira essas atribuições do córtex pré-frontal modulam o sistema límbico, que é responsável pelo processamento de emoções. Mas, além dessas, é importante retomar uma capacidade mencionada no início deste capítulo, a plasticidade neuronal, que é a incrível capacidade do cérebro de se reorganizar de acordo com os estímulos que recebe. Tal capacidade confere ao ser humano a possibilidade de aprender e desenvolver habilidades e competências, tais como a resolução de problemas e conflitos.

Nesse cômpito, para pais e educadores, independentemente das complexidades que envolvem o estudo das funções neurológicas, o importante é entender que nossas capacidades e, especialmente as de nossas crianças, se modificam de acordo com aquilo que praticam. O cérebro é como um músculo que se fortalece à medida em que se exercita. As conexões que se repetirem serão as que mais se fortalecerão. Cabe ressaltar aqui que a plasticidade neuronal garante que evoluímos para nos adaptar e aprender. Esse entendimento deve ser acompanhado da imprescindível responsabilidade de que devemos cuidar daquilo que a criança pratica, pois essas experiências repetidas, consistentemente, transformarão as características boas ou ruins pelo processo de desenvolvimento. Por isso, uma criança em um contexto de tensão social, exposição à ansiedade, estresse e conflito, poderá estar sujeita a transtornos de desenvolvimento das competências socioemocionais e comprometimento da saúde mental.

Ora, se os adultos são as partes fundamentais do ecossistema em que a criança está inserida, como podemos esperar um desenvolvimento psicossocial saudável se esse adulto não estiver bem? O adulto, no contexto de criação, deve se cuidar e se equilibrar antes, em primeiro lugar, se quiser ver nas crianças os reflexos positivos do desenvolvimento das capacidades sociais e emocionais.

A partir dessas considerações iniciais, podemos explorar um pouco das práticas parentais positivas.

Se queremos que nossas crianças desenvolvam criatividade e capacidade de resolução de problemas e conflitos, precisamos propiciar as experiências em que possam praticar tais habilidades. Ora, todo adulto, ao cuidar de crianças, se depara com situações de conflitos, primeiramente, envolvendo a própria relação com a criança. Toda vez que os filhos apresentam um comportamento de que não gostamos, nos deparamos com um problema que precisa ser resolvido.

> Exemplo: Pedrinho, de três anos, por ocasião do jantar, espalha a comida por toda a mesa. A mãe fica irritada e manda Pedrinho limpar a sujeira. Pedrinho, demandado pelo fervor da mãe, se nega. A mãe fica ainda mais irritada e levanta a voz. Pedrinho, por sua vez, continua com a birra até que, cansada com a situação, a mãe limpa a sujeira, perdendo, assim, uma grande oportunidade de ensinar a criança como resolver um problema.

Esse é um exemplo corriqueiro em que o adulto se coloca em uma posição de disputa de poder com a criança, gerando estresse, conflito e deterioração das relações. Nada disso ajuda no desenvolvimento das *soft skills*.

Então, se o exemplo descrito não aponta um caminho, qual seria a orientação útil para o desenvolvimento psicossocial saudável?

Vamos lá!

Se queremos contribuir para o desenvolvimento da autonomia intelectual, da capacidade de resolução de problemas e conflitos, da empatia e compaixão, bem como da construção da resiliência, devemos observar alguns princípios básicos que regem a Parentalidade Positiva.

Importante destacar que não se prega aqui a perfeição, pois não existe, mas o aprimoramento. Assim, a pretensão desse texto é de instrumentalizar uma prática parental mais consciente e eficaz, sem a ilusão de que existe uma fórmula mágica que pode resolver qualquer situação de qualquer família.

Também não podemos esquecer que somos todos de carne e osso, humanos passíveis de erros e as falhas acontecerão, sem nenhuma sombra de dúvida. Portanto, o que devemos entender é a importância de tentar acertar mais do que errar e que, sempre que "escorregarmos", poderemos utilizar os erros como oportunidades de aprendizado.

> *As crianças precisam de encorajamento tanto*
> *quanto as plantas precisam de água.*
> *Uma criança que se comporta mal,*
> *é uma criança desencorajada.*
> RUDOLF DREIKURS

Pois bem, a partir dessa reflexão, vamos visitar os princípios norteadores do desenvolvimento das *skills* tratadas neste capítulo:

- Encorajar as crianças e jovens.
- Evitar punições e recompensas.
- Usar consequências lógicas e naturais.
- Ser firme sem ser dominador.
- Incentivar a respeitar os outros.
- Incentivar a respeitar os direitos dos outros.
- Eliminar o criticismo e usar os erros como oportunidades (foco no acerto).
- Manter a rotina.
- Esquivar-se de disputas pelo poder.
- Afastar-se de conflitos.
- Agir mais e falar menos.
- Para cuidar, tenha coragem de dizer NÃO.
- Evite agir de primeiro impulso em situações inesperadas.
- Evite a superproteção.
- Estimule a independência.
- Fuja de brigas.
- Escute.
- Atenção ao seu tom de voz.
- Mantenha a calma e tenha autocompaixão.
- Divirta-se com seus filhos.
- Fale com eles e não para eles.
- Estabeleça momentos para reuniões semanais de família.

Embora extensa, essa lista de princípios guarda somente os aspectos essenciais para a construção da autonomia intelectual e a capacidade de resolução de problemas. Lembre-se de que sua relação com seu filho será, para a criança, o grande laboratório de práticas sociais. Portanto, antes de corrigir um comportamento, procure entender quais são as crenças que motivaram a conduta. Assim, a criança crescerá mais empática e aprenderá a se colocar no lugar do outro e, em caso de conflito, gerenciará a situação com mais compreensão dos diversos pontos de vista. Também é importante sempre validar o sentimento da criança, nomeando as emoções e dando espaço para que ela as possa elaborar. Dessa forma, a criança aprenderá a considerar o próximo, desenvolvendo uma atitude mais compassiva.

Enfim, a partir das reflexões deste capítulo, espero ter colaborado para a construção de uma parentalidade mais consciente e emancipadora, que oportunize o desenvolvimento das *soft skills*.

Lembre-se de que nada pode contribuir mais para a criatividade e competência de resolver problemas do que a construção da autonomia intelectual.

Referências

ADLER, A. *Understanding Human Nature.* London: One World Publications, 1992.

DREIKURS, R.; SOLTOZ, V. *Children: The Chalenge.* New York: Plume, 1991.

NELSEN, J.; LOTT, L.; GLEN, H. S. *Positive Discipline A-Z.* New York: Three Rivers Press, 2000.

12

RESOLUÇÃO DE PROBLEMAS E CRIATIVIDADE

EM AMBIENTES SOCIAIS

Quando eu era pequena, falavam que eu vivia inventando moda. Acho que era uma forma de dizer que eu era inquieta, muito pouco rotineira ou acomodada. Entre brincadeiras e desafios, minha imaginação voava. Cresci e percebi que nada como um bom problema para criarmos um mundo de opções. A resolução de problemas e a criatividade são primas que adoram conversar... e eu também.

VIRGÍNIA LEMOS LEAL NEWTON

Virgínia Lemos Leal Newton

Contatos
virginialemosleal@gmail.com
41 99961 0136

Psicóloga e professora, fiz o doutorado pesquisando os processos criativos e conheci muita gente bacana, que faz do seu trabalho uma aventura criadora e, com suas obras, torna o mundo um lugar melhor. Uma das grandes aventuras e amor da minha vida é ser mãe do Fábio, dos gêmeos Eduardo e Augusto e da Fernanda. Adoro o sol, o mar, ler, dançar, viajar, fazer festa e estar com a família.

A resolução de problemas e a criatividade estão presentes na nossa vida e têm papel fundamental no desenvolvimento e na vitalidade dos nossos *kids*. Elas fazem parte do repertório das discussões em torno das competências tão desejadas pelo mercado de trabalho, necessárias para o futuro pessoal e profissional, para nosso mundo e para a vida em sociedade. São competências essenciais e imprescindíveis, capazes de realizar transformações simples e cotidianas, complexas e fundamentais.

Como nessa escrita o tema é também a criatividade, vou aproveitar para me imaginar conversando pessoalmente com vocês, tomando um chá ou café e nos deixando aproximar num suave mergulho reflexivo.

Mergulho reflexivo... Faz-me lembrar as imagens do lindo livro *Onda*, de Suzy Lee. Vocês conhecem? É uma obra ilustrada que nos conta, por meio de imagens, a aproximação de uma menina com o mar.

Acompanhada pela mãe e pelas gaivotas, desenhadas em preto, traço em carvão, a menina corre em direção ao mar e o olha, curiosa. E o oceano, em azul e branco, fluindo ao longo das páginas, num ir e vir em suas ondas, como que interage com a criança. Imagens que sugerem a relação da criança com a vida, com os acontecimentos e com a realidade.

A menina experimenta desafios nessa aproximação, assim como nossos filhos são desafiados em suas experiências de vida. Seja algo como brincar próximo às ondas, que não obedecem ao nosso comando, seja dividir um brinquedo com o amigo, perder um jogo, resolver conflitos com os adultos, não ser escolhida para a dança do final do ano, mudar para uma nova cidade. Exemplos de experiências e/ou problemas que surgem para as crianças desde cedo. E que, ao enfrentá-los, a capacidade de se sentirem seguras e confiantes é mobilizada, colaborando para a construção da autonomia e da independência, assim como no livro da menina com o mar.

Menino jogando bola

Bola dividida, a partida está tensa, meu amigo rouba minha bola, insisto, chego junto e acabo machucando-o. E ele cai, com dor. Apito. Paralisação.

– Não dá para continuar o jogo, seu juiz?

Não dá para reclamar, chorar, brigar com o mundo, mostrar a língua, fazer birra, quebrar o brinquedo, bater, gritar ou fugir. Até que dá vontade, mas...

– Não! Não dá!

Então, tem que vir até o amigo, ajudá-lo a se levantar, perguntar se está bem e pedir desculpas. É também uma decisão, uma forma de enfrentar um problema, que tem reflexos em tantas outras decisões futuras.

Precisamos estar atentos, propiciando sempre um "passo a mais" nesse enlace que favorece o bem-estar civilizatório.

E isso implica, no dinamismo da vida, ter que parar e perceber o outro. Oferecer ao outro cuidados que gostaria que tivessem sido oferecidos a si mesmo.

As crianças aprendem o que fazer e descobrem como resolver seus embates a partir do que ensinamos, por meio das tentativas e erros e da observação dos outros, como explica Joana Patrício (2022). O olhar e a percepção da criança de como os adultos fazem para resolverem as dificuldades também vão fazendo parte da construção do repertório pessoal.

A aprendizagem começa por ver e fazer

George Pólya (1887-1985), matemático húngaro, em seu livro *A arte de resolver problemas*, propôs etapas para a resolução de questões que foram adaptadas por psicólogos como Carolyn Webster-Stratton, outros educadores e estudiosos.

Pólya, que também era interessado em entender como as pessoas descobrem as coisas, comenta que não era bem "desenvolver" essa competência e, sim, "despertar". E, para despertarmos a capacidade de resolver, é necessário que quem esteja ensinando saiba solucionar problemas, propiciando desafios que sejam também divertidos, ajudando o aprendiz a ter boas perguntas e, assim, descobrir a resposta por si próprio.

Nesse caminho, vamos para a primeira casa da amarelinha.

Ajudar a criança a identificar o problema

Diante do problema, a criança compreende o que está acontecendo? Ela percebe qual é o problema?

Podemos ajudá-la a prestar atenção e a identificar os elementos que se relacionam com o que está acontecendo, auxiliando-a a reconhecer emoções, como a tristeza, o medo, a raiva, por exemplo. E as sensações corporais, como o coração acelerado, a dor de cabeça, o desconforto na barriga, buscando entender qual é a dificuldade. Às vezes, pode ser necessário variar o ponto de vista, mostrar-lhe outras perspectivas, outras formas de ver e entender..

E tentar perceber: a criança deseja resolver o problema?

Resista à tentação de vestir a fantasia de super-herói, supermãe, superpai, superadulto em ação. É o momento dela. Se ela não percebe, não aprende nem pratica a resolução de problemas, pode ser que ela tenha dificuldades no futuro. Acompanhe e esteja disponível.

Próximo quadrado da amarelinha: pensando as soluções

Podem ser várias as soluções com variadas consequências. Uma solução pode ser mais fácil, mas com uma consequência pior a longo prazo; outra pode ser simples e atender a todos que estão envolvidos. Podemos pensar em alternativas com a criança, exercitar com ela a flexibilidade.

Existe uma situação semelhante que a ajude a pensar?

Se a dificuldade é grande, será que não é melhor esperar um tempo? Descansar um pouco? Afastar-se? Pedir? Negociar? A criança pode ser mais bem preparada quando consegue ter a tranquilidade necessária para pensar sobre possíveis resultados.

Pólya sugeria a encenação, algo que também podemos experimentar, praticando e exercitando as soluções escolhidas por meio de representações do problema com a criança ou com auxílio de bonecos, como uma história.

Passo seguinte: executar a estratégia

"Falar é fácil, difícil é fazer" é um dito popular que podemos usar para explicar sobre as dificuldades que podem ser encontradas ao implementar uma solução, pois isso pode não ser tão fácil e tão simples como quando ela é pensada e imaginada. A criança pode achar que já sabe o que fazer, mas, ao se defrontar com a realidade, esta pode ser mais complexa. O planejamento, a solução e a estratégia podem precisar de revisão ou ser necessário buscar novas alternativas. Pode ser a hora que a criança necessite de apoio, de calma, de novamente refletir sobre as soluções com a mediação de um adulto tutor.

Também pode ser o momento de celebrar, porque nosso jovem aprendiz pode ter conseguido chegar a uma boa solução e, ao usar a solução, resolver o desafio. Então, comemorem com alegria.

No céu, última parte da amarelinha, temos que voltar para o começo: revisão

Embora, muitas vezes, a vontade seja de não mais continuar prestando atenção a esse processo, a sugestão é que, ao lado da criança, revisemos o que foi feito, refletindo sobre quais foram os resultados. É o momento de consolidar o aprendizado.

Também é hora de pensar, com ela, se é possível melhorar a solução, se faz sentido usá-la em outros contextos e procurar saber como se sentiu. Ou seja, é importante nos envolvermos no desenvolvimento e no treino necessário, mas com o cuidado de favorecer que nossas crianças possam conquistar a confiança, acreditar que são capazes de resolver problemas por si mesmas. Cuidando para não fazer por elas.

É essencial ajudá-las a pensar, a experimentar, a tentar, a praticar e a perceber as ações e emoções; e a dos outros também e, assim, autorregular-se. Dessa forma, gradativamente, elas vão lidando com o desconhecido, com o novo, com o diferente e, nesse encontro, exercitam escolhas, enfrentam dificuldades e desenvolvem a autonomia.

E a criatividade?

Nosso querido professor de matemática, o George das linhas anteriores, nos ensina que "uma grande descoberta resolve um grande problema, mas há sempre uma pitada de descoberta na resolução de qualquer problema" (1995, p.v). Isso nos leva a pensar no laço estreito entre descoberta, resolução de problemas e criatividade. Enquanto aprendem como resolver problemas, descobrindo soluções, as crianças também têm a oportunidade de exercitar a criatividade. A luz e a alegria, que podem surgir no momento da descoberta da solução de um problema, lembram a luz que ilumina a criatividade, ao termos criado algo significativo.

Uma importante investigação realizada pelo pesquisador George Land (1932-2016), com uma amostra de 1.600 crianças ao longo de 10 anos, avaliou a capacidade de olhar para um problema e apresentar ideias novas, diferentes ou inovadoras. Ele identificou que 98% das crianças entre 4 e 5 anos eram criativas. Cinco anos depois, aos 10 anos, 30% continuavam criativas e, novamente, aos 15 anos, 12% foram consideradas criativas. O mesmo teste foi realizado com adultos e apenas 2% demonstrou capacidade criativa.

Com esses dados, podemos perceber que nascemos com a capacidade necessária para expressarmos e vivermos esse potencial que é a criatividade, mas, ao longo do tempo, o perdemos, chegando à vida adulta, consideravelmente, "descriativos". O que acontece? Por que a nossa capacidade criativa diminui significativamente?

O autor argumenta que a forma pela qual educamos nossas crianças faz com que o comportamento não criativo seja aprendido. Pedimos que elas tenham ideias, mas criticamos, julgamos e censuramos, valorizando as respostas certas e previsíveis. Ele destaca ainda que precisamos encontrar a criança de cinco anos pensando. Onde ela andará?

Nesse importante período de desenvolvimento dos nossos *kids*, a educação e a cultura podem contribuir, ou não, para que a criatividade permaneça presente. Tornar a aprendizagem e/ou a resolução de problemas oportunidades divertidas, arriscar, ter a alegria de fazer, expor as crianças às artes, à música, tudo isso estimula a curiosidade, a imaginação e a criatividade.

Lembrei-me de uma criança que eu conheci quando tinha mais idade e que contou que, durante a sua infância, frequentava dois cursos perto de casa: o de fantasia e o de realidade. Ele morava nos fundos da loja do pai, numa rua comercial em Curitiba, no Paraná, perto da estação ferroviária, onde chegavam viajantes de diferentes lugares. Nessa rua havia hotéis, estação de rádio, fábrica, assembleia legislativa. E ele observava e vivia essa diversidade de pessoas e de relações. Era o seu "curso de realidade". Ao lado da casa, o circo dos Irmãos Queirolo ficou estacionado durante anos, local que frequentava quase todas as noites. Lá, no circo, fez seu "curso de fantasia". Uma rua, dois cursos, uma imersão, impulsionando as ideias do menino que, tempos depois, se tornou o arquiteto Jaime Lerner. Para Lerner (2011), essa rua foi o seu brincar, com a liberdade e a curiosidade em um expansivo mergulho urbano.

Para mantermos criativa a criança de cinco anos pela vida afora, precisamos de imersões que favoreçam as descobertas, as brincadeiras, como é, belamente, mostrado no documentário Tarja branca: a revolução que faltava. Precisamos de "ruas", sejam elas onde forem, que abriguem o sonho, o mundo interno da infância e os desafios da realidade, ativando as conexões neurais e emocionais, o movimento, a aprendizagem e a memória. Nas brincadeiras, nossos seres brincantes tomam muitas decisões, estudam as regras, dimensionam os limites, vivem diferentes papéis sociais, comunicam, fazem amigos.

Uma rua para brincar é a forma de apontar a importância que tem esse espaço, seja ele qual for, em sua possibilidade potencial de oferecer o que a criança precisa: a liberdade de imaginar e de exercitar a intensidade das experiências. O mundo é simples e encantado, o sonho é compartilhado. É o ser no mundo: a viver e a criar.

Referências

LAND, G. The *Failure of Sucess*. Disponível em: <www.youtube.com/watch?v=EtCD4aEHr4A>. Acesso em: 28 maio de 2022.

LEE, S. *Onda*. São Paulo: Cosac Naify, 2008.

LERNER, J. *O que é ser urbanista (ou arquiteto de cidades): memórias profissionais de Jaime Lerner.* Rio de Janeiro: Record, 2011.

PATRÍCIO, J. N. *Como ajudar meu filho a resolver problemas?* Disponível em: <www.caminhosdainfancia.wixsite.com>. Acesso em: 28 maio de 2022

PÓLYA, G. *A arte de resolver problemas.* Rio de Janeiro: Editora Interciência, 1995.

TARJA BRANCA: a revolução que faltava. Direção de Cacau Rhoden. São Paulo: Maria Farinha Filmes, 2014.

WEBSTER-STRATTON, C. *Como promover as competências sociais e emocionais das crianças.* Braga: Psiquilíbrios Edições, 2017.

INTELIGÊNCIA EMOCIONAL E COMUNICAÇÃO

Quando crianças pequenas são assoberbadas de emoções grandes, é o nosso trabalho partilhar a nossa calma, e não nos juntarmos ao seu caos.
KNOST, L. R.

INTELIGÊNCIA
EMOCIONAL

COMUNICAÇÃO

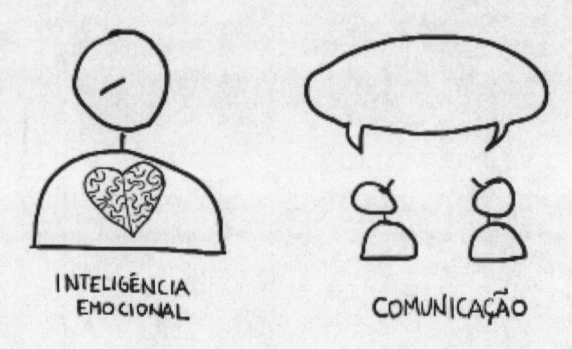

Nos próximos capítulos, abordaremos as *soft skills* inteligência emocional e comunicação, duas *soft skills* que caminham juntas e são o alimento para relações saudáveis e felizes.

A inteligência emocional é a capacidade de compreender as nossas emoções ou as emoções do outro, sabendo lidar de forma saudável. Para que isso aconteça, é imprescindível sentir as emoções. Pode parecer um tanto quanto óbvio, mas nem sempre os adultos se permitem e permitem isso às crianças.

Já a comunicação é a base de tudo. É por meio da comunicação que compartilhamos e fazemos trocas com as demais pessoas. A comunicação é ampla e não precisa, necessariamente, das palavras, inclusive, você verá, nos próximos capítulos, que a maior parte da nossa comunicação é não verbal.

Relacionamos estas duas *soft skills* nos próximos capítulos, pois compreendemos que as crianças sentem as emoções em sua totalidade e necessitam de espaço para poderem organizar tudo isso internamente, promovendo, assim, uma inteligência emocional, e que comunique esse sentir pelas atitudes.

Crianças são individuais, emoções são universais. Compreender como cada criança reage às emoções é um caminho para conhecer e respeitar a individualidade, como para dar a ela um suporte para lidar com o que está sentindo e se comunicar de forma clara, criando, assim, uma verdadeira relação.

Nos próximos capítulos, você verá como situações tão corriqueiras podem ser excelentes caminhos para compreendermos o sentir e auxiliarmos a criança na conquista das *soft skills*: inteligência emocional e comunicação.

Lucedile Antunes e Beatriz Montenegro

13

INTELIGÊNCIA EMOCIONAL E COMUNICAÇÃO

EM AMBIENTES DE APRENDIZAGEM

Habilidades de aproximação e construção de vínculos afetivos são importantes na formação dos estudantes. Diante disso, propomos aqui algumas reflexões e estratégias para o desenvolvimento das *soft skills* inteligência emocional e comunicação, fundamentais para a criança saber nomear os próprios sentimentos, reconhecer os dos outros e exercer a automotivação.

ALINE DA SILVA FRANÇA

Aline da Silva França

Contatos
alinefranca80@outlook.com
31 99645 6502

Pedagoga com mais de 20 anos de atuação na educação, sendo 15 deles como coordenadora pedagógica. Atualmente, atua na gestão escolar. Especialista em Educação Socioemocional. Educadora parental com ênfase em apego seguro e idealizadora do curso Escola Consciente - a sua forma de educar pode mudar o mundo.

Pensar em inteligência emocional dentro da sala de aula é entender a importância de promover, na escola, um processo de autoconhecimento. Isso só é possível quando a escola e o educador estão atentos à importância de validar os sentimentos do estudante. De entender que toda criança tem direito de sentir raiva, medo, alegria, tristeza, nojo, amor – consideradas emoções universais – e todas as demais.

De acordo com o pesquisador Daniel Goleman, é fundamental entender as próprias emoções. Mas como é que uma criança vai entender essas emoções se não é permitido senti-las? Todos aqueles que se dispõem a educar devem ter a clareza de que as emoções são válidas. Falas como: "Menina bonita não sente raiva", "Hoje ele está bonito, porque está sorrindo", "Que feio sentir ciúme", "Você está com medo à toa", entre outros, tão comuns na escola, não dialogam com o compromisso de ajudar esse indivíduo a se desenvolver emocionalmente.

Para que isso aconteça, é fundamental que a criança tenha as emoções nomeadas. É muito importante que os adultos tenham a clareza de que são responsáveis por ajudar nesse reconhecimento. Validar as emoções é ajudar a criança a se perceber e entender as emoções, os potenciais e as dificuldades. O que a faz sentir raiva, medo, tristeza, alegria, e saber dar nomes para isso. Quando essas emoções são nomeadas, torna-se possível reconhecê-las. Nós, adultos, não fomos validados em nosso sentir. Não aprendemos a reconhecer aquilo que se passava conosco. É importante que possamos quebrar ciclos e ajudar a criança a se reconhecer. "É medo que você está sentindo? Eu entendo. Você está sentindo medo de ir lá fora? O que te faz sentir medo? Ah, você tem medo do escuro? Eu entendo. Deixa eu te contar do que é que eu tenho medo...". Isso é importante, porque nesse momento o adulto mostra para a criança que reconhece e valida o que ela está sentindo, que a respeita. Ele se humaniza e mostra que também passa por situações semelhantes.

No processo de adaptação da criança à escola, por exemplo, percebemos muitas emoções. Essa criança está diante de um mundo novo. Está diante do desconhecido.

Imagine! Se você fosse deixado no meio de uma praça, em um país estranho, com o idioma, hábitos, costumes e cultura diferentes, como se sentiria? Ao fazer esse exercício de empatia, conseguimos nos aproximar daquilo que se passa com uma criança que acaba de chegar a uma nova escola. É importante que a escola se prepare para o processo de adaptação. Assim, desde o primeiro contato com a escola, ocorre a grande oportunidade de ajudar a criança a se conhecer. Também evitar que viva situações traumáticas, porque no momento em que ela está se adaptando àquele novo ambiente, muitos pais e educadores invalidam as emoções, dizendo que ela não precisa chorar, ou que não há motivo para o choro.

Certa vez, eu estava fazendo a adaptação com Bernardo, de quatro anos. Ele chegou à escola chorando muito, não queria sair do colo da mãe. Eu fui me aproximando e disse: "Eu sei que está difícil. Entendo como se sente e eu não vou tirar você do colo da mamãe, mas eu posso ficar aqui do seu lado e conversar com vocês dois?". Ele apenas balançou a cabeça, dizendo que sim e, naquele momento, eu contei experiências que vivenciei diante de situações novas. Disse também que ele poderia chorar, porque, quando a gente está diante de algo que é difícil, o choro pode ser um grande aliado. "Bernardo, eu quero que você se lembre de que eu vou estar aqui. Você pode contar comigo durante todo o tempo em que estiver aqui". Assim, acontecia todos os dias quando chegava e, logo, ele começou a se soltar e chegar mais perto. Aos poucos, fui entrando naquela fusão emocional que existia entre ele e a mãe. De modo que, quando comecei a estar próxima, a mãe pôde se distanciar e se despedir. Claro que ele ainda chorava, mas é fundamental que a gente entenda que um processo bem-sucedido pode passar pelo choro, e o acolhimento que essa criança recebe ao chorar fará toda diferença.

Os traumas são criados, segundo o Dr. Gabó Matte, estudioso de traumas, não pela experiência em si, mas pela falta de acolhimento diante da experiência. Assim, aquele menino que antes se mostrava inseguro e amedrontado, foi adquirindo confiança ao perceber que era amparado; logo, era possível percebê-lo mais tranquilo e confiante para vivenciar os processos na escola com segurança.

O segundo ponto para promover um ambiente onde a criança pode se desenvolver emocionalmente é – após conhecer as próprias emoções – aprender a lidar com elas. E como isso pode acontecer? Certa vez, encontrei a Isadora no refeitório da escola muito nervosa. Ela queria se sentar perto da amiga Clarice na hora do almoço, porém outro colega ocupou o lugar. Aquilo a deixou nervosa, desorganizada emocionalmente, a ponto de querer bater no colega. Naquele momento, eu me aproximei e falei: "Isadora, eu entendo o que você está sentindo, percebo o quanto está difícil para você. Quer me contar o que te deixou com raiva?". Ela relatou a situação.

Eu me coloquei ao lado dela, dizendo que entendia o que estava sentindo, porém bater nele não era uma opção. "Vamos pensar em como podemos resolver essa questão? Como você pode lidar com a raiva que está aí dentro de você de uma forma que não agrida o outro nem a você mesma?". Naquele momento, ela não queria nem me ouvir e eu disse: "Eu quero muito que você coloque a sua raiva para fora. Vamos pensar? Como isso pode acontecer? Topa ir comigo no bosque e colocar essa raiva para fora? Pode gritar, se você quiser. Fale o que está sentindo e o que te deixou assim. Depois, conversamos e pensamos em como resolver a questão do lugar à mesa do almoço. Mas, primeiro, você precisa colocar a raiva para fora".

Ela aceitou. Lá fomos nós. E, ali, ela começou a gritar. "Eu estou com raiva, porque ele sentou no meu lugar!". Ela gritou até cansar. Depois que colocou aquela emoção para fora, eu falei: "Hoje, você percebeu que existem formas de lidar com o sentimento da raiva e, a partir de agora, quero que se esforce para que, sempre que sentir raiva, procure colocá-la para fora sem agredir o outro ou a você mesma. Você está se sentindo melhor agora? Se batesse no colega, acha que estaria se sentindo melhor? O que poderia acontecer? Será que ele iria revidar? Isso seria bom? Como será que se sentiria depois? Agora, vamos pensar em como podemos negociar com o colega aquele lugar em que você quer se sentar". Ela decidiu conversar com o colega e tentar negociar uma parte do almoço ao lado da amiga. E isso só foi possível depois de conseguir extravasar a raiva.

Trazer para a criança estratégias para lidar com a raiva lhe dá recursos que poderá ser usado na fase adulta. Um adulto com a inteligência emocional desenvolvida consegue aumentar o tempo entre o estímulo e a resposta. E é nesse tempo que ele busca formas de lidar com o que está sentindo, sendo capaz de promover relações de autopreservação.

Após reconhecer os próprios sentimentos e saber como lidar com eles, esse sujeito já é capaz de entender o terceiro pilar do desenvolvimento da inteligência emocional que é **identificar as emoções do outro.** Dessa forma, a aproximação se torna possível, bem como a construção de vínculos afetivos. É possível perceber a hora de parar, de aproximar ou de argumentar, ou seja, refinar a comunicação.

Certa vez, durante uma intervenção com quatro crianças de sete anos, na qual havia acontecido um conflito durante uma partida de futebol, um deles chamou o outro de "filho da mãe". O que recebeu a expressão pejorativa ficou muito ofendido e veio falar comigo reclamando que eles falaram um palavrão. O colega que havia falado usou o seguinte argumento: "Eu não sei por que isso é palavrão, eu só estou dizendo que ele é filho da mãe dele. Você não é filho da sua mãe?" E o colega disse: "Mas eu não gosto que você fale isso comigo. Para mim, isso é um palavrão, porque eu vejo as pessoas xingando assim". Nesse momento, o colega falou: "Tudo bem. Se você não gostou, eu não falo mais".

Esse episódio nos mostra a importância de levarmos uma criança a perceber o que incomoda a outra e não o que incomoda a ela mesma. Mas somente quando eu dou espaço para o outro dizer o que o incomoda é que eu sou capaz de enxergá-lo e agir de forma respeitosa com as emoções dela.

Sobre o quarto pilar, o **saber lidar com as emoções do outro,** presenciei Felipa, de nove anos, com uma colega da mesma idade – que apresenta um baixo limiar de frustração – irritando-se com facilidade quando contrariada. As duas estavam na sala e precisavam guardar o notebook. Felipa estava atenta à regra de somente usar o computador sob a tutoria de um educador, e a colega insistia em burlar a regra. Aquilo para Felipa era algo muito sério, porque ela tem senso de justiça e responsabilidade muito fortes. Mas a colega começou a se exaltar, com gritos e choro. Felipa conseguiu manter o controle e dizer: "Eu não vou conversar com você agora, porque você está muito nervosa. Depois que você se acalmar, a gente conversa". Ela pegou o computador e entregou. A colega, muito nervosa, ficou brava, porque não foi feito o que ela queria. Mas Felipa foi firme: "Se acalma primeiro e depois a gente conversa". E, assim, foi feito. Essa situação nos mostra uma criança que já consegue entender o outro e saber como lidar com ele, sem ferir os próprios princípios, o que é importante. Ela percebe a frustração da colega e sabe que qualquer embate não seria uma boa experiência para ambas. Saber lidar com o sentimento do outro é entender o que está acontecendo e pensar numa atitude mais assertiva, que não fira os princípios nem anule a você mesmo.

Quando pensamos no quinto pilar da inteligência emocional, é importante que lembremos que a **automotivação** só é possível depois de passarmos por um processo de autoconhecimento e autogestão. Quando o educador deseja estimular a automotivação do estudante, é importante que se lembre de que a automotivação só é possível com alguém que se conhece, que sabe identificar os pontos fortes, fragilidades, desejos, o que já sabe e o que ainda pode aprender.

Paulo Freire (2004) destaca, em *Pedagogia da autonomia*, que

> Um grande problema da nossa educação é que nós temos currículos ultrapassados, que não contemplam as reais necessidades de um mundo em constante evolução. E, dessa forma, muitas vezes, os estudantes se sentem enganados, porque estão diante de conteúdos que nunca usarão, que não fazem sentido para eles.

Isso é desmotivador. Imagine se hoje o seu chefe chega e diz que você terá que aprender a usar um programa de computador que não se usa mais e que não terá uma utilidade prática no seu trabalho, mas justifica que está no cronograma, então, você terá que aprender.

Assim, é fundamental que o estudante entenda a função de cada conteúdo e como ele pode ser útil em sua vida. É necessário que a nossa educação parta da abundância. Que esse aluno perceba o seu potencial valorizado e não sua escassez exposta. Lembrei-me de uma experiência que vivenciei: Marcos era um menino de seis anos que se mostrava bem desmotivado. Não apresentava desejo em aprender a ler. Um dia, ele começou a me falar sobre os carros que o pai consertava na oficina. Fiquei impressionada com os detalhes que ele trazia sobre peças, marcas, modelos, enfim. Naquele momento, eu pensei: "Achei um ponto de conexão. Vou começar a desenvolver o trabalho de alfabetização com ele a partir do tema carros". A partir disso, ele começou a se sentir motivado, com vontade de aprender. Ele entendeu que aquilo poderia ajudá-lo a aprender mais a respeito de um tema que gostava tanto. Ele começou a trazer informações que o ajudaram no seu processo de alfabetização e também às outras crianças, além de fortalecer a autoestima, pois aquele menino que não percebia seu potencial se viu ensinando a outros sobre um universo que ele dominava e os demais, não. Foi lindo ver o voo do Mauro.

A automotivação é estimulada por um propósito, um caminho que nos move. E os nossos estudantes só serão capazes de se automotivarem quando compreenderem o propósito, a intencionalidade daquilo que levamos a eles todos os dias.

Referências

FREIRE, P. *Pedagogia da autonomia: saberes necessários à prática educativa*. São Paulo: Paz e Terra, 2004.

GOLEMAN, D. *Inteligência emocional: a teoria revolucionária que redefine o que é ser inteligente*. 2. ed. Rio de Janeiro: Objetiva, 2012.

GUTMAN, L. *A maternidade e o encontro com a própria sombra*. São Paulo: Editora BestSeller, 2006.

14

INTELIGÊNCIA EMOCIONAL E COMUNICAÇÃO

EM AMBIENTES FAMILIARES

Segundo a renomada pediatra e escritora francesa, Catherine Guegen, "as humilhações verbais, as humilhações físicas (palmadas), as atitudes de rejeição, hostilidade e ameaças perturbam o desenvolvimento do cérebro e acarretam verdadeiros transtornos de comportamento". Este capítulo reforça essa tese ao destacar que os filhos reproduzem o que vivenciam com os pais ou responsáveis. Aqui apresentarei algumas análises sobre o tema.

ANA PAULA LUZ RODRIGUES
DOS SANTOS

Ana Paula Luz Rodrigues dos Santos

Contatos
luzepais@gmail.com
Instagram: @ana_luzrodrigues

Há 14 anos moro na França, onde tomei contato com a parentalidade positiva. Sou formada em Direitos e ser mãe levou-me à consciência do métier parental. Hoje sou educadora parental em atuação consciente. Especializada em comunicação não violenta (CNV), Método ESPERE® e facilitadora dos ateliers "Como falar para o seu filho ouvir e como ouvir para o seu filho falar", de Faber et Mazlish. Sou certificada em acompanhamento parental pelo Instituto La Plumeverte. Atuo como pesquisadora em educação não violenta e faço parte do Observatoire de la Violence Educative Ordinaire – OVEO, em defesa da educação infantil sem uso de qualquer tipo de punição física, psicológica e emocional. Sigo como bússolas de atuação: a teoria do apego, a comunicação empática, a neurociência afetiva e social, a gestão emocional e a psicologia positiva. Palestrante e mediadora de encontros parentais on-line e presencial.

Todo comportamento é comunicação

Não lembro o motivo, mas minha filha, então com 3 anos de idade, provavelmente reagiu como toda criança nessa fase quando recebe um *não* como resposta: com tapas, gritos e se jogando no chão. Naquela época, eu dava os primeiros passos na educação positiva e meu repertório e vocabulário emocional ainda eram muito rasos.

Interpretei o comportamento dela como uma afronta à minha pessoa, agi com os recursos internos que eu tinha e acabei por repetir o padrão da educação tradicional: coloquei minha filha na cadeirinha do pensamento; fixei meu olhar intimidativo e verbalizei indignada: "você vai ficar aqui para pensar no que você fez". Ela se recusou a ficar sentada, pois a situação lhe causava estresse. Enquanto chorava, ela estendia os braços pedindo carinho, e meu cérebro, completamente em pane, pensava: "se eu der um abraço, ela não vai aprender que ela agiu errado. Como assim? Bateu em mim e agora quer um abraço? Desse jeito, ela não vai aprender a me respeitar!".

Hoje, 10 anos depois, revejo meus tropeços e reconheço a nítida comunicação de Béatrice. Passei a compreender as origens das minhas emoções, o porquê de eu ter reagido daquela forma e a razão do sentimento de desconforto e de incongruência entre punir e amar.

Todos os pais vivenciam momentos desafiadores e, não raro, se veem desprovidos de inteligência emocional para atuarem de modo coerente diante das explosões emocionais dos filhos, que são comuns e esperadas.

Minha filha estava se comunicando de modo claro com todos os recursos de que dispunha, ou seja, com seu comportamento. É importante ressaltar que o cérebro da criança é sensível e, somente a partir dos cinco ou seis anos de idade, o córtex pré-frontal – zona responsável pela reflexão – começa a maturar. Antes disso, ela age, predominantemente, sob a influência do seu cérebro emocional e arcaico.

Quando o cérebro imaturo está sob estresse, causado pelo comportamento do adulto e/ou pelo ambiente, há uma descarga enorme de adrenalina e cortisol e, nessas condições, três reações são possíveis: paralisação, luta ou fuga. Por isso, a criança bate, se esconde, grita ou nos olha sem reação e assustada.

Ela é muito verdadeira e fiel ao seu sentir e faz exatamente o que é para ser feito. Ao pedir o colo com os braços estendidos, comunica a necessidade de conexão, amparo e segurança afetiva. Ela convida o adulto de referência de apego – normalmente a mãe – para ser o seu corregulador emocional, pois ainda não tem recursos internos e neurológicos para acalmar-se sozinha.

O toque, o contato acolhedor, protetor, seguro e sem julgamentos desencadeiam a ocitocina, o hormônio do amor e do bem-estar. A ocitocina acalma e é o antídoto do cortisol. Essa verdade é incontestável diante dos estudos recentes da neurociência afetiva.

Além de a minha filha comportar-se alinhada com as suas necessidades de segurança e proximidade, também havia comunicação na minha reação desproporcional.

O essencial é invisível aos olhos.
SAINT-EXUPÉRY

O problema não é o comportamento da criança, mas, sim, a atitude reativa, impulsiva e punitiva do adulto diante do comportamento dos pequeninos.

A pergunta é: de onde vêm as nossas reações desproporcionais? Por que gritamos, punimos ou isolamos as crianças? Algumas pistas:

1. Porque reproduzimos, sem questionar, a educação que recebemos.
2. Porque a nossa amígdala cerebral, que é o nosso alarme interno e onde estão guardados os nossos primeiros registros emocionais,

é altamente sensível e desregulada por causa das punições físicas, verbais e emocionais recebidas na infância. Com isso, o cérebro do adulto interpreta – erroneamente – a atitude da criança como perigo e ameaça.

O caminho para agirmos de forma mais consciente e com mais leitura emocional requer, obrigatoriamente, olhar para a educação recebida na infância.

Com honestidade, reflita:

- Meus pais atenderam às minhas necessidades emocionais e afetivas? Tive espaço para sentir, explorar e elaborar boas capacidades de regulação emocional? Fui acolhido(a) mesmo com comportamentos transbordantes?
- Era constantemente punido(a)? Meus pais gritavam e eu não me sentia ouvido(a)? Sentia medo e vergonha dos meus pais?

A educação punitiva traz consequências lógico-biológicas: a hiperatividade de amígdala cerebral, baixa produção de ocitocina e pouca capacidade de gestão emocional.

Por isso, é fundamental analisar a história pessoal. E um dos processos é o de deixar a amígdala menos reativa. Isso é possível com a reprogramação cerebral por meio de terapias de dessensibilização e reprocessamento de traumas.

A inteligência emocional parental

A inteligência emocional é a capacidade do indivíduo de perceber, identificar, expressar e comunicar com justeza as emoções, além de ser capaz de identificar e compreender as dos outros. A prática da autoempatia é um pilar intransponível para compreender a si mesmo, em seguida, atuar como corregulador emocional dos filhos.

Para cada circunstância desafiadora que se apresenta, pergunte-se: "o que eu sinto quando a minha criança diz *não* sem parar, se joga no chão e grita comigo?". O meu corpo se contrai, o meu coração acelera? Quais são os meus pensamentos? Qual é a intensidade das minhas emoções numa escala de zero a 10?

A validação dos sentires internos é o início do caminho para observarmos as nossas tendências quanto a determinadas ações ("o que eu tenho vontade de fazer?") e relacioná-las com as necessidades não atendidas ("quais necessidades não estão sendo atendidas e que se manifestam por meio das emoções que sinto agora?").

A linha final dessa análise interna é a apropriação de si com mais conexão, honestidade emocional e de autoempatia: "eu sinto raiva; me sinto esgotada, cansada e frustrada porque gostaria de sair do parquinho e voltar para casa sem ter passado por uma crise emocional da minha criança". Uma vez consciente da mensagem interna, o adulto busca por soluções para satisfazer às suas necessidades ("vou melhorar a logística e pedir ajuda para revezar as idas ao parquinho"). Olhar para dentro de si é essencial.

Três bases da comunicação funcional

Para o desenvolvimento deste tópico, abordarei três pontos principais: (I) a informação é muito mais importante do que as palavras; (II) a escuta ativa e sem julgamentos mostra que o meu mundo não é igual ao seu; e (III) todo comportamento tem uma intenção positiva.

O primeiro passo para uma educação parental efetiva é o de reconhecer que (I) a informação é muito mais do que palavras. A linguagem verbal corresponde a 7% da nossa comunicação. Cerca de 38% diz respeito à linguagem paraverbal: ritmo, intensidade, volume, força, velocidade e melodia da voz. E os outros 55% referem-se à comunicação não verbal, como a respiração, intenção, posição, gestos e microgestos.

A criança é extremamente sensível aos sinais contraditórios e à linguagem não verbal. Quando a criança de cinco anos pergunta "quer brincar comigo?" e a resposta parental é "sim, sim" (com os olhos voltados para cima e com ar impaciente), o que fica registrado? Os gestos ou as palavras?

Compreendendo o poder das palavras, passa-se a exercer a (II) escuta ativa e sem julgamentos, mostrando que o meu mundo não é igual ao seu. Nesse contexto, a representação do mundo é subjetiva. Temos a tendência ao egocentrismo e, invariavelmente, observamos o mundo e os outros com o nosso filtro de experiência pessoal. Definitivamente, os outros não veem, não sentem e não percebem o mundo da mesma maneira. A criança pode viver as mesmas situações que os pais, mas as emoções e sentimentos registrados, do prazer ao desgosto, são individuais.

Devemos ter em mente que (III) todo comportamento tem uma intenção positiva. Parece difícil de acreditar, mas a verdade é que todo comportamento é orientado por emoções e necessidades legítimas. Se a criança se recusa a sair do parquinho, qual seria a sua intenção positiva? A interpretação pelo viés da necessidade de brincar pode ser um bom início para nos posicionarmos. Brincar para os pequeninos é tão importante quanto o ar que respiram.

A comunicação disfuncional não ensina habilidades socioemocionais

Nós estamos inseridos num sistema de comunicação violento, que dificulta a verdadeira conexão relacional e emocional entre pais e filhos.
Destaco, a seguir, cinco grupos de comunicação disfuncional:

1. Apontar, ordenar, exigir. Quando impomos aos outros o que deve ou não ser feito, como: "você tem que me obedecer".
2. Ameaçar, amedrontar. No instante em que tentamos controlar e exercer o poder sobre o outro, mesmo que seja com a maior das boas intenções: "se você continuar, vai ver o que vai acontecer com você".
3. Desvalorizar, inferiorizar, comparar, ridicularizar. Nas situações em que julgamos ou comparamos o outro. Pior ainda, se a chamada de atenção acontece com plateia: "olha como a sua irmã se comporta bem".
4. Culpabilizar. Quando colocamos o peso das nossas emoções, percepções e vivências em cima do outro: "você me faz passar vergonha".
5. Chantagear. Ao exercermos o poder sobre o outro, pressionando-o emocionalmente: "eu fiz tudo por você! Você me deve respeito!".

É inegável que os vícios de comunicação não desenvolvem a inteligência emocional, não favorecem a empatia e não apontam soluções em conjunto. A criança perde a confiança em si e não há condições para se acalmar ou sentir-se amada incondicionalmente, pois não há acolhimento, validação das emoções e leitura das suas necessidades. Além de nos afastarem de quem mais amamos, as mensagens parentais encaminhadas não contêm o registro emocional da verdadeira comunicação, que significa colocar-se em "comum" com o outro de modo empático, compreensível e compassivo. No dizer de Catherine Gueguen, pediatra francesa especializada em apoio parental: "As humilhações verbais, as humilhações físicas (palmadas), as atitudes de rejeição, hostilidade e ameaças perturbam o desenvolvimento do cérebro e acarretam verdadeiros transtornos de comportamento".

Estamos falando de desenvolvimento emocional das nossas crianças, e a comunicação é um elo precioso que pode nos unir ou nos afastar.

Vale salientar que é possível melhorar a comunicação com técnicas que coloquem em evidência os fatos, as emoções, os sentimentos; e que considerem as necessidades não atendidas.

O objetivo é deixar de apontar, falar do outro e passar a comunicar com o outro. Percebem a diferença?

As quatro etapas da comunicação não violenta: OSNP

Podemos dar os primeiros passos na mudança da comunicação com os nossos filhos praticando a CNV. Sei que no começo é desconfortável e não estamos acostumados a esse tipo de linguagem. É como aprender um novo idioma.

Siga as quatro etapas:

- **Observação (O):** observe e descreva a situação sem julgar:
- **Sentimento (S):** exprima os sentimentos que a situação lhe causou. Comece a frase com "Eu".
- **Necessidade (N):** identifique as necessidades não atendidas, que reflitam emoções desagradáveis.
- **Pedido (P):** faça o pedido com clareza e formulado de modo positivo.

Comece com o mais simples e pratique a formulação: eu vejo, eu sinto: "Quando eu vejo/ouço/percebo (descreva a situação sem julgar), Eu sinto (cite a emoção)". O objetivo é conectar-se com as próprias emoções, senti-las no corpo e identificar quais são as necessidades que não estão sendo satisfeitas.

Na prática, podemos tentar:

- "Quando vejo os brinquedos espalhados pela casa (O). Eu sinto raiva. Eu me sinto desrespeitada, esgotada, cansada (S). Eu tenho a necessidade de harmonia no ambiente e do mínimo de ordem (N). Que tal guardar os brinquedos na caixa? (P)".

As emoções são úteis, universais e não são boas nem ruins; elas são fenômenos fisiológicos e incontroláveis que colocam a nossa vida em movimento. Por isso, não há problema em sentir raiva, que é uma emoção natural decorrente da frustração, da injustiça ou da impotência. A emoção é legítima e não deve ser confundida com a ação ou a reação violenta; essas sim, são escolhas.

Quanto às necessidades, eu destacaria seis para começar a investigar o comportamento da criança:

- Necessidades fisiológicas (comer, beber, dormir, excretar, respirar).
- Necessidade de segurança afetiva.
- Empatia, compreensão.
- Amor, intimidade.
- Autonomia.
- Movimento.

Quantas possibilidades temos além da nossa reatividade! A intenção não é ditar fórmulas mágicas, mas, sim, apresentar outra maneira de se posicionar e possibilitar a liberação das emoções. Elas não servem para ser guardadas. Pelo contrário, devem ser sentidas e manifestadas por meio das nossas necessidades e, assim, a verbalização virá em nosso auxílio. Tudo é praticável e reflete na relação com quem mais amamos.

Enfim, educar com Inteligência Emocional – ao possibilitar a expressão das emoções e permitir que os nossos filhos conectem-se com as suas necessidades e comunicá-las sem agredir a si e aos outros – é um dos mais belos presentes que podemos lhes oferecer.

Referências

GUEGUEN, C. *Vivre heureux avec son enfant*. Robert Laffont, 2015.

JAMBON, C. *La co-éducation émotionnelle*. Hatier, 2021.

15

INTELIGÊNCIA EMOCIONAL E COMUNICAÇÃO

EM AMBIENTES SOCIAIS

Mesmo com os percalços da vida, nossos filhos aprenderão a lidar com os desafios do dia a dia se, dentro de casa, estabelecermos uma comunicação empática e respeitosa. A partir da liberdade do sentir, do acolhimento que oferecemos e nomeando esses processos, eles desenvolvem inteligência emocional, fortalecem o pilar da autoestima e conseguem acionar recursos internos para resolverem as adversidades que terão.

REJANE VILLAS BOAS
TAVARES CORRÊA

Rejane Villas Boas Tavares Corrêa

Contatos
rejanevbtc@gmail.com
Instagram: @rejanevb_psico
LinkedIn: Rejane Villas Boas
14 98170 9129

Desde o início da faculdade de Psicologia, o estudo de Inteligência Emocional foi o que a encantou pela forma sistêmica de olhar o ser humano. Especializou-se em Terapia Sistêmica de Casais e Famílias e conduziu um trabalho focado em Psicologia Intercultural, preparando intercambistas e familiares durante o tempo de permanência no exterior. Percebendo que alguns pacientes adoeciam nesse processo, realizou uma especialização em Psicologia da Saúde e Psicossomática. O interesse pelo assunto cresceu e acabou realizando muitos cursos de aprofundamento em Inteligência Emocional. Tornou-se *practitioner* em Programação Neurolinguística, ministrou cursos e treinamentos em Desenvolvimento Humano. Hoje, reside nos EUA e atua como psicoeducadora parental com certificação internacional em Disciplina Positiva pela PDA, Atuação Consciente e Comunicação Não Violenta. É membro e pesquisadora do grupo Prevenção ao Abuso Sexual (PAS), colunista da revista Mulher Brasil e pós-graduanda em Educação Parental e Inteligência Emocional. Coautora dos livros *Habilidades socioemocionais: por que essas competências precisam ser desenvolvidas na primeira infância?*, *Educação Consciente: criando com empatia* e *Box Intenção de mãe*.

Meus estudos e experimentações sobre inteligência emocional e comunicação em ambientes sociais existem desde 1995. Há seis meses morando no exterior, vivo exatamente o que vamos discorrer a partir de agora. Momentos de emoções de uma vida real.

Sou apaixonada por esses temas desde a minha graduação em Psicologia. Minha sábia mãe deu-me o primeiro livro sobre Inteligência Emocional pois achou que poderia conhecer algo novo. Ouvi seus conselhos e, na mesma hora, comecei a lê-lo. Tempos depois, me especializei em Programação Neurolinguística e entendi mais ainda sobre comunicação. Quando tive minhas filhas, decidi (e pude) colocar em prática meus estudos.

Mudar para outro país é um grande desafio. Este sempre foi um sonho do meu marido. Embarcamos na onda dele: ponderamos possibilidades, traçamos uma metodologia de trabalho, fizemos acordos sobre as possíveis rotinas, explicamos os motivos da mudança, novas possibilidades, nos prontificamos em acolhê-las na adaptação, nos comprometemos com alguns pedidos delas que, mesmo com um pouco de medo, toparam a ideia. Em um mês e meio, estávamos embarcando nesse sonho rumo a uma nova vida a partir de uma proposta de trabalho dele.

Pensamos que a nossa vinda impactaria nas relações sociais de nossas filhas e, para isso, nossa conexão familiar tinha que estar bem solidificada. Além disso, mantivemos nossos olhares atentos aos sentimentos, comportamentos e deixamos todos os canais de comunicações possíveis abertos, já que essa se estabelece de forma sólida quando não há imposição. Apesar da decisão ter sido dos adultos, deixamos espaço para sentir e acolher.

Poderíamos, por exemplo, ter feito as meninas aceitarem a qualquer custo a mudança, sem permitir que elas se expressassem nas necessidades e dificuldades. Mas não era a nossa intenção. Normalmente há espaço para que elas se expressem nas pequenas e médias decisões, sempre priorizando segurança e saúde, logicamente. Em um momento de decisão tão grande assim, por elas sempre serem respeitadas em dignidade e integridade em situações que falam do mundo delas, se sentem seguras em confiar que esta foi a melhor opção. Percebam que essa boa comunicação não foi algo que aconteceu somente na mudança de país. A comunicação é um processo que nunca finaliza.

O que mais ouvimos das pessoas era que elas iriam se adaptar logo porque crianças se acostumam antes dos adultos. Eu diria que muitas delas não têm espaço para dizer o que sentem. E outras tantas desistem de pedir qualquer coisa porque nunca são atendidas. Já muitos adultos sabem bem como se defender e lutar pelo que querem.

Chegamos, enfim, ao novo país! Nem tudo é tão maravilhoso. Vamos falar sobre o convívio social das crianças. Ainda bem que desde sempre entendemos a importância da Inteligência Emocional. No Brasil, tínhamos um grupo social formado, amigos com ideias e valores parecidos, além das nossas famílias. Assim, estávamos com pessoas que escolhemos para conviver e trocar. Por aqui esta formação do social ainda está em processo de construção e observo que as diferenças familiares impactam muito neste caminho.

Minha filha de dez anos percebeu na escola uma amiga sem lanche e ofereceu-lhe um pacote de bolacha. Chegando em casa me contou. Reforcei o quanto foi empática e a importância desse movimento de aproximar-se de alguém que queria conhecer, por ser novata aqui. Falar sobre os recursos que ela utilizou para agir é encorajar e não elogiar. Poderia ter-lhe dito que ela é linda e boazinha, porém optei em mostrar o quanto teve um olhar para o outro, iniciativa e coragem em desenvolver relacionamentos interpessoais.

No dia seguinte trouxe dinheiro dados em agradecimento pela garotinha. Meu impulso foi: "Vamos reportar a escola e devolver!". No entanto, usei essa atitude social muito diferente da que nós teríamos para trabalhar exatamente a inteligência emocional e a comunicação.

Sentamos e conversamos sobre seus sentimentos, como foi ganhar aquele dinheiro, qual destino daria a ele. Como as pessoas são diferentes na forma de falar sobre amor e gratidão! Contudo, minha filha sentiu o carinho e percebeu uma nova forma de agradecer, apesar de não ser igual à dela. Ela se viu e viu o outro em suas diferenças.

Nem sempre desenvolver relacionamentos interpessoais é fácil. Em vários momentos na vida delas, as ajudamos no autoconhecimento. Crianças precisam saber nomear emoções e sentimentos objetivando conseguir buscar recursos internos e externos para lidar com isso. Se acharmos que nossos sentimentos se resumem à meia dúzia de emoções, não saberemos comunicar aos outros quais são nossas necessidades, tampouco conseguiremos exercitar o autocontrole.

Devemos questioná-los sempre em vez de julgar, repreender, deduzir ou já direcioná-los no que fazer. Então, mostramos que temos total liberdade de sentir e também de pensar. A partir disso, vamos conversar e explicar sobre o que fazer ou falar, sobre o que se passa dentro de nós e isso vai nos ajudar a desenvolver a inteligência emocional. E só aí decidimos qual atitude tomar diante do acontecido.

Dizer aos nossos filhos perante os desafios da vida "Força filho! Vai dar tudo certo!" soa como que, com certeza, enfrentarão algo perigoso ou ameaçador e derrama sobre eles toda nossa expectativa, passando-lhes o peso de que tem que dar certo. Somando-se o fato de não os ajudar a recrutar seus recursos para lidar com tais desafios. Entretanto, podemos dizer: "Filho, como você está se sentindo? É normal esse frio na barriga. Tudo que é novo parece estranho, diferente. Às vezes imaginamos ser de um jeito e talvez seja de outro... Mas confio e sei que é capaz. Dê o seu melhor da forma que conseguir. Vai ficar tudo bem! Te espero para saber como foi!". Dessa forma, falamos de confiança, intimidade emocional, autoestima, autoconfiança, capacidade de resolver problemas, pensamento crítico, respeito às diferenças, resiliência e controle de emoções. Assim, mostramos a verdade de cada um, o poder de decidir como lidar com as situações desafiadoras da melhor forma, nossa presença constante esperando-os de braços abertos e com um colo, caso algo não dê certo. Contribuímos para o desenvolvimento da inteligência emocional por meio de uma comunicação empática e encorajadora.

Compreender que a construção da inteligência emocional e da comunicação passa pelos adultos é essencial. Esse processo não exige de nós um contínuo estado de luz azul diante dos desafios. Somente a certeza de que podemos nos perder e depois podemos nos reencontrar. Às vezes acreditamos ser uma conquista pontual. Ter ou não ter. Quando na verdade a previsibilidade não a retrata. A vida não é estável e o desenvolvimento é saber quando e, se por acaso nos perdermos, teremos os recursos necessários para retomar o equilíbrio. Os dias vão variar e nossas emoções também.

Em várias situações, a confiança nos filhos aumentará com a autoconfiança por eles adquirida. É um contínuo crescer, aceitando a oscilação no humor e na vontade, assim como nós. Isso se torna possível porque podemos plantar sementinhas de amor nos filhos todos os dias, quando aprendemos mais sobre eles por estarmos atentos e sermos respeitosos. Contar-lhes nossas dúvidas e incertezas, ter uma aproximação genuína de acolhimento, troca e sem julgamentos desenvolve a intimidade emocional. Quando me aproximo do meu filho, me permito ser humana, inteira e sentir, como ele também. Aqui damos os primeiros passos para a construção da Inteligência Emocional e de uma comunicação assertiva. Quando digo que confio neles, é porque sei que têm repertório para isso. Em outras situações já tinham exercitado e nomeado habilidades saudáveis de relacionamento interpessoal.

Outra diferença social que estamos vivendo aqui é a ausência de grupos de mães no WhatsApp, como tínhamos no Brasil. Aqui é uma cultura em que a autonomia é estimulada desde muito cedo, regras são bem claras, cada aluno recebe seu computador e acesso ao sistema, comunicação família/escola é efetiva, eficiente e eficaz e não precisa de mães opinando nem questionando porque tudo é muito claro. Então, continuo minha conexão com elas e todos os dias pergunto sobre as atividades, amigos, aprendizados enquanto elas constroem pertencimento a uma nova cultura, caminham na construção da autonomia, responsabilidade pessoal e social, curiosidade, observação, iniciativa, administração de tempo (já que aqui os alunos é que trocam de sala na mudança de aula). Aprendizagens vividas a partir das experiências escolares e sociais. Cada uma do seu jeito: uma trazendo muitos fatos diariamente assim que me vê e a outra me escrevendo mensagem nos intervalos para contar todas as novidades logo.

Celulares... ótima pauta! Muitas crianças têm acesso a celulares cedo. Várias já possuem perfil em redes sociais e se falam por lá. Não responder a mensagens imediatamente é como passar pelo colega na escola e virar a cara. Quase um insulto! Mas lembra lá no começo quando disse que a segurança e vida delas são grandes decisões que cabe a nós, pais? Pois bem. Elas até contestam, às vezes, porque suas amigas têm muito mais acesso que elas, mas aceitam porque são respeitadas na sua dignidade naquilo que podem decidir. Algumas famílias gostaram da forma que lidamos com isso e começaram a organizar o "tempo de telas" dos filhos também, aumentando a qualidade da relação e o diálogo.

Seguindo nesta mesma linha, em nossa família a idade para assistir a filmes e séries é respeitada. Alguém com mais estudos concluiu e estabeleceu o que determinadas idades são capazes de assimilar. Às vezes, elas voltam tristes porque alguns colegas ficam fazendo chacota. Temos que acolhê-las, explicar novamente as razões, fortalecê-las pela comunicação empática para que se sintam seguras e não ofendidas.

Aqui onde vivemos, a educação é baseada na competição e no reforço positivo diário para os alunos que se comportam e tiram notas boas. Algo que continua na idade adulta, no mundo corporativo e sistema de trabalho também. É cultural! Na minha experiência, entendi que isso não gera resultados duradouros nem desenvolve Inteligência Emocional. Realizar algo somente pela recompensa e isso não acontecer abala a autoestima e autoconfiança. Autoestima é o amor por si mesmo. Autoconfiança é a crença no potencial de realização. Acredito no encorajamento – reconhecer o caminho para se alcançar o resultado. Dar importância às habilidades que são usadas quando querem conquistar alguma coisa. Utilizo a comunicação para expandir a visão de ganhar e perder. Mostro que, mesmo não conseguindo a meta naquele momento, ainda continuam inteiras em quem são e podem traçar novos planejamentos com outras habilidades para recomeçar. Afinal, resultados são importantes, mas o que faço ou deixo de fazer para que aconteçam fala mais sobre mim do que as conquistas e as perdas.

Não vou mudar o sistema aqui. Mas posso ajudá-las a pensar apesar do sistema para desenvolvê-las. Quando voltam com prêmios para casa, uso a técnica que expliquei acima (questionar, explicar e decidir) e quais habilidades utilizaram. Já aconteceu de não conseguirem algo apesar do empenho. Uma delas perdeu por dois tickets a chance de levar um borboletário para casa nas férias. Foi grande a frustração porque a automotivação também era alta. Foi pontual na entrada das aulas, levou computador carregado todos os dias, leu mais livros que os obrigatórios e devolvia antes do tempo na biblioteca, se concentrou e evitou conversas durante as aulas, fazia as atividades extras, ajudou a professora; se privou de algumas coisas e, mesmo assim, não conseguiu. Ela sentiu muita tristeza e frustração. Não adiantaria dizer que não foi nada demais porque foi! Foram meses de sonho com borboletas! Pela comunicação empática, refletimos o que faltou e como lidar com esse resultado diferente do que gostariam. Mais uma vez aceitar a variabilidade de emoções e exercitar o controle sobre elas. Ela decidiu usar os tickets para trocar por um livro que ela queria muito e guardou alguns de recordação do seu primeiro ano aqui. Sua motivação foi recompensada de outra forma – utilizou dos próprios recursos para arrumar uma nova solução.

Preparar os filhos para o mundo significa que vamos ajudá-los a compreender por meio dos óculos de nossos valores familiares' o que eles vão precisar usar para conquistarem os objetivos lá fora. Então, sigamos no amor e na consciência mesmo que o mundo seja difícil ou desafiador. Educação respeitosa, consciente e positiva ajuda a desenvolver inteligência emocional e estimula a comunicação empática. Porém, não vai salvar nossos filhos dos desafios do mundo, mas sim fortalecê-los para ter um espaço seguro para se recolherem quando quiserem na infância, adolescência e vida adulta. Seguimos assim: sempre voltam para casa com dúvidas e percepções. Então, orientamos para desenvolver o autoconhecimento, autocontrole, automotivação, empatia, resiliência, respeito ao diferente, pensamento crítico, capacidade de resolver problemas, comunicação, flexibilidade. E ainda temos um grande caminhar porque nossa responsabilidade na parentalidade é contínua.

RESILIÊNCIA, APRENDIZADO E EMPATIA

Um vencedor é um sonhador que nunca desiste.
NELSON MANDELA

Nos próximos capítulos, abordaremos as *soft skills* de resiliência, aprendizado e empatia, que são tão importantes para que a criança se torne um adulto que não desiste fácil, que aprende com os erros e acertos e que procura sempre se colocar no lugar do outro, buscando sentir e compreender a dor que o outro está sentindo.

A resiliência é a nossa capacidade de resistir, lidar e superar as adversidades.

Já o aprendizado, também conhecido no mundo corporativo como *lifelong learning*, é o desejo de aprender todos os dias e de forma contínua, pois a felicidade está na jornada e não no destino.

A empatia é a nossa capacidade de detectar, perceber, compreender e responder aos sinais emocionais do outro. É, de fato, a capacidade de se colocar no lugar do outro, alinhado com os seus sentires.

Relacionamos essas três *soft skills* neste capítulo, pois, para um desenvolvimento integral da criança, é necessário que o olhar do adulto para as situações do dia a dia seja integrativo e, assim, estimule a criança a ser resiliente, empática e estar sempre em processo de aprendizagem.

Vamos compartilhar, agora, alguns conhecimentos em relação ao desenvolvimento infantil e às descobertas da neurociência – referentes ao desenvolvimento do cérebro – para que possamos compreender qual o papel do adulto na relação e no estímulo para a conquista dessas *soft skills*.

As crianças até cinco anos de idade não possuem, ainda, o desenvolvimento da área do cérebro capaz de controlar um impulso ou um desejo. Essa área, denominada córtex pré-frontal, inicia seu desenvolvimento entre cinco e sete anos de idade e ela se desenvolverá até a sua maturação, por volta dos 25, 30 anos. Portanto, as crianças vão apresentar dificuldades em serem resilientes e empáticas às dores ou ao desejo do outro em razão do momento em que estão no desenvolvimento.

O adulto tem papel fundamental nesse momento, pois é o guia da relação com empatia. Ao compreender as etapas de aprendizagem da criança, o adulto pode auxiliar e favorecer a arte de transitar nas relações sociais e interpessoais, estimulando a autonomia, o pertencimento e o convívio pacífico na vida coletiva. Nos próximos capítulos, você verá como conduzir de forma assertiva essas situações e auxiliar as crianças que convivem com você. Afinal, a família é a primeira escola de relações interpessoal e intrapessoal.

Lucedile Antunes e Beatriz Montenegro

16

RESILIÊNCIA, APRENDIZADO E EMPATIA

EM AMBIENTES DE APRENDIZAGEM

Trabalhar para que as crianças se tornem *lifelong learners*, resilientes e empáticas, implica trazer esses atributos para a nossa própria formação. Requer o exercício autêntico da nossa identidade numa jornada de vida também em processo. Com isso em mente, a ideia deste capítulo é refletirmos juntos sobre como fazer o percurso com intencionalidade, a partir de nós, na formação dos pequenos que educamos.

ANDREA CIANFLONE ZACHARIAS DE ANDRADE

Andrea Cianflone Zacharias de Andrade

Contatos
andrea@zacan.com.br
LinkedIn: Andrea C Z Andrade
Instagram: @andreaczandrade
12 99617 7400

Educadora por formação e por paixão. Mestre em educação pela Pontifícia Universidade Católica de São Paulo (PUC-SP). Graduada em Pedagogia, com pós-graduação em Gestão de Recursos Humanos, atua há mais de 30 anos na área da educação. Foi uma das fundadoras da Sphere International School, em São José dos Campos, onde atuou na direção até 2019. Possui diversos cursos de aperfeiçoamento em educação e gestão no Brasil e no exterior. Entre 2009 e 2015, fez parte de conselhos, comissões e projetos vinculados à Secretaria de Educação de São José dos Campos. É membro do conselho deliberativo da Associação Corredor Ecológico e, desde 2020, tem se dedicado ao aprofundamento de estudos e projetos direcionados à educação para o desenvolvimento sustentável. Mantém, ainda, atuação na gestão estratégica de empreendimentos nas áreas de educação e alimentação. Casada há 30 anos com Renato e mãe do Felipe e do Pedro.

Resiliência, aprendizado e empatia para quê?

Competências socioemocionais têm sido o termo mais utilizado em educação quando abordamos *soft skills*.
Inúmeros documentos de referência nacional e internacional consideram as competências socioemocionais parte do conjunto das principais competências para a educação.

Para citar apenas alguns, o relatório sobre Educação para o século XXI (UNESCO, 1998) fundamentou "aprender a conhecer, aprender a fazer, aprender a conviver e aprender a ser" como os quatro pilares fundamentais para a educação ao longo da vida, ou *lifelong learning*. Em 2015, a Organização para Cooperação e Desenvolvimento Econômico (OCDE) publicou o relatório Competências para o progresso social - o poder das competências socioemocionais, sintetizando três anos de pesquisa sobre o tema e apresentando um conjunto de competências socioemocionais integradas às cognitivas. No Brasil, o Ministério da Educação definiu dez competências gerais, cognitivas e socioemocionais, para a educação básica (MEC, 2017).

Resiliência, empatia e aprendizado ao longo da vida fazem parte do conjunto de competências socioemocionais combinadas às acadêmicas. Além disso, com o auxílio da neurociência, hoje sabemos que para ajudar a criança a desenvolver um *cérebro integrado* (SIEGEL, BRYSON, 2019), precisamos ajudá-la a desenvolver resiliência e empatia.

Para desenvolver resiliência, precisamos andar de braços dados com uma mentalidade de crescimento, de desenvolvimento. Precisamos acreditar no potencial de cada criança, bem como nossa capacidade e responsabilidade em ajudá-la em sua jornada, da forma mais positiva possível.

Segundo Dweck (2017), isso significa aprender e ajudar a aprender em substituição a julgar e ser julgado, assumindo o compromisso com a mentalidade de crescimento, em oposição à mentalidade fixa. Ou seja, todo desafio, toda dificuldade, todo erro visto como oportunidade de crescer, de aprender e de se desenvolver.

Como educadores, nosso compromisso está em conectar o conhecimento, o pensamento científico, crítico e criativo com a disposição mental para aprender continuamente; empatia para respeitar e fazer-se respeitar; e a resiliência, para uma vida com autonomia e responsabilidade. Essa é a nossa resposta. Esse é o contexto que fundamenta a prática intencional com a criança.

Caleidoscópio interno

Para ajudarmos a criança a desenvolver essas competências, precisamos girar o nosso próprio caleidoscópio interno de modo a perceber nossas crenças, valores e como integramos, intencionalmente, resiliência, aprendizado e empatia no dia a dia com os pequenos. Precisamos começar por nós.

Se você escolheu ler este livro, já está numa jornada de aperfeiçoamento contínuo ou tem interesse pelo tema no contexto da formação da criança. Que tal continuar a perceber as cores e formas do seu caleidoscópio interno?

A nossa competência nas *soft skills* dependerá da fase de vida, do momento pessoal e profissional, das experiências anteriores, das referências e dos mentores que nos orientam, das ferramentas de autoconhecimento, autogestão, comunicação e busca individual por desenvolvimento, combinando *hard* e *soft skills* na prática, ao longo da vida.

Por isso, sugiro começarmos por uma primeira rodada de perguntas como ponto de partida.

De que forma você percebe o seu pensamento em relação às *soft skills* abordadas aqui? Você se considera um *lifelong learner*? Como você lida com seus problemas, desafios, erros e frustrações? Você se considera uma pessoa aberta para aprender, resiliente e empática?

Consegue pensar em evidências para trazer concretude às suas respostas? Consegue pensar no próprio percurso de desenvolvimento nessas três *soft skills* ao longo da vida?

Ainda adolescente, sofri uma queda violenta de um cavalo num passeio com meu irmão, um ano mais velho. O cavalo parou e eu voei. Depois de perceber que ainda estava viva e sem nenhum arranhão, levantei chorando, com um turbilhão de sentimentos e morta de medo de montar novamente.

Meu irmão permanecia perto, observando a minha explosão. Perguntou se eu estava bem, deixou o cavalo amarrado, foi buscar o meu animal e o trouxe até a mim. Apavorada, disse que não montaria de novo, em hipótese alguma. Ele fez uma pausa, olhou para mim com ar bem sério e disse algo como: "Olha aqui, eu sei que você se assustou, mas ainda bem que não aconteceu nada. E você vai montar sim! E vai montar agora! E vai mostrar quem está no comando aqui. Você é capaz", ou algo assim. Foi o que eu entendi. "Por que se você não fizer isso agora, não vai montar nunca mais, entendeu?". Enfim, eu acreditei que era capaz, montei, dominei o medo e continuei a fazer lindos e desafiadores passeios com meus irmãos e minha mãe – nossa grande inspiração para as experiências e aprendizagens na natureza, forte aliada das *soft skills*.

É claro que tive outros momentos pessoais e profissionais, nos quais tive que exercitar diferentes níveis de resiliência ao longo da minha vida, oscilando de acordo com minha experiência, autoconhecimento e autogerenciamento. A ideia é essa. Uma jornada de vida. Trouxe esse exemplo pessoal isolado apenas para esclarecer a dimensão e a importância das vivências práticas para aprendermos a ser resilientes, a ter empatia e a desenvolvermos uma atitude de crescimento que nos conduza ao entusiasmo de aprender continuamente ao longo da vida.

Não estou dizendo que alguém deva cair do cavalo, ok? Porém, desafios ou dificuldades estarão na base desse tipo de aprendizagem, apoio e mediação serão sempre determinantes. É esse o lugar que ocupamos, principalmente nos contextos de aprendizagem.

Assim, abraçando uma reflexão sobre a cultura da escola, impregnada em nós, ou dos ambientes de aprendizagem, trago uma segunda rodada de perguntas.

Será que fomos ensinados e estamos ensinando às crianças que as nossas crenças são determinantes? Que as nossas qualidades são mutáveis, capazes de serem desenvolvidas pelo aprendizado e que os erros nos ajudam a acertar, a aprender, a crescer? Que o esforço nos torna inteligentes e talentosos? Será que analisamos e permitimos que nossas crianças analisem diferentes perspectivas ou nos sentimos mais seguros em estarmos sempre certos? Será que somos perguntadores ou treinados para dar respostas? Será que estamos encantados pelo processo de aprender continuamente e tudo o que vem com ele? E, ainda, inspirando as crianças com esse encantamento?

Por fim, a terceira rodada de perguntas, dialogando novamente com a sua identidade enquanto educador.

De que forma demonstra a sua paixão por aprender o que ensina à criança? De que forma demonstra alegria de viver e o prazer por aprender com a criança diariamente? Desenvolve oportunidades e dedica tempo para mediar os conflitos entre as crianças? Quem são as suas crianças, quais são suas características e forças, interesses e desafios? Como e quando você as escuta? De que forma se conecta, percebe e lida com as emoções das crianças? E com os erros?

Aproveitar as três rodadas de perguntas como reflexão inicial pode ajudar a ampliar as perspectivas e possibilidades para a sua mediação com a criança, obtendo clareza de suas forças e dos desafios que deseja abraçar.

"Caímos do cavalo" ao longo da nossa jornada nos diferentes contextos da vida. O lado positivo disso está em saber que, na maioria das vezes, é justamente no enfrentamento a problemas, dificuldades e desafios que temos as maiores oportunidades de trabalhar e desenvolver essas *soft skills*. Mas precisamos estar receptivos.

Comportamento comunica

Lá vem, esbaforido e furioso, um aluno de seis anos na minha sala. Foi trazido pelo monitor que o acompanhava no parque, onde estava com sua turma, a professora e uma professora assistente. Ouvi o relato do monitor sobre o ocorrido, percebendo a indignação da criança crescer. Agradeci ao monitor e permaneci com a criança na minha sala.

Ofereci água e pedi que respirasse, procurando acalmar a mente e o coração. Falei que eu estava lá para escutá-la, antes de mais nada.

Ela bebeu água rapidamente, ávida por falar. Reforcei que eu estava ali para escutá-la, mas pedi, novamente, que parasse um instante para respirar e se acalmar, que se sentiria melhor, e eu precisava que ela estivesse mais tranquila para conversarmos. O menino concordou e seguiu a orientação, começando a respirar, enquanto tomava um gole ou dois de água.

Peguei uma folha de papel em branco, lápis de desenho e de cor, colocando-os sobre a mesa, pedindo para que ele desenhasse a situação e organizasse suas ideias antes de me contar o ocorrido. Depois de alguns minutos, ouvi o menino dizer: "Pronto! Acabei.", levantando a folha de papel quase toda tomada por desenhos feitos com lápis preto. Pedi que me contasse o que ocorreu a partir do desenho e comecei a escutar atentamente.

"Sabe, eu tava lá no parque, sentado aqui, em cima do escorregador, onde tem a casinha. E eu tava lá, sozinho, porque, às vezes, eu fico nervoso, sabe? Mas eu tava lá sozinho, na minha, brincando com areia. De repente, veio a fulaninha e pegou a pá da minha mão, sem nem pedir. Aí não tá certo, né?"

A criança fechava os punhos das mãos e pressionava fortemente os lábios, chegando a ficar vermelha. E continuou: "não tá certo. Foi isso, aí eu joguei areia no rosto dela e caiu no olho. E ela começou a chorar, toda coitadinha, e aí eu vim parar aqui. Mas ninguém viu que ela fez isso e o monitor me trouxe aqui pra falar com você".

Depois de escutá-lo, atentamente, sem interrompê-lo, apenas confirmando entendimento com a cabeça, comecei a parafraseá-lo.

À medida que eu confirmava o que havia escutado, o menino foi mudando sua fisionomia. Era como se eu pudesse ler seus pensamentos: "você está me entendendo", "você está acreditando em mim". Quando eu cheguei na parte em que a menina pegou a pá da mão dele, sem nem pedir, falei "aí você ficou irritado, com raiva..."

A criança paralisou por alguns segundos, olhando para mim, um tanto assustada, como se estivesse querendo perguntar: "Mas eu posso sentir isso?". E disse: "Isso, isso. Eu senti isso, porque eu estava certo, né? Não foi justo!".

A partir daí, reconheceu o seu percurso, o movimento da outra criança, pensamos juntos na intenção tanto dele como da outra criança, em como ele se sentiu, como a outra criança devia ter se sentido, em outras maneiras de lidar com esse tipo de ocorrência e a sugestão dele para "arrumarmos" a situação.

Como auxiliar a criança a desenvolver essas habilidades?

Qual foi o caminho percorrido no exemplo compartilhado?

Ajudar a criança a restabelecer o equilíbrio ou o necessário para conseguirmos avançar; escutar atenta e ativamente; compreender sem julgar; ajudar a criança a expressar as emoções, a nomear as emoções e a pensar em alternativas para esse tipo de situação no futuro.

Atenção! Compreender não significa aceitar. É preciso deixar os limites claros e compor demais estratégias e ações para dar continuidade à situação com todos os envolvidos, convocando a tão importante parceria entre escola e família, pensando no ocorrido e em possibilidades para ocorrências futuras – o que foi feito no caso relatado. Considerando comportamento como comunicação, podemos perceber um comportamento desafiador como um pedido de ajuda para o desenvolvimento de algumas habilidades ainda não consolidadas.

Além das perguntas já feitas para motivar as reflexões, cuide do próprio equilíbrio e desenvolvimento; perceba, conheça e reconheça o melhor na criança; torne as competências visíveis para você e para a criança; crie uma linguagem comum entre vocês; integre práticas e rotinas estáveis; tenha uma rede de apoio na escola, entre escola e família, entre famílias e comunidade; persista, com coerência e consistência, em suas práticas.

Em geral, o desenvolvimento dessas *soft skills* encontra mais possibilidades justamente nos momentos de conflito e sabemos que a criança os vivenciará tanto na escola como em casa. Por um lado, planejaremos preveni-los; por outro, organizaremos estratégias, recursos e abordagens para ajudar a criança a lidar com o que surgir.

Lembre-se de que esse é um percurso de longo prazo. Por isso, espero que você faça essa jornada com leveza, alegria e bom humor; divertindo-se e se encantando com as cores e formas que se apresentam à medida que você gira o seu caleidoscópio e permite que a criança faça o mesmo.

Referências

DELORS, J. et al. *Educação: um tesouro a descobrir: relatório para a UNESCO da Comissão Internacional sobre Educação para o Século XXI*. São Paulo: Cortez; Brasília, DF: UNESCO, 1998.

DWECK, C. S. *Mindset: a nova psicologia do sucesso*. São Paulo: Objetiva, 2017.

ORGANIZAÇÃO PARA COOPERAÇÃO E DESENVOLVIMENTO ECONÔMICOS (OCDE). *Estudos da OCDE sobre competências*. São Paulo: Fundação Santillana, 2015. Disponível em: <https://read.oecd-ilibrary.org/education/skills-for-social-progress_9789264249837-pt#page1>. Acesso em: 04 out. de 2022.

SIEGEL, D. J.; BRYSON, T. P. *O cérebro que diz sim: como criar filhos corajosos, curiosos e resilientes*. São Paulo: Planeta do Brasil, 2019.

17

RESILIÊNCIA, APRENDIZADO E EMPATIA

EM AMBIENTES FAMILIARES

Neste capítulo, os pais aprenderão como ajudar seus filhos a desenvolverem empatia e resiliência por meio do aprendizado diário no contexto familiar. Todos somos capazes de experimentá-las – elas são engrenagens para o bom funcionamento da sociedade. Porém, é na família que as primeiras experiências de empatia e resiliência se desenvolvem, a responsabilidade dos pais e a sua atenção para esse tema são primordiais.

CAROLINE LEAL

Caroline Leal

Contatos
caroline_leal@hotmail.com
Instagram: @caroline_terapia

Psicóloga graduada pela PUC-RS (2001), especialista em Terapia de Técnicas Integradas (Instituto Fernando Pessoa, 2003); especialista em Terapia de Família e Casal (Escola Vínculo Vida, SP, 2007); mestre em Psicologia Médica pela Unifesp (2007) e com formação em Regulação Emocional Infantil (TRI, 2018). Mãe do Rodrigo, sempre foi fascinada pelo mundo infantil. Atua em clínica, há mais de 20 anos, com crianças e famílias, orientação parental e muito amor por esse trabalho tão gratificante.

Durante os meus 20 anos de trabalho, aprendi que o sintoma trazido pelas crianças que vinham para o atendimento era, na verdade, o retrato da família traduzido pelo comportamento delas. Um simples indício é como uma peça de quebra-cabeças, difícil de ser decifrada sozinha. Porém, após conhecer a família, a peça ganha seu contexto e a queixa, trazida pelos pais, se torna compreensível diante daquele modelo.

Atualmente, as reclamações que mais escuto no consultório são a necessidade de satisfação imediata dos filhos, baixa tolerância à frustração, dificuldade de autocontrole, egocentrismo e pouca percepção da necessidade do outro. Estamos falando aqui de empatia e resiliência, mas como chegar até essas emoções sem antes aprendermos a reconhecê-las e administrá-las em nosso mundo interno?

A infância é um período curto, mas repleto de aprendizados que serão levados para toda a vida. Assim como aprendemos a falar, andar, ler, escrever e tantos outros aprendizados cognitivos, também é nesse período que aprendemos a nos relacionar. Essa fase de aprendizagem não retorna mais. Poderemos melhorar, aperfeiçoar, ressignificar, mas não voltar atrás e aprender novamente.

Nossos valores, crenças e modelos familiares dizem muito do adulto que nos tornamos. Não raramente, os pacientes que atendi na infância retornam para meu consultório na idade adulta ou adolescência e me permitem ver em quem se transformaram.

Sempre que os pais me procuram pedindo ajuda para que o filho deixe de ser tão egocêntrico e se torne mais empático, pergunto, antes de tudo, como está a capacidade daqueles pais em lidar com a frustração e como é para ele exercer esse papel.

A empatia é uma emoção que deriva do amor; sendo assim, atitudes de amor para com a criança ajudam no desenvolvimento dessa capacidade; porém, muitas vezes, amar um filho é ensiná-lo a confiar em seus próprios recursos e, para isso, precisamos ajudá-lo na sua capacidade de se frustrar e retomar seu equilíbrio (resiliência).

> *Nascemos com a capacidade de empatia,*
> *mas é um botão que precisa ser ativado.*
> RENATO CAMINHA

Antes de eu perceber o outro, devo ser capaz de me perceber. A raiva é uma emoção inata, de sobrevivência, com uma função muito importante no que se refere à proteção do *self* – nós a acionamos quando nos sentimos atacados e precisamos nos defender. Porém, essa emoção, quando ativada, não nos permite notar o que está ao redor. Então, antes de se trabalhar a empatia de uma criança, é essencial ajudá-la a lidar com a raiva, a frustração.

Educar uma criança é uma tarefa difícil e de muita responsabilidade, mas podemos usar o nosso *self* como objeto de ensino para os nossos filhos. Por não sermos perfeitos, podemos usar nossas imperfeições como recurso de aprendizado para empatia e resiliência deles.

Amar um filho, incondicionalmente, é um ato primordial para uma boa base de desenvolvimento saudável de uma criança. É como se fosse o solo fértil para uma planta crescer. Porém, fazer tudo pelos filhos e esperar que retribuam com gratidão e respondam às exigências que virão de você e do mundo lá fora é enganar-se em relação ao aprendizado deles. Nascemos egocêntricos, focados em nossas demandas fisiológicas e emocionais; necessitamos de modelos e ensinamentos para nos tornarmos empáticos. Se, diante de uma pequena frustração, a criança mostra desequilíbrio extremo, pode ter certeza de que ela está longe de apertar o botão da empatia.

Gosto de usar a metáfora do barco (CAMINHA, 2018), em que a criança está no controle dele e as emoções são ondas que passam. Elas têm curto tempo de duração e, muitas vezes, precisamos aguardar que a onda passe pelo barco sem derrubá-lo. Dar o tempo necessário para que a criança perceba esse movimento das ondas, permite que ela se torne mais consciente do processo que acontece dentro de si e não a torna dependente de acessos de raiva ou choro para conseguir o que quer do outro nem tenha dificuldade de percebê-lo.

Se a criança, diante de um comportamento de agressividade em relação aos cuidadores, escuta deles que a atitude dela causou um sentimento de incômodo nos pais, e o cuidador pede que a criança dê um tempo e espere sua onda passar e só retorne a se relacionar com eles depois disso, estaremos no caminho do desenvolvimento da empatia. Em um primeiro momento, a ajudamos a lidar com a raiva de não conseguir o que queria. Quando ela conseguir se acalmar, já terá desenvolvido a primeira habilidade de se ver capaz de suportar o seu descontentamento sem deixar seu barco virar (resiliência) e, num segundo momento, abrirá espaço para que ela enxergue o outro (empatia).

Quantas vezes as crianças me contam que fizeram uma birra ou tiveram uma atitude de desrespeito em casa e que, após passar a raiva, pensam em como puderam ser tão agressivas com a mãe que sempre é tão boa e carinhosa, então se arrependem e vão pedir desculpas. Essa situação é um exemplo de que, passada a onda da raiva, conseguimos acessar outra emoção de sobrevivência: a tristeza, que tem como função nos ajudar a refletir. Quando a acessamos, somos capazes de amadurecer, ressignificar nossos valores e modificar nossas ações. Se não consentimos que nossos filhos passem por esses processos de amadurecimento, por excesso de zelo, permitiremos que permaneçam imaturos e pouco empáticos nos relacionamentos futuros.

Outro ponto de extrema importância no desenvolvimento dessas habilidades é o modelo dos pais. Crianças estão sempre atentas aos nossos comportamentos e são esponjas do que estamos ensinando com a nossa postura. Não podemos solicitar que elas não gritem se falarmos isso aos berros, ou que não batam em alguém na escola se em casa lhes dermos um tapa. Se quisermos desenvolver empatia na criança, devemos ser empáticos com ela, termos respeito pelos sentimentos dela. Qualquer habilidade que desejarmos ver em nossos filhos, precisaremos antes avaliá-la em nós mesmos. Em relação à empatia e à resiliência, devo me questionar como reajo em situações de frustração, como trato as pessoas à minha volta, como escuto meu filho. E, se eu errar como educador, não há nenhum problema nisso, posso usar essa situação como tema de aprendizagem, pedir desculpas e reconhecer meu equívoco. A criança aprenderá que somos humanos, passíveis de erros, mas que podemos recomeçar.

Costumo aplicar o teste do desenho da família em meus pacientes e percebi que há algum tempo começou a aparecer um item novo nessas ilustrações. As crianças têm desenhado os integrantes da família com seus celulares nas mãos. Qual o significado disso quando pensamos na escuta e no olhar do outro. Lembro-me de uma vez em que meu filho, com três anos de idade na época, estava tentando falar comigo enquanto eu respondia a mensagens de trabalho. Até que, num determinado momento, ele arrancou o celular da minha mão e o atirou longe me pedindo para olhá-lo nos olhos enquanto falava. Ele me deu uma lição naquele dia. Para eu escutar o outro, preciso estar inteira; caso contrário, ele não se sentirá valorizado naquela relação.

A nossa escuta permitirá que eles nos ouçam de volta. É muito importante que possamos validar as emoções de nossos filhos e, se tivermos que apontar algum julgamento, que seja quanto ao comportamento. A nossa inteligência emocional vem de nossa capacidade de expressar de forma assertiva o que sentimos. Uma criança poderá ser criticada e ter consequências em relação às suas atitudes, mas nunca quanto às suas emoções. Caso contrário, ela poderá ser reprimida em alguma emoção e terá dificuldade em aceitar esse mesmo sentimento no outro. Um exemplo disso seria a demonstração da tristeza nos meninos que, quando choram ou a expressam, são julgados pelos pais e a sociedade com frases como "homem não chora", "isso é coisa de menina", "engole o choro" e com o tempo essa emoção se torna sinônimo de fraqueza e não se permitem mais acessá-la. É muito provável que, ao se depararem com colegas sentindo tristeza, tenham uma tendência a ridicularizarem e serem pouco empáticos. Nas meninas, muitas vezes, a raiva poderá ser criticada na sua expressão e associada à "maldade", e mais tarde poderão ter dificuldade de se impor em um relacionamento abusivo. Se rotularmos as emoções perante nossos filhos, estaremos podando a capacidade de expressão e aceitação. O mesmo acontece com o medo, se o relacionarmos à fraqueza e à covardia; com o amor, se o relacionarmos ao sentimentalismo e à dependência etc. Não podemos rotular os sentimentos, pois a nossa capacidade de empatia vem do reconhecimento e da aceitação das próprias emoções para que possamos aferi-las e aceitá-las no outro. A resiliência, assim como a empatia, deriva do amor.

Há alguns anos, durante a minha formação em terapia familiar, tive a oportunidade de acompanhar o resultado de uma tese de doutorado de uma colega que conduzira importante pesquisa que identificava os fatores que diferenciavam as pessoas que passaram por situações de estresse, traumas e, mesmo assim, eram capazes de enfrentar a vida de forma segura. E havia, em todas elas, um ponto em comum: tinham tido alguém durante seu desenvolvimento que acreditou nelas. Poderia ser um professor, um tio, um amigo, uma pessoa de referência para ela, que, num ato de amor, confiou no seu potencial.

Voltando ao ponto inicial, a resiliência vem da nossa capacidade de enfrentar uma situação de estresse (frustração), nos recompormos e, a partir disso, termos confiança em nós mesmos, mas com um ato de amor junto de alguém em quem confiar (vínculo seguro).

Na minha prática profissional, me lembro de atender uma menina de 6 anos que trazia comportamentos de baixa tolerância à frustração, crises de raiva, pouca empatia com os colegas da escola e familiares. Filha única, os pais vinham de origem humilde e haviam crescido profissionalmente por mérito próprio. Planejaram ter apenas um filho para que ele tivesse de tudo e não passasse pelas mesmas dificuldades que enfrentaram. Nessa fala já podemos identificar que essa menina tinha de tudo, e os pais não permitiam que ela se frustrasse, acreditando que essa seria a melhor maneira de educá-la. O trabalho iniciou com algumas mudanças de atitudes que os pais deveriam ter toda vez que ela demonstrasse dificuldade em ouvir um "não" necessário. Desenvolvemos um calendário em que a menina pudesse anotar as situações de descontrole emocional, qual medida os pais adotaram e em quanto tempo ela relutou em aceitar as regras da casa. Os pais começaram a falar sobre como se sentiam diante das atitudes dela e, apesar de inicialmente ela não dar atenção, com o tempo, após aprender a controlar a raiva e frustração, passou a dar importância aos sentimentos dos pais e, em consequência, dos amigos da escola. Atitudes de gratidão eram valorizadas pelos pais e familiares. Primeiro, trabalhamos o autocontrole em relação à necessidade de invadir o espaço do outro em prol da satisfação imediata. Em um segundo momento, enfatizamos a percepção do outro e, por último, destacamos a realização e a valorização das necessidades, desenvolvendo gratidão.

Dez anos mais tarde, aquela menina me procurou para orientação vocacional. Impressionou-me ver a jovem sensível e empática que se tornou. A avaliação confirmou o interesse dela pela psicologia. Tenho certeza de que a base de amor incondicional e o vínculo seguro estavam presentes naquela família desde o início, mas, se os pais não tivessem modificado a forma de se relacionarem com a filha, pois se colocavam em segundo plano, ela não teria desenvolvido essa habilidade de modo tão eficaz e que agora poderá ajudar outras pessoas.

Conclusão

- Permitir que a criança experiencie o amor incondicional e confie em você (vínculo seguro).
- Criar espaço para reflexão ajudará na capacidade de se frustrar e retomar seu ponto de equilíbrio. Assim, ela estará pronta para acionar o botão da empatia.
- Usar seu *self* para expressão assertiva das emoções, "me sinto cansado", "me sinto triste", "sinto raiva", "tenho medo" e tantas outras emoções. Os filhos precisam saber que somos seres humanos e que muitas vezes erramos.
- Sempre validar a emoção da criança e, se tiver que fazer algum julgamento, que seja em relação ao comportamento dela. Exemplo: "entendo que você está com raiva de mim, eu também sinto raiva de você, às vezes, mas não pode bater em mim, xingar, quebrar as coisas. Quanto mais validada nas emoções, maior será a capacidade de aceitar as emoções do outro.
- Valorizar atitudes em que a criança faça alguma coisa por você, mostrar-se grato.
- E não esquecer de que você é o maior exemplo de inspiração. Seja um bom modelo de tudo aquilo que julgar importante para seu filho desenvolver.

Referências

CAMINHA, R. M. *Emocionário das emoções*. Novo Hamburgo: Sinopsys, 2018.

CAMINHA, R. *Educar crianças: as bases de uma educação socioemocional – um guia para pais, educadores e terapeutas*. Novo Hamburgo: Sinopsys, 2014.

18

RESILIÊNCIA, APRENDIZADO E EMPATIA

EM AMBIENTES SOCIAIS

É indiscutível o papel dos pais e da escola no aprendizado das crianças. No entanto, veremos, neste capítulo, o quanto elas aprendem com o meio onde vivem.

FLÁVIA MORAES

Flávia Moraes

Contatos
flaviacastroesilva@gmail.com
LinkedIn: www.linkedin.com/in/flavia-moraes
21 98775 2605

Professora, economista e escritora com significativa experiência na área de gestão educacional. Foi sócia e diretora da escola Os Batutinhas-Barra, diretora de Data Science da edtech Voa Educação, gerente pedagógica do Grupo Cogna e gerente de desenvolvimento acadêmico do IBMEC e Idomed no grupo YDUQS. É autora dos livros *Omnus* e *O Vírus*. Mãe de três filhos – Joana, Tomás e Daniel – grandes agentes de transformação de uma jornada de mais de 10 anos como economista e cientista de dados, com passagens pelo Departamento de Estatística de Berkeley, Banco Mundial e BNDES, para uma linda trajetória pelo mundo da educação, com ênfase no desenvolvimento das competências socioemocionais.

O meio ensina?

— Mamãe, eu machuquei meu dedinho
— Deixe-me ver, querida. Está doendo?
— Sim. Tem *sangre*.
— Hum. Estou vendo. Mas o nome certo em português é sangue.
— Eu sei. Mas eu queria falar em espanhol.

Esse diálogo ocorreu de verdade na minha casa e ele me marcou porque me pegou totalmente de surpresa. Minha filha mais velha nasceu enquanto eu ainda morava em Berkeley, na Califórnia, onde atuava como *visiting researcher* do Departamento de Estatística e o pai dela frequentava o programa de PhD em Economia.

Quando voltamos para o Brasil, a colocamos numa pré-escola internacional. Portanto, em seu ambiente formal, ela aprendia em inglês. Essa era a língua praticada pela professora na sala de aula. Por sua vez, no ambiente familiar, com pais e avós, minha filha falava português.

Esse processo é incrível e mostra na prática como funciona a neuroplasticidade do cérebro humano, especialmente nessa faixa etária. E o que quero mostrar com esse exemplo aqui da minha casa é que essa capacidade extraordinária de aprender não está restrita ao estudo formal de dentro de sala de aula, tampouco ao aprendizado familiar, tendo em vista que os pais são os primeiros professores de uma criança. Aprendemos também com nosso ambiente e com as relações sociais que construímos.

Voltando ao exemplo da minha filha. Por conta do episódio do "sangre" no dedinho, descobri que suas três melhores amigas na escola eram Fernandinha, da Colômbia; Sylvanna, da Venezuela; e Manu, do Chile. Joana ainda era nova na escola e essas meninas foram suas primeiras amizades. De brincar com elas nos intervalos, minha filha começou então a adquirir espontaneamente um novo repertório de palavras em uma terceira língua, o espanhol.

Esse fenômeno que aconteceu com ela ocorre todos os dias com crianças no mundo inteiro. Nessa escola mesmo, depois soube a história de um menino que era filho de mãe húngara, pai alemão, sendo que ele nasceu quando os pais moravam em Singapura. Como de costume, nesse tipo de situação, quando ele falava com a mãe, usava o húngaro. Com o pai, o idioma alemão. Já com a professora, na escola, empregava o inglês.

Acontece que o menininho de 5-6 anos era apaixonado por futebol. Todas as tardes, depois da escola, ele descia para jogar bola com outros meninos do seu condomínio. Em um espaço curtíssimo de tempo, o menino se comunicava muito bem em português com os colegas brasileiros do futebol, apesar de seus pais mal saberem dar "bom dia" em nosso idioma.

Tudo isso reforça a ideia de que aprendemos, sim, a partir das nossas relações sociais e do meio onde vivemos. Essa nossa capacidade praticamente nos define como seres humanos. Somos seres sociais. Desenvolvemos a capacidade de nos comunicarmos pela fala e aprendermos uns com os outros. Isso é muito poderoso e vai muito além de qualquer teoria psicopedagógica. Nascemos com a capacidade de assimilar qualquer coisa.

Que podemos nos tornar fluentes em qualquer língua quando crianças se formos submetidos a um ambiente propício, me parece claro e evidente. A partir de agora, gostaria de provocá-los sobre o que mais podemos aprender com nosso meio social para além da língua local. Ou será que nosso aprendizado se limita a conhecer uma quantidade de número de palavras novas por ano?

Um passeio no parquinho

Acredito que a experiência com minha filha ainda bem pequena, na vila dos estudantes de Berkeley, me ajudou muito a perceber o quanto o meio importa no comportamento das pessoas. Digo isso, porque

Berkeley tinha uma diversidade muito grande de culturas e pude aprender um pouco com a convivência com famílias de outros países.

Todas as manhãs levava minha filha para passear de carrinho pela vila. Fazia sempre o mesmo percurso e, frequentemente, encontrava no caminho um grupinho de crianças brincando de jogar bola. Chamou-me muito a atenção, desde a primeira vez, que, quando eu me aproximava delas, quem estivesse com a bola a segurava e parava a brincadeira imediatamente.

Eu achava aquilo incrível, pois eram crianças pequenas. Além disso, não estavam sendo supervisionadas por nenhum adulto. E eu nem chegava tão perto assim. Na verdade, elas também não tinham força para dar um chute que pudesse machucar nem mesmo um bebê recém-nascido.

O fato é que aquelas crianças tão pequenas já demonstravam níveis elevados de autorregulação, empatia e habilidades sociais, pilares fundamentais para o desenvolvimento de uma inteligência emocional, segundo o autor Daniel Goleman:

> Nossa inteligência emocional determina nosso potencial para aprender as habilidades práticas que se baseiam em seus cinco elementos: autoconsciência, motivação, autorregulação, empatia e habilidade nos relacionamentos.

Conforme Joana cresceu um pouco mais, outro tipo de situação me marcou bastante. Foi a seguinte: quando uma criança do parquinho se interessava por algum brinquedo dela e pedia para brincar, pais ou cuidadores costumavam ser muito enfáticos:

— Este brinquedo não é seu. É dela. Se ela deixar você brincar, tudo bem. Mas na hora que ela quiser o brinquedo de volta, você vai ter que devolver.

Quando ouvi esse tipo de frase pelas primeiras vezes, admito que achei muito agressivo. Pensava que aqueles pais estavam exagerando e sendo duros demais. Sentia certo desconforto e sempre respondia que a criança poderia pegar e ficar o tempo que quisesse.

Para começar, achava que as crianças eram muito novinhas. Mas, depois de um tempo, comecei a me perguntar se haveria o momento "certo" para ensinar nossos filhos. Será que os pais americanos estavam corretos em ensinar desde sempre o certo? Ou será que deveríamos esperar pelo momento mais adequado?

Bom, minha experiência pessoal como mãe acabou me convencendo de que não temos que aguardar o momento "certo", pois me parece que ele não chega nunca. Criança nenhuma nasce pronta para receber limites e ouvir um "não" como resposta. Isso nunca vai ser agradável. Imagine se deixássemos, então, a criança fazer o que quisesse e esperássemos até completar 10 anos para ensiná-la. Será que daria certo? Acredito que não... Então, de repente, baixamos de 10 para 5 anos. Será que agora estaríamos corretos? Sinceramente, acho que também não. Seguindo nessa lógica, acabei concluindo que não existe, de fato, esse momento "certo" e que precisamos ensinar desde sempre.

Mas será que faz sentido? Será que a criança entende? De acordo com as minhas leituras, o bebê está aprendendo desde a barriga. Estudos comprovam que o bebê reconhece, por exemplo, a língua nativa falada pela mãe. Então, de alguma forma, ele está aprendendo. Só que não existe mágica. O aprendizado não ocorre da noite para o dia. Trata-se de um processo que necessita de repetição e reforço, sendo, nesse caso, pelo meio social, praticamente todas as manhãs quando a criança vai no parquinho interagir com os colegas.

Então, tudo bem. Vamos trabalhar com a hipótese de que a criança seja capaz de aprender, sim, desde pequena na sua relação com o meio social. Mas será que essas lições não são duras demais? Será que ela não vai ficar traumatizada de receber limites assim tão cedo? Será que falta um pouco de empatia por parte desses pais e cuidadores?

Aprendendo sobre empatia e resiliência

Minha observação desse mesmo tipo de situação em parquinhos, aqui no Brasil, era de que pais e cuidadores buscavam ser menos rígidos. Uma solução comum era distrair o dono do brinquedo e deixar a criança pegar o brinquedo do outro. No dia seguinte, a mãe ou a babá devolvia o brinquedo para a mãe ou a babá do dono. E, de alguma forma, todos ficavam felizes: pais, mães, cuidadoras e crianças.

Eu sei que esse tipo de solução é bastante atraente, pois evita que as crianças chorem. Lá no parquinho nos Estados Unidos, a dona do brinquedo podia dizer simplesmente "não" ou pedir o brinquedo de volta. Aí pronto. Vem aquela choradeira. Não é muito melhor dar um "jeitinho" para nada disso ter que acontecer? Não é falta de sensibilidade e de empatia deixar uma criancinha chorar desnecessariamente?

Por mais cruel que isso possa parecer, a resposta é não. Dizer *não* e impor limites não podem ser encarados como falta de empatia. Pelo contrário. Pais e responsáveis que sabem a hora certa e a entonação correta de dizer "não" para as crianças educam duplamente: impedem que nada fique confuso, nebuloso, enfim, que entendam com clareza o que está sendo dito. E, desde cedo, ensinam a elas o que o advérbio de negação significa. Explicar o motivo da negativa é importantíssimo e é um dos preceitos da educação positiva.

Mas voltando ao que lhes relatei, acho que qualquer pessoa concordaria que as crianças do exemplo da Vila de Berkeley, que paravam a bola toda vez que viam uma mãe se aproximando com um carrinho de bebê, são um modelo de empatia, certo?

Honestamente, essas crianças não ficaram assim fazendo tudo o que querem. Muito pelo contrário. Elas têm uma clareza enorme onde terminam seus direitos e onde começam os direitos do outro. Enxergar esses limites tão bem definidos de até onde podem ir é que as tornam altamente empáticas.

Com base nesse comportamento — se não soubesse nada sobre a origem das crianças —, você chutaria que elas frequentaram o parquinho dos pais e cuidadores "cruéis" que deixavam claro que o brinquedinho não é delas e que vai ter que devolver quando o dono quiser ou frequentaram o parquinho dos pais e cuidadores "empáticos" que pegavam o brinquedo de um e entregava para o outro sem o dono ver e depois devolvia quando pudesse para evitar que alguém chorasse ou ficasse triste?

Sei que é difícil mesmo. Mas não tem jeito. A verdadeira lição de empatia está no parquinho que diz *não*. Porque é lá que a criança está aprendendo a se colocar no lugar do outro. É lá que ela está vendo que suas necessidades não podem ser atendidas sempre e que os outros têm necessidades também.

Além de empatia, estão assimilando conceitos sobre resiliência, que é uma habilidade muito importante na formação de qualquer criança. Na engenharia, chamamos de resilientes os materiais que conseguem facilmente retomar a seu estado normal, depois de terem sido submetidos a certa pressão. Na vida, pessoas resilientes são mais capazes de se recuperar de adversidades e dar a volta por cima.

Dado que resiliência tem a ver com nossa capacidade de lidar com dificuldades, no parquinho que ninguém ouve "não" me parece improvável que esse ambiente seja capaz de produzir crianças mais resilientes. Ali, na medida do possível, os pais e cuidadores estão buscando poupar as crianças de terem que sofrer contrariedades.

Então, pergunto novamente: o que você acha das crianças que interrompem a brincadeira para uma mãe passar? Você não acha que é necessária uma boa dose de resiliência para suportar a frustração de ter que parar a brincadeira no meio só para garantir que não vai incomodar a mãe e o bebê recém-nascido?

Em resumo, o ambiente ensina muito. Crianças aprendem todos os dias com seus pares. Não só no que diz respeito a habilidades cognitivas – como aprender uma língua ou aprender as regras de um jogo – mas também habilidades sociocomportamentais, como serem resilientes e empáticas. Demonstrar gentileza e solidariedade. Construir relações sociais significativas e saudáveis, principalmente com nossos exemplos. De nada vale dizermos "não faça isso ou aquilo", se não agirmos dessa forma, não é verdade?

Conclusão

A seguir, destaco os principais pontos para reflexão:

- Crianças aprendem não só na sala de aula ou na sua casa, mas também nos ambientes que frequentam;
- Crianças podem assimilar com seus colegas habilidades cognitivas e também sociocomportamentais;
- Ambientes que estabelecem limites claros são mais propícios a produzir crianças resilientes e empáticas;
- Estabelecer limites NÃO é falta de empatia ou de insensibilidade;
- Dificilmente uma criança vai aprender a ser resiliente sem nunca ouvir um "não".

Referências

BIDDULPH, S. *Criando meninos: para pais e mães de verdade*. Curitiba: Fundamento, 2014.

DUCKWORTH, A. *Garra: o poder da paixão e da perseverança*. Rio de Janeiro: Intrínseca, 2016.

DWECK, C. S.; DUARTE, S. *Mindset: a nova psicologia do sucesso*. Rio de Janeiro: Objetiva, 2017.

GOLEMAN, D. *Inteligência emocional: a teoria revolucionária que redefine o que é ser inteligente*. Rio de Janeiro: Objetiva, 2001.

HIRSH-PASEK, K.; GOLINKOFF, R. M.; EYER, D. E. *Einstein teve tempo para brincar*. Rio de Janeiro: Guarda-chuva, 2006.

SIEGEL, D. J.; BRYSON, T. P. *O cérebro da criança*. São Paulo: nVersos, 2015.

TIBA, I. *Quem ama, educa*. 2. ed. São Paulo: Gente, 2007.

COLABORAÇÃO E COOPERAÇÃO

Se quiser ir rápido, vá sozinho.
Se quiser ir longe, vá em grupo.
PROVÉRBIO AFRICANO

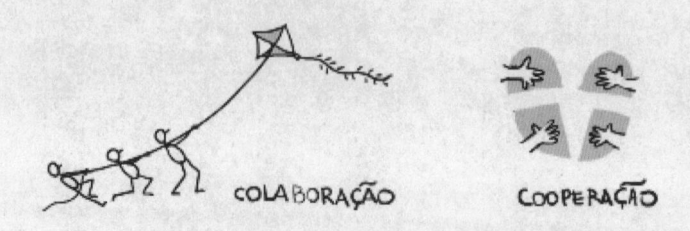

Nosso desafio nestes próximos capítulos é diferenciar duas *soft skills* bem importantes: cooperação e colaboração, para que, dessa forma, você possa compreender quando cada uma acontece e qual a sua abrangência.

A proposta é trazer exemplos do dia a dia, mostrando quando a criança está modelando a cooperação e quando está modelando a colaboração.

Por exemplo: sabemos que no ensino remoto, o EaD, as crianças tiveram ganhos importantes como o letramento digital, mas viveram essas duas *soft skills* de formas muito inovadoras, porque, historicamente, acreditávamos que para experienciar a colaboração e a cooperação tínhamos que estar juntos fisicamente, e todos nós fomos forçados a ressignificar essa experiência. Agora, para esta e as futuras gerações, a experiência da não presença física já foi sucumbida e sabemos que, sim, é possível desenvolver cooperação e colaboração nesse ambiente.

Podemos dizer que a criança que for provocada a modelar essas *softs skills* no ambiente digital, intencionalmente, terá um ganho significativo em seu desenvolvimento global.

A intenção fará toda diferença. Já que a criança, assim como o adulto, é incentivada para a colaboração e trabalho em equipe. No entanto, ela ainda é incapaz de atingir o resultado desejado, por não diferenciar o comportamento cooperativo do comportamento de colaboração. Muitos gestores são cooperativos e estão dispostos a compartilhar informações. Mas o que geralmente faltará é a habilidade e flexibilidade para alinhar objetivos e recursos, considerando prazos.

Ser colaborativo envolve mais do que compartilhar informações, é estar presente. Isso é cooperação. A colaboração acontece quando todos estão envolvidos no processo de criação de algo relevante, como a resolução de um problema complexo.

Compartilhando seus pontos de vista, conhecimentos, doando seu tempo e, mais importante, focando no resultado como um benefício para o todo. Ou seja, todos estão intimamente implicados com o TODO.

Nosso convite é levar você a compreender como, em diferentes ambientes, essas duas *soft skills* podem ser potencializadas no universo infantil, e conseguir identificar as múltiplas possibilidades trazidas pelos nossos autores e autoras, que narram de maneira leve, assertiva e com uma curadoria de quem vive diariamente essa tarefa – de estar atento às oportunidades –, e, de uma forma cirúrgica e intencional, atuam para ampliar o universo de experiências relevantes da criança.

Lucedile Antunes e Beatriz Montenegro

19

COLABORAÇÃO E COOPERAÇÃO

EM AMBIENTES DE APRENDIZAGEM

Aprender a partir de experiências que fazem sentido é resultado das trocas significativas com o outro, da participação ativa ou autoral durante o processo de aprendizagem. Propomos, aqui, mostrar como é possível desenvolver essas *soft skills*, com projetos educacionais que compreendam a criança como protagonista, capaz de participar e cooperar, como o centro do processo de desenvolvimento.

**FABIANA RADOMILLE
GONÇALVES DE OLIVEIRA**

Fabiana Radomille Gonçalves de Oliveira

Contatos
www.avivaescolainfantil.com.br
fabiana@avivadi.com.br

Pedagoga graduada pela Universidade de São Paulo (USP/2006), com cursos de especialização em Educação Matemática na Educação Infantil (UNICAMP) e Gestão e Formação em Educação Infantil pelo Instituto Vera Cruz (SP). Atua há mais de 15 anos na área da educação, tendo experiência com docência, administração escolar e gestão escolar. Desde 2013, atua como sócia da rede de escolas de Educação Infantil - AVIVA Desenvolvimento Infantil, como responsável pela gestão pedagógica da rede. A AVIVA é uma escola especialista na primeira infância, que nasceu com a missão de levar profissionalismo, qualidade e acolhimento para as crianças e famílias. Iniciou sua história em 2008 com uma unidade e, atualmente, a rede possui cinco unidades concentradas na região sul de São Paulo (Vila Clementino, Moema, Brooklin e Klabin) e na cidade de São Bernardo do Campo.

Por que algumas pessoas conseguem explorar melhor as suas potencialidades? São características inatas? São favorecidas pelo meio em que estão inseridas? Por que percebemos, cada vez mais, que a inteligência não é garantia de ótimas realizações?

Para pensar essas perguntas, a partir do olhar pedagógico, resgatarei o pensamento do psicólogo social Lev S. Vygotsky, que defendia a importância da interação com o meio para o desenvolvimento do indivíduo. Isso significa que as crianças aprendem na relação com o outro. As crianças fazem imitações com frequência, não apenas do gestual do adulto e da linguagem, mas também das reações que os cuidadores têm diante das situações. Esses aspectos vão nos contando sobre a importância da interação no contexto do desenvolvimento.

Se refletirmos sobre toda a riqueza — invisível aos olhos — que acontece em uma relação entre duas pessoas ou mais, fica fácil perceber que se trata de algo que está muito além dos aprendizados objetivos. Sim, estamos falando de habilidades importantes no trato com emoções, para lidar com as pessoas, construir redes relacionais, fortalecer recursos frente a situações áridas ou inesperadas. As chamadas *soft skills* são fundamentais para favorecer essas potencialidades subjetivas desde a infância. Eu diria que essa fase é uma janela fundamental de oportunidades para desenvolvê-las. Isso porque as crianças estão abertas a assimilar experiências consigo e com o mundo. São curiosas, espontâneas, e isso promove um terreno fértil para o desenvolvimento do ser humano em sua integralidade.

Pensando, a partir da minha experiência como diretora pedagógica de escolas especializadas na primeira infância, entendo que o desenvolvimento depende da participação ativa da criança em todo seu contexto. Segundo Vygotsky, a criança deve ter autonomia para fazer proposições a partir de um conhecimento que já adquiriu e que é valorizado pelo grupo. Da mesma forma, ela pode ampliar seus saberes e amadurecer as suas funções a partir da resolução de problemas em parceria com o outro, um professor ou colega. Assim, a colaboração e a cooperação são as *soft skills* que escolhemos abordar.

A cooperação é um valor importante que norteia a sociedade e seu funcionamento. Tente lembrar alguma situação em que leu ou executou algo, de forma automática, sem verdadeira interação com aquele conteúdo, apenas "introjetando" informações. Geralmente, esses processos ficam prejudicados e esquecidos. Isso acontece porque aprendemos a partir de experiências que fazem sentido, que nos mobilizam afetivamente e que nos permitem colocar algo de nós. E para que esses fenômenos aconteçam, precisamos estabelecer trocas significativas com o outro, ou participar de forma ativa ou autoral durante o processo de aprendizado.

O psicólogo e biólogo Jean Piaget diferenciou esses dois conceitos: a colaboração prevê trocas entre os pares, não necessariamente na direção de um objetivo comum. Já a cooperação, mais elaborada, anuncia uma ação conjunta com operações de correspondência, reciprocidade ou complementaridade. Nesse caso, a criança já começa a ter consciência da ideia de grupo, age conscientemente nesse fluxo e pode sentir satisfação por cooperar com o todo. Em palavras mais simples, podemos dizer que a criança desenvolve o "espírito de equipe".

Vamos enunciar duas situações, sendo uma de colaboração e outra de cooperação.

Piaget, ao descrever os estágios de desenvolvimento, notou que a criança em suas duas primeiras fases, a sensório-motora e a pré-operatória, não realiza muitas trocas sociais, porque ainda está numa perspectiva individualista. Isso é facilmente observado em crianças bem pequenas, que brincam lado a lado, quando, algumas vezes, colaboram, mas ainda não cooperam de fato.

Se pensarmos nas brincadeiras no tanque de areia, podemos perceber a variedade de significados que são despertados. As crianças começam com sensações táteis, sentindo a textura da areia, observam seu movimento e sua capacidade de se aglutinar em "pequenos montes" ganhando forma. Nesse momento, as crianças ainda brincam individualmente. Com o amadurecimento, elas começam a relacionar os formatos daqueles "pequenos montes" com elementos que, agora, conhecem e fazem parte do seu repertório: as comidinhas, as bolinhas, as casinhas, os castelos etc. Essas percepções levam-nas a se engajarem nos jogos simbólicos. Nessa fase, já se nota o aparecimento da linguagem. Em algum tempo, essas "comidinhas" serão oferecidas para o amigo e, agora, a graça estará em imaginar junto. Vemos inaugurar, aí, o brincar coletivo que cultivará as bases das relações da vida adulta.

Essas interações iniciam a colaboração, as interações isoladas, sem uma estruturação ou ideia de grupo. É com o passar do tempo, em um ambiente facilitador, que as crianças poderão reconhecer a perspectiva do outro e começar a estabelecer interações mais significativas da cooperação.

Como explorar a cooperação no ambiente escolar?

Essa é uma pergunta que escuto com frequência. Eu sempre costumo dizer que a cooperação é uma habilidade prática e não teórica. Nos ambientes escolares, a cooperação deve estar na essência de tudo o que fazemos e como fazemos, e não restrita às atividades propostas, aos momentos de discussão sobre o tema ou em exercícios guiados. Ao contrário, ela estará presente no contexto e nos vínculos: nos momentos de lavar as mãos durante o lanche, enquanto os alunos se locomovem entre uma sala e o parque. Ela consiste na participação genuína da criança no grupo e em todo o processo. Como diretora pedagógica, proponho esse desafio para minha equipe: fortalecer os projetos educacionais que compreendam a criança como protagonista, capaz de participar e cooperar, sendo ela o centro do seu processo de desenvolvimento.

É possível incluir as crianças no planejamento? Elas estão preparadas para construir conhecimento em grupo? Essa ideia funciona na prática? Essas são algumas perguntas pertinentes e compartilharei a minha experiência para ilustrar como, além de possível, isso é muito bem-sucedido.

Primeiro, começo com uma observação sobre quando iniciar o projeto pedagógico no calendário letivo. O primeiro mês de aula pode ser um período de observação, quando a professora tem tarefas como: conhecer a sua turma, perceber as diferentes fases em que as crianças se encontram, individualmente e em grupo, acolher as vivências que elas trazem de casa etc. Como fazer isso? Uma proposta seria por meio da criação de ambientes lúdicos, utilizando diferentes recursos, para produzir cenários de interesse. Se estimuladas a brincarem e explorarem esses espaços, as crianças, como seres curiosos, e os adultos, como ouvintes atentos, revelarão os temas que despertam mais curiosidade. Feito isso, o contexto que despertou maior interesse é eleito como ponto de partida. A partir dessa escolha, a equipe pode propor a intenção de projeto que se desdobrará. É importante dizer que esse tema é o ponto inicial de um percurso vivo que produzirá novas perguntas e assuntos que surgirão a partir dele.

Vou compartilhar uma proposta de um projeto do Grupo 5, composto por crianças de 4 a 6 anos. Aqui, já estamos numa fase de desenvolvimento que nos possibilita falar em cooperação, não apenas colaboração, visto que as interações são estruturadas, baseadas em vínculos fortes, mais estruturadas em torno de objetivos comuns da turma.

O projeto iniciou o ano sem um nome. Visto que não temos pressa para dar formato a ele, gostamos de costurar essa malha de conhecimento aos poucos. Depois, ele veio a se chamar "Revoada". Contextos foram criados, como *habitat* de floresta, cenário de escritório, entre outras, para que a professora percebesse o interesse principal da turma. Contudo, as crianças estavam muito intrigadas por um lindo bem-te-vi que visitava o parque diariamente. Elas o apelidaram carinhosamente de Barrigudinho. Como o retorno das aulas presenciais era recente e as crianças conviveram pouco com o ambiente externo, dado o isolamento, observamos um interesse genuíno pela visita daquela manifestação de liberdade e de natureza. A visita de um pássaro, que outrora parecia algo simples, agora, simboliza importantes afetos e elaboração de um tempo de restrições em função da pandemia.

Uma atividade proposta pela professora os desafiou a juntarem as partes do corpo da ave, feitas de papelão, e a criarem um ninho.

Durante a realização, levantaram perguntas sobre o modo de vida da ave, tais como: alimentação, moradia, proteção, locomoção e compararam com os seus próprios modos de vida: "Eu acho que todos os pássaros comem pão igual ao Barrigudinho", "Eu acho que eles comem minhoca também", "Será que eles usam cobertor quando sentem frio?", "Eu nunca vi um passarinho com cobertor", "Eles se cobrem com palha, não é?".

A professora trabalhou como intermediadora dessas investigações. Como estamos num contexto em que as informações estão à nossa disposição, em diferentes fontes, a professora desenvolveu novas habilidades, como garantir que eles aprendam a acessar o conhecimento, investigar qual fonte de informação é confiável, relacionar o conhecimento obtido com outros temas, desenvolver senso crítico e favorecer a postura criativa.

A partir da observação do bem-te-vi, as crianças se perguntaram sobre a alimentação de outras aves. O projeto ganhou, então, uma nova etapa de investigação: os peixes. Investigações sobre como eles vivem no oceano, ao lado de outros animais marinhos, quais seus modos de vida etc.

Dessa forma, o projeto, que é vivo, deu suporte ao levantamento de hipóteses e à construção do conhecimento de forma significativa, já que cada criança trouxe seus processos investigativos para compor essa aprendizagem cooperativa. Nesse contexto, as crianças acolheram a perspectiva do outro, conciliaram seus conhecimentos, defenderam seus pontos de vista, suportaram a frustração, conviveram com a alteridade e trabalharam em equipe. A turma levou essas investigações para suas casas e começaram a trazer materiais. Isso demonstrou o que denominamos "iniciativa cooperativa", pois as famílias e a escola estavam cooperando para ampliar o repertório de conhecimento das crianças.

Esse projeto foi viabilizado, porque a professora teve uma escuta genuína, o que favoreceu para que as crianças ocupassem o centro desse processo de desenvolvimento durante todo o percurso. Nessa oportunidade, a professora teve um papel fundamental, porque ela fez uma composição entre os contextos e as vivências que proporcionaram a aprendizagem. Chamo aqui de escuta a escuta ativa, ou seja, esse tipo de escuta que acontece entre a criança que fala e o adulto que a ouve, possibilitando maior aproximação entre eles.

Entendo que, para além das atividades, a cooperação está nas relações. Na minha visão, está nos afazeres simples e rotineiros, promovendo a assimilação desse recurso como ponto forte para ser usado em situações mais complexas, quando necessário. Percebo que, ao longo dos anos da educação infantil, as crianças internalizam essa habilidade e a usam assertivamente diante das mais diferentes situações. Ajudar, participar, fazer junto e, por outro lado, receber algo que vem do outro é visto como algo natural e positivo, não como algo imposto ou ameaçador. Geralmente, adultos explosivos, autoritários, inflexíveis ou que agem com violência não encontram recursos internos para lidar com o outro como um parceiro, com vínculo positivo e tolerância à alteridade. Pessoas cooperativas possuem mais recursos internos e relacionais para empreender desafios, explorarem oportunidades e se beneficiarem das situações, favorecendo as boas realizações. As crianças que têm a oportunidade de se desenvolver num meio de cooperação desse modelo terão sempre esse olhar disponível e não precisarão recorrer a racionalizações para responder de forma cooperativa. Isso será feito intuitivamente.

Fique atento para

— Aprimorar a sua escuta ativa com as crianças;
— Valorizar o repertório prévio das crianças;
— Não dar respostas para as crianças e, sim, elaborar boas perguntas;
— Valorizar a cooperação nas pequenas rotinas e nos hábitos cotidianos;
— No ambiente escolar, prefira trabalhar com projetos que contem com a cooperação das crianças, considerando seus interesses e repertórios.

Referência

CERQUEIRA, T. C. S.; SOUSA, E. M. *(Con)textos em escuta sensível*. Brasília: Thesaurus, 2011.

20

COLABORAÇÃO E COOPERAÇÃO

EM AMBIENTES FAMILIARES

Neste capítulo, você verá como pequenas mudanças em seu dia a dia, por meio de atitudes positivas em seu lar, podem evitar longas discussões e manter a harmonia em casa.

JOSANA LAIGNIER

Josana Laignier

Contatos
josanassoares@yahoo.com.br
Instagram: @pediatramaededois
11 94464 0180

Médica graduada pela Universidade Federal de Juiz de Fora (MG), pediatra pela Universidade Federal de Minas Gerais. Educadora parental em Atuação Consciente pela Escola de Educação Positiva. Certificação internacional em Apego Seguro - API. Apaixonada por atender e ajudar crianças em qualquer situação de saúde ou doença há mais de 10 anos. Casada com Rafael, mãe do Bernardo (5) e do Lucas (3), que são minha inspiração para estudar, cada dia mais, sobre as relações familiares e o comportamento na infância. E foi nessa vivência diária com duas crianças sob o mesmo teto que me apaixonei mais ainda pelo desenvolvimento infantil de forma integral.

É prazeroso imaginar um lar onde há colaboração entre as pessoas para que tudo ocorra em harmonia. Quando isso acontece, há menos estresse, perde-se menos tempo com brigas e discussões. Mas como conseguir que as crianças colaborem em um ambiente familiar?

Antes de entender como ajudá-las a cooperar, convido você a aprender como o cérebro delas funciona.

Compreendendo o cérebro infantil

O cérebro da criança, desde o período intrauterino, sofre diversas modificações. Ele cresce numa velocidade muito grande nos primeiros anos de vida. Existe uma região cerebral chamada córtex pré-frontal, que fica atrás da testa e é responsável pelo processamento executivo, um conjunto de habilidades que nos permite controlar e organizar conscientemente nossos processos de pensamento. Está relacionado, dentre outras funções, com a tomada de decisões e o controle do comportamento. Entretanto, essa área vai se desenvolver, de forma mais acelerada, próximo ao início da idade adulta. Ou seja, nós, adultos, somos capazes de analisar melhor uma situação estressante e tomar algumas decisões com maior controle emocional do que a criança, que ainda está com o córtex pré-frontal em desenvolvimento.

Assim, entendemos que é natural que a criança reaja, algumas vezes, com uma birra, parecendo não colaborar com o momento e com os planos da família. Na verdade, é apenas seu cérebro primitivo em ação, e enquanto não tiver o córtex pré-frontal desenvolvido e não adquirir algumas habilidades, nós seremos essa ponte para ela conseguir se acalmar e se recompor.

Estimulando a cooperação

Todos nós necessitamos de algum estímulo para agir. Após compreender como funciona o cérebro da criança, vamos analisar os pontos importantes para que ela se sinta motivada a cooperar no ambiente familiar.

Conexão

Para querer colaborar, primeiro a criança precisa ter uma ligação próxima com os pais e cuidadores. Se não se sentir conectada, amada e pertencida, dificilmente, ela cooperará.

Lucas, meu filho de três anos, pede colo com frequência. Certa vez, ao voltar da escola, estávamos eu, o Lucas e o Bernardo – meu filho de cinco anos – as mochilas, as lancheiras e a bolsa de natação do Bernardo. Cheguei à garagem, estacionei o carro e eles desceram. Costumo dar a mochila de carrinho para cada um carregar. Imediatamente, Lucas pediu, com os bracinhos erguidos:

— Mamãe, quero colo!

Olhei para tudo aquilo que eu estava nas mãos e disse bem alto, franzindo a testa:

— Ah não, filho, sem condições!

Ele começou a chorar e se jogou no chão. Aquela não foi a atitude mais empática que eu poderia ter, pois deixei a frustração tomar conta de mim. Algumas vezes, criamos expectativas sobre as crianças e, quando elas não correspondem ao que esperamos, isso gera uma frustração em nós. O que eu esperava após uma manhã corrida, de adaptação escolar e longe dos pais? Que ele me visse e falasse: "Mamãe, deixa que vou andando e levo tudo para você?".

Diante daquela cena, respirei fundo e tentei me conectar com ele. Pedi que o mais velho esperasse um pouco para dar atenção ao mais novo. Agachei-me e o abracei por um tempo. Essa foi uma maneira de mostrar empatia, conectando-me à necessidade dele. A conexão com a criança pode acontecer de várias formas: com abraço, com o olhar ou com o toque no ombro, por exemplo.

Depois de um tempo, percebi que ele se acalmou um pouco e falei:

— Filho, você está cansado, não é?

Ele balançou a cabeça com um sim e continuou chorando, mas agora menos. Tentei validar o que ele estava sentindo:

— Lucas, eu sei que você acordou cedo e está cansado, por isso você queria colo. Também fico cansada, às vezes, sabia? Hoje também estou. E preciso da sua ajuda. Que tal levantarmos agora e cada um pegar uma bolsa? Você escolhe: quer levar a lancheira ou a mochila? Depois, podemos almoçar e assistir a um desenho juntos, com você sentado no meu colo.

Ele foi se levantando e falou:

— A mochila!

Então, subimos.

A criança que se sente acolhida, ouvida, que tem seus sentimentos validados e respeitados, está mais propensa a cooperar. E essa conexão não ocorre apenas nas horas difíceis, ela vai se construindo desde o "bom-dia", ao acordar, ao beijo de "boa noite", ao dormir; passando por momentos de brincar, pela forma como direcionamos as palavras a ela, e como atendemos às suas necessidades. Lembrando que o comportamento da criança reflete, muitas vezes, as nossas atitudes.

Comunicação

A forma de comunicar também influencia na resposta da criança.

Todos os dias, após as refeições, meus filhos tiram os pratos da mesa com os talheres e os colocam na pia. Algumas vezes, eles terminam a refeição e saem correndo. Eu poderia começar o discurso: "Mais uma vez, você se esqueceu de tirar o prato da mesa. Quantas vezes tenho que falar?". Veja quanta coisa foi dita, em tom de cobrança, para expressar um simples pedido. Em vez disso, eu tento dizer:

— Filho, o prato.

Ou, então, falo em tom de brincadeira:

— Tem certeza de que não está esquecendo de nada? (e, na maioria das vezes, eles vêm correndo retirar os utensílios).

A comunicação com a criança deve ser de modo claro, respeitoso e amoroso. Sem sermões cansativos; com frases mais curtas, principalmente, com crianças menores. É bom usar frases afirmativas e, de preferência, de forma alegre e criativa. Isso as estimula a querer cooperar.

Confesso que a criatividade não é o meu forte, principalmente, após um dia cansativo de trabalho. Com o tempo e prática, comecei a perceber o quanto esse elemento é importante e deixa o ambiente mais leve.

Quando recebemos visitas, com crianças, não me incomoda que meus filhos peguem os brinquedos e, muitas vezes, os espalhem em vários cômodos. Adoro vê-los brincar. Antes de os amigos irem embora, costumo chamá-los para fazer uma gincana para guardar os brinquedos que ficaram espalhados pela casa e os adultos também participam. Todos se divertem e, no fim, está praticamente tudo no lugar.

Elisama Santos, em seu livro *Educação não violenta*, pergunta: "O que cansa mais? Brigar ou brincar? Se temos poucas forças em nossos reservatórios – depois de um dia cheio –, de que forma vamos utilizá-las?". Ou seja, de qualquer maneira você vai gastar energia, seja falando sem parar, cobrando e brigando ou, então, brincando. Qual parece mais agradável, tanto para quem fala quanto para quem ouve?

A forma de comunicar o *não* também pode desencadear uma postura de reatividade (choro, birra ou explosão) ou uma reação de colaboração.

Certa vez, estávamos em um hotel-fazenda e Lucas viu outra criança chupando picolé às 11h30, pouco antes do almoço. Sou bem flexível quando viajamos, mas tento não abrir mão de algumas coisas – como manter uma boa alimentação durante as refeições principais – e sabia que um picolé naquela hora atrapalharia o almoço dele. Ele me pediu:

— Mamãe, posso chupar picolé?

— Sim, filho, você pode. Mas quando mesmo que você costuma chupar picolé?

— Após o "papá".

— Pois então, filho, já está na hora do papá. Assim que terminarmos, você vem e chupa seu picolé, tudo bem? Qual você vai querer? Chocolate ou uva?

— Chocolate.

Se eu tivesse falado apenas "não", provavelmente, eu passaria um bom tempo discutindo e desgastando nosso momento.

Outro ponto a ser considerado é a possibilidade de escolha de dialogar com a criança.

Todos gostamos de poder escolher. Com a criança não é diferente. Dar-lhe opções passa a sensação de que ela está no controle e é protagonista da ação. Você pode falar: "Leve essa bolsa para mim, por favor?". Não há problema nisso. E, muitas vezes, funciona, principalmente para crianças maiores. Ou então, podemos deixá-la entender a necessidade de ajuda e colaboração e, ao mesmo tempo, poder escolher o que fazer. Por exemplo: "Filho, preciso de ajuda. O que você prefere, levar a bolsa ou a mochila?".

Rotina e previsibilidade

No início da pandemia de covid-19, quando começou o "isolamento social", tive dificuldades em conseguir a colaboração dos meus filhos para cumprir alguns combinados em relação à rotina. Então, fizemos um desenho de como seria o dia deles, da manhã até a noite, e construímos, juntos, a sequência de atividades que não deve ser imposta, mas, sim, atenta às necessidades das crianças e da casa. Tinha desenho de chuveiro (hora do banho), de pratinho de comida (almoço), de cama (dormir). A partir daí, quando eles me pediam para fazer alguma coisa muito fora da ordem, eu falava: "Vamos olhar o desenho... o que vamos fazer agora?". E isso me ajudou por um bom tempo, até que eles se acostumaram à nova realidade.

A rotina evita que a criança se sinta perdida, pois facilita a compreensão da ordem dos acontecimentos durante o dia. Ela fica mais tranquila ao saber o que vem antes e o que vem depois, facilitando a cooperação, o funcionamento da casa e as atividades propostas pela família. É importante envolvê-la no planejamento da rotina, respeitando as necessidades dela e dos cuidadores.

Para haver cooperação, é importante que a criança saiba o que é esperado dela. Chamamos isso de previsibilidade. Gosto de usar como exemplo a seguinte situação:

Fomos a um casamento em uma fazenda. Os meninos passaram a tarde brincando com outras crianças e, quando chegou a hora de ir embora, presumi que não iriam querer. Então, abaixei e olhei nos olhinhos deles, certificando-me de que estavam entendendo o que eu tinha para falar:

— Filhos, podem brincar mais um pouco, mas em 10 minutos iremos embora, entenderam?

Fizeram o gesto com a cabeça que sim. Voltei lá e fui contando: "dez minutos, cinco minutos, dois minutos...", até que chegou a hora.

Permitir que a criança saiba o que está para acontecer facilita a cooperação que gostaríamos que acontecesse.

Pequenas tarefas domésticas

Muitas vezes, quando falamos em cooperação no ambiente familiar, pensamos nas atividades ou tarefas que cada um pode executar. Você pediria a uma criança de três anos que ela lavasse um banheiro? É óbvio que não.

Ao designar uma atividade à criança, primeiramente, precisamos ver se é adequada à idade dela. Isso evita que se sinta incapaz e frustrada com uma tarefa muito difícil ou desmotivada por algo muito aquém de suas capacidades; o que pode parecer que não acreditamos no que é capaz de fazer, dificultando o desenvolvimento do senso de responsabilidade.

Além disso, as crianças podem participar da elaboração do planejamento da casa. Previamente, pode ser combinado em reunião familiar (semanal ou quinzenal) sobre as tarefas a serem executadas. Tente não impor. Deixe que elas opinem, deem ideias, questionem e façam combinados com todos os integrantes da família. Por exemplo, para crianças maiores, quem irá retirar a mesa do jantar? Assim, começam a entender que fazem parte da casa, se sentem respeitadas em suas opiniões e mais propensas a cooperar.

Valorizando o bom comportamento

Quando observar a criança agindo de forma a colaborar com a situação, valorize o que está sendo feito de bom. Quem tem dois ou mais filhos sabe como é desagradável vê-los brigando. Costumo falar que, depois que me tornei mãe de dois, passo uma parte do tempo tentando gerenciar conflitos. E, muitas vezes, nos dirigimos a eles apenas quando estão conflitando, deixando de enfatizar o bom comportamento.

Devemos focalizar as qualidades dos nossos filhos. É importante eles perceberem que conseguimos observar e gostar que estão tendo bons comportamentos, quando brincam juntos sem brigar, quando compartilham os brinquedos ou ajudam nas pequenas tarefas domésticas. Dessa forma, conseguimos mostrar que eles estão tomando decisões acertadas, estimulando os bons comportamentos para que possam ser repetidos futuramente, com maior senso de motivação e cooperação.

Reflexão

Não podemos esperar cooperação de uma criança que não se sente compreendida nas suas necessidades. Porém, isso não é ceder a todo pedido e desejo dela. Também não significa que todas as vezes nossos investimentos em conectar com a criança, validar sentimentos, comunicar respeitosamente, resultarão em colaboração. Você pode dominar todas as técnicas, ter lido ou mesmo escrito vários livros. Algumas vezes as crianças não vão cooperar, não como esperamos. Talvez se joguem no chão, saiam correndo ou gritem. Do mesmo modo, muitas vezes nos deixamos ser dominados por impulsos e permitimos que nosso cérebro mais primitivo nos guie, em vez de agir com calma e tranquilidade. Estamos falando de seres humanos em construção e não de robôs que, simplesmente, obedecem e dão a mesma resposta a um comando. Então, tenha paciência. Respire fundo, olhe para a criança que está diante de você e para dentro de si antes de agir. Meu desejo é que tenham muitos momentos de alegria, paz e cooperação em seu lar.

Referências

BEE, H.; BOYD, D. *A criança em desenvolvimento*. 12. São Paulo: Artmed, 2011.

NELSEN, J. *Disciplina positiva*. 3. ed. São Paulo: Manole, 2015.

SANTOS, E. *Educação não violenta*. São Paulo: Paz e Terra, 2021.

SIEGEL, D. J.; BRYSON, T. P. *Disciplina sem drama*. São Paulo: nVersos, 2016.

21

COLABORAÇÃO E COOPERAÇÃO

EM AMBIENTES SOCIAIS

Uma família comum... (será que existe família comum?). Luisa, 40 anos. Mãe de Serafim, cinco anos, e de Sebastião, três anos. Jorge, pai dos meninos, esposo de Luisa. Como muitas mães, Luisa enfrenta grandes dilemas na sua maternidade. Recentemente, sair com as crianças tem sido o maior deles. Festas de aniversário, shopping center, cinema, teatro, encontro com os amigos. Situações sociais diversas do dia a dia. Situações que trazem diversão, lazer, leveza para a vida. Conversar, respirar. Observar o brincar das crianças. Todavia, para Luisa não está fácil. Para Luisa, não é tão simples. Ela até se recusa.

**MARIA THEREZA VALADARES E
LAIS MARIA SANTOS VALADARES**

Maria Thereza Valadares e Lais Maria Santos Valadares

Contatos
Instagram: @valadarespediatria
31 99941 9807

Maria Thereza é pediatra e mestra em Saúde da Criança e do Adolescente pela Universidade Federal de Minas Gerais. Especialista em Pediatria e em Medicina do Adolescente pela Sociedade Brasileira de Pediatria. Educadora parental com ênfase em Atuação Consciente na Infância.

Lais é especialista em Pediatria pela Sociedade Brasileira de Pediatria. Presidente do departamento da Primeira Infância da Sociedade Mineira de Pediatria. Presidente do departamento de Pediatria e Espiritualidade da Sociedade Mineira de Pediatria. Educadora parental com ênfase em Atuação Consciente na Infância e na Adolescência.

Comemoração de fim de ano

Fim de ano (2022). Após dois anos de pandemia...
A empresa de Jorge, marido de Luisa, fará uma comemoração com os funcionários. Papai Noel, brinquedos, muita alegria para as crianças e, também, para os adultos. Oportunidade de deliciar: comidas, bebidas e, claro, as amizades. Jorge fica feliz com o encontro. Contudo, ao pensar em Luisa e na sua família, sabe das dificuldades. Há 2 anos, Serafim, com um ano, quebrou os arranjos da mesa. Sebastião, três anos e meio, brigou com as outras crianças. Seria esse um ano diferente? Como seria a reação de Luisa ao receber novamente esse convite? Estaria Luisa animada para reiniciar os encontros sociais numa era pós-pandemia?

O convite

Jorge chega em casa e encontra a esposa arrumando a cozinha. Olhar cansado, mais um dia puxado – como os outros 364 do ano. Ele comenta sobre a festa. Faz o convite. Luisa hesita.
— Não! – ela fala.
— Não vou. As crianças não param e não consigo aproveitar.
— Vamos sim, Luisa! – diz Jorge. — Precisamos retomar nosso convívio social. Precisamos divertir.
Diversão? Essa não é uma palavra do vocabulário de Luisa. A vida tem sido exaustiva. As crianças brigam muito em casa. Parecem brigar, ainda mais, fora de casa. Serafim, o mais velho, parece nunca cooperar, não colabora com ninguém.

Mas... o que seria cooperar? O que seria colaborar? O que esperamos das nossas crianças?

Colaboração e cooperação

Acredita-se que seja tarefa dos adultos ensinarem as crianças para que elas cooperem, se adaptem e levem os outros em consideração. De maneira equívoca, muitos associam cooperação com obediência. Todavia, cooperar não é obedecer, não é atender à demanda dos outros sobre você. Cooperar é cuidar de si mesmo quando estiver interagindo com os outros em busca de um objetivo comum. É ampliar esse cuidado para o outro. Então, é sobre isso que vamos falar. E é exatamente isso que nós, adultos, precisamos entender. Não é uma tarefa fácil ensinar uma criança sobre autocuidado, ou seja, respeitar seus sentimentos, seu corpo, reconhecer suas necessidades, manter-se íntegra. Difícil para elas, porque é difícil para nós também. Difícil nos conhecermos e, mais difícil ainda, conhecermos o outro, respeitar também seus sentimentos e suas necessidades.

Vamos refletir: as crianças copiam ou imitam os adultos mais importantes ao seu redor – pais e outros cuidadores, por exemplo. Se esses adultos não cuidam de si e não buscam, juntos, alcançar objetivos comuns, como a criança aprenderá sobre cooperação?

Festa de fim de ano do trabalho do Jorge: relembrando 2020

Há dois anos...

Luisa já chega tensa, aflita com o comportamento dos meninos, ainda pequenos, durante o evento. Cortisol, adrenalina a mil. Jorge percebe os sentimentos da esposa e também fica receoso, sente até palpitação. O que a duplinha aprontará dessa vez? Irão cooperar? Como? Mais uma vez cortisol, adrenalina a mil, na mente e no coração dos pais, na mente e no coração dos meninos. Sebastião e Serafim sentem as angústias parentais. Desorganizam-se, assim como os pais. Estão todos conectados e envolvidos nesse sentimento.

Festa de fim de ano do trabalho do Jorge: o que esperar em 2022?

Após arrumar a casa, Luisa vai para a cama. Deita, cansada. Cansada de mais um dia com muita demanda em casa. Luisa pensa nos meninos. Pensa na possibilidade de ir à festa. Desiste. Não será possível. Custo x benefício negativo. Contudo, repensa. Por que será que é tão difícil? Seria possível ser diferente? Seu caçula tem comportamentos desafiadores. E o mais velho nunca, nunca coopera. "Ninguém coopera nessa casa. Ninguém coopera fora de casa" – pensa Luisa. Nesse momento, ela tem um insight. Se ninguém coopera, os meninos não vão cooperar. Luisa respira, dorme. Apaga. No outro dia, acorda. Acesa. E fala com Jorge:
— Vamos à festa!

Como ensinar as crianças para cooperarem em ambientes sociais?

Luisa está correta. Se ninguém coopera em casa, as crianças não aprenderão a cooperar, seja dentro ou fora de casa. O princípio-chave é que as crianças aprendem com base nos relacionamentos. Especialmente, nos relacionamentos em casa. E mais, para as crianças, toda a aprendizagem, mesmo aquela que envolve limites, precisa ser permeada pelo afeto.

Diante disso, como ensinar empatia às crianças? Dizendo para tentar entender os sentimentos dos outros? Não. Ensinamos empatia a partir do momento que buscamos entender os sentimentos de nossas crianças; a partir do momento que temos paciência e tempo para escutá-las, para compreendê-las. Ou seja, a partir do momento que nos envolvemos, literalmente, de corpo e alma, em relações afetivas com as nossas crianças.

O aqui e o agora... e o futuro... tão próximo

A angústia de Luisa ao sair para eventos sociais se deve, principalmente, à falta de cooperação e colaboração de seus filhos – ou seria de todos da família? Impedir a disputa de brinquedos com os colegas, ficar atenta com a degradação do ambiente pelas crianças. Acreditem, é isso mesmo! Falar infinitas vezes a mesma coisa e, simplesmente, nada... Não ser ouvida... Como fazer diferente? Será mesmo possível que as crianças cooperem e colaborem? Bem, todos ali têm um objetivo em comum: divertir, aproveitar. Mas como envolver Sebastião e Serafim nesse processo? Como envolver toda a família? E Luisa ainda não pensou sobre o futuro – ainda bem, pois seria mais uma angústia. Todavia, cooperar e colaborar, assim como outras competências socioemocionais, são habilidades importantes para Serafim e Sebastião no futuro. No futuro próximo, inclusive, pois o dia da festa está chegando.

Ao colaborar e cooperar, você se relaciona e trabalha bem com os outros. Isso inclui gerenciar prioridades, avaliar perspectivas e entender que todos têm pontos positivos e também negativos. Parece uma ideia fácil, mas assim como o cotidiano de Luisa é, na realidade, desafiadora.

Como Luisa poderia ensinar aos filhos sobre cooperação e colaboração em ambientes sociais diversos?

Após falar com Jorge que iria à festa, Luisa se sentiu animada. E logo percebeu que os meninos estavam animados também. Reconheceu as necessidades individuais de Sebastião e observou que Serafim também tem suas necessidades individuais e precisa, sim, ser atendido, mesmo sendo o filho mais velho. Pensou sobre seus pontos fortes. E reconheceu seus pontos fracos. Conversou de maneira aberta, sincera, com seu marido Jorge. Pediu que ele a ajudasse nas dificuldades que seriam encontradas na festa: supervisionar, 100% do tempo, Sebastião com seu espírito explorador e ainda conseguir dar a atenção e o carinho necessários para Serafim. Nesse momento, Jorge reconheceu seu erro na festa do ano de 2020 – ele ficou apenas com os colegas, enquanto Luisa se desdobrava nos cuidados com as crianças. Assim, nascia um espírito de colaboração e cooperação em casa. Espírito esse que se estenderia para todos os outros ambientes.

Por que ensinar as crianças sobre colaboração e cooperação em ambientes sociais? Por que essas habilidades são importantes?

Colaborar e cooperar são, essencialmente, um trabalho em conjunto. Ao colaborarem, as crianças desenvolvem também sua capacidade de comunicação. E comunicar não é só falar. É ouvir o outro, é dialogar. É troca.

Crianças colaboradoras resolvem melhor os seus conflitos, os seus problemas.

Aprendem a gerenciar melhor suas emoções. Desenvolvem um senso de altruísmo e reconhecem que todos, inclusive eles mesmos, têm a própria necessidade, desejo e sentimentos.

Ao pensar sobre as necessidades individuais de Serafim e Sebastião, Luisa demonstrou sua habilidade de cooperação. Reconhecendo os pontos fortes e fracos de cada um e, por meio de uma comunicação respeitosa e sincera, Jorge e Luisa desenvolveram suas habilidades de colaboração. Adultos e crianças – relacionamentos espelhos. O que as crianças observam é espelhado por elas, claro, de acordo com o desenvolvimento neurológico esperado para cada idade. Atitudes do dia a dia.

Além do nosso exemplo diário, pilar de todo o processo de aprendizagem para as crianças, podemos usufruir de várias outras experiências, como as brincadeiras diversas (pique-esconde, pular corda), a leitura diária e a prática dos esportes para também auxiliarem no desenvolvimento das habilidades de cooperação e colaboração.

E para finalizar... a festa de fim de ano do trabalho do Jorge: Dezembro de 2022...

Chegou o dia da festa. Luisa animada. Jorge também. Crianças eufóricas, como era de se esperar. Luisa e Jorge arrumam os filhos. Luisa pede para Serafim pegar o sapato do irmão, que caiu no chão. Serafim recusa. Jorge fala:

— Pode deixar Luisa, eu pego para você!

Serafim olha para Luisa. Luisa não comenta sobre o sapato, e fala:

— Será um dia especial para a nossa família, a mamãe está muito animada! E mamãe ama muito vocês!

Chegam na festa. Muitos colegas, muitas crianças. Serafim se envolve em brincadeiras com Pedro, uma criança da sua idade. Luisa observa. Pedro deixa seu brinquedo cair no chão. Luisa se abaixa para pegar. Serafim, prontamente, responde:

— Pode deixar, mamãe, eu pego pra ele!

Fim do dia. Pais felizes e crianças também.

Momentos de diversão. Momentos de muita conexão. Momentos de muitos aprendizados, como colaboração e cooperação.

Referências

BRAZELTON, T. B. *As necessidades essenciais das crianças: o que toda criança precisa para crescer, aprender e se desenvolver*. Porto Alegre: Artmed, 2002.

GOMES, M. *Crianças felizes: o guia para aperfeiçoar a autoridade dos pais e a autoestima dos filhos*. Barueri: Manole, 2020.

JUUL, J. *Sua criança competente*. Osasco: Novo Século, 2002.

ESCUTA ATIVA E COMPAIXÃO

A compaixão tem pouco valor se permanece uma ideia; ela deve tornar-se nossa atitude em relação aos outros, refletida em todos os nossos pensamentos e ações.
DALAI LAMA

ESCUTA ATIVA   COMPAIXÃO

O termo grego, *pathos*, indica sofrimento, dor, tristeza. Daí a palavra *patologia*, de mesma raiz, se referir à disciplina médica que classifica os diferentes tipos de doença e os efeitos que elas provocam nos enfermos ou, para usar outro termo da mesma família, nos pacientes – aqueles que sofrem.

Ora, a palavra *compaixão* segue no mesmo caminho, mas se refere a um sentimento que temos pelos outros quando eles não se encontram bem. Ter compaixão é ser capaz de identificar o sofrimento e a dor alheia e, sensibilizar-se, a ponto de desejar ajudar e consolar a outra pessoa.

Mas como fazê-lo se não estivermos prontos a escutar, de corpo e alma, o que o outro tem a dizer a respeito da sua dor?

Nos capítulos a seguir trataremos dessas duas qualidades que nos humanizam profundamente, pois o que é o ser humano sem a capacidade compassiva que se apresenta inclusive no reino animal? E o que dizer de uma compaixão que não passou pela escuta plena e ativa? Como poderemos ser compassivos enquanto estivermos ocupados demais com os próprios objetivos pessoais, ou com as nossas certezas preconcebidas de como "consertar" o outro e resolver os seus problemas? A compaixão exige que estejamos abertos e receptivos por inteiro, envolvidos verdadeiramente nos dramas da outra pessoa, solidários a ponto de escutar profundamente para poder cuidar humanamente.

Lucedile Antunes e Beatriz Montenegro

22

ESCUTA ATIVA E COMPAIXÃO

EM AMBIENTES DE APRENDIZAGEM

Estar disponível na escuta para atender à criança é praticar a compaixão. Sendo assim, neste capítulo, buscaremos compreender, por meio de algumas experiências, como essas duas *soft skills* podem ser desenvolvidas no ambiente escolar, possibilitando o existir, o conhecer-se, o experienciar algo, que fará parte da construção do ser do aluno.

GIOVANNA ALMEIDA LEITE

Giovanna Almeida Leite

Contatos
giovanna.psico10@gmail.com
Instagram: @gialmeida_psico

Psicóloga de formação e educadora de coração, atua na área da educação desde 2014, na psicologia escolar, infantil e parental. Iniciou sua trajetória na educação por meio de um centro de estudos para alunos com dificuldades de aprendizagem, e trabalhou auxiliando alunos com diagnóstico de TOD, dislexia, TEA, paralisia cerebral, distúrbio de linguagem, dentre outros em escolas. Com especialização em educação positiva, Giovanna atua na linha humanista-existencial e na disciplina positiva, tanto na área escolar quanto nos atendimentos individuais e para famílias. Luta por uma sociedade que enxergue a essência da criança, sua individualidade, particularidade e dignidade.

A escuta ativa e a compaixão são habilidades necessárias à natureza humana. Diante de um mundo tão *chronos*, onde tudo gira em torno das horas e do tempo, sensibilizar-se e permitir-se uma pausa para escutar com compaixão é uma oportunidade de transformação, para si e para o outro.

Atentar-se à escuta é, também, silenciar-se ao externo, ao entorno, aos barulhos e ruídos que lançam a sua atenção para aquilo que não é o essencial. Esse é um exercício da prática do psicólogo. Passamos anos da faculdade de psicologia treinando a escuta ativa, atentando-nos ao que nos é dito, calando os ruídos internos e externos para estarmos atentos a fala do outro.

A escuta ativa com as crianças segue o mesmo caminho e é de suma importância para o relacionamento com elas.

A compaixão, segundo Dalai Lama (2000), por sua vez, é a prática de atentar-se em atender ao outro, desprendendo-se dos próprios interesses a fim de trazer ao outro um conforto e satisfação ao ter sido atendido e acolhido de forma genuína.

Ambas as habilidades caminham juntas e, estar disponível na escuta, atentar-se ao que é dito ou expressado, para atender à criança, desprendendo-se das preocupações adultas, é praticar a compaixão.

Exercício da escuta ativa e compassiva

Eu estava na faculdade de psicologia quando entrei na área da educação. Minha primeira experiência foi num centro de estudos, com aulas particulares para alunos com dificuldades de aprendizagem. Foi onde tive meu primeiro contato com alunos e pude perceber que as demandas vinham de formas diferentes por parte dos pais e dos professores. Os relatos sobre os alunos, suas percepções e falas diziam por aquelas crianças, mas eu pouco sabia sobre elas a partir delas.

Decidi que precisava estar na sala de aula, no ambiente escolar, para entender quem eram aquelas crianças, o que elas seriam a partir delas mesmas. Foi quando iniciei minhas atividades de auxiliar de classe em uma escola. Para a minha primeira surpresa, a turma que ficaria não tinha professoras polivalentes, as aulas eram ministradas por professores especialistas e a responsável pela sala era a auxiliar.

No dia da atribuição de turmas, ao ser informada sobre a turma que ficaria responsável, soube das suas características e dos alunos, e que estavam presentes algumas demandas comportamentais desafiadoras, como agressividade e comunicação não assertiva entre os estudantes.

As aulas iniciaram e, dia após dia, minha relação com a turma ia se construindo. Eu estava ali, porque queria conhecer os alunos por eles mesmos, não mais pelo que diziam deles. Precisava estar atenta, disponível e sensível ao que queriam me apresentar sobre eles, sem realizar nenhum juízo de valor. Assim, Pablo se apresentou a mim, e minhas impressões foram de que ele era um garoto cheio de esperteza, um tanto quanto inacessível, irritado e que, em muitos momentos, buscava agitar a sala com suas brincadeiras. Suas atitudes pareciam dizer: "Eu sou aquele garoto que ninguém sabe lidar".

O rico da escuta ativa na escola é que ela está para a comunicação, e o que é comunicado nem sempre é dito, mas, sim, percebido, observado, compreendido. O movimento é cíclico: escuto atentamente com compaixão e, pela compaixão àquela criança, estarei atenta ao que ela me comunica.

Pablo parecia querer me dizer: "Eu sou aquele que tem coragem de fazer o que ninguém faz. Eu sou aquele que ninguém sabe lidar. Eu sou difícil.", quando, na verdade, era possível compreender que suas atitudes diziam: "Eu preciso de um olhar compassivo." Até então, Pablo parecia ter encarado seus professores como rivais, alguém que precisava disputar um lugar com ele, o de quem mandava. Pablo parecia querer liderar a turma, o que causava conflitos em alguns momentos com os professores e que, consequentemente, buscavam tomar as rédeas da situação.

Eu queria acessá-lo de forma diferente, não queria escutar dele o que diziam sobre ele, queria conhecer o que ele era, quem era aquele garoto atrás daqueles comportamentos desafiadores? O que ele precisava?

Procurei meios de estreitar a relação com ele e a família, buscava estar próxima, atenta e disponível. Pude perceber o quanto era importante para ele esse vínculo, esse olhar para além do comportamento, para quem ele era. Apesar de, nas suas falas, ser comum os palavrões, insultos e deboches, ele precisava de um olhar diferenciado, da escuta e da compaixão ao que era dito para além das palavras e de suas atitudes.

Passei a acolher Pablo. Sua mesa era próxima à minha e, se precisava de algo, contava com ele; quando acontecia uma agressão, chamava-o para ouvi-lo e entender o que o levou àquele comportamento e o incitava a buscar uma solução para aquele conflito. Aos poucos, nossa relação foi ganhando confiança, Pablo não mais me comunicava sobre ele por seu comportamento, passou a nomear e conversar sobre seus sentimentos.

Os comportamentos desafiadores não deixaram de existir totalmente, mas havia confiança em nossa relação. Ele entendeu que eu não aprovava as agressões com os amigos, mas que, mesmo assim, estaria disposta a ajudá-lo em suas dúvidas nas aulas de matemática. Ele entendeu que eu estava atenta a ele, e passei a vê-lo como outra criança, um garoto doce, cheio de coragem, de sorriso acanhado, às vezes, por não saber lidar com aquele tipo de afeto. Pablo se abriu para mostrar e dizer suas fragilidades. Seu ciclo de amigos fora da escola era, a maioria, mais velhos do que ele, com repertórios diferentes do seu, mas ele queria pertencer e precisava se ajustar ao que lhe era apresentado. Compreendi, então, quem era o Pablo: um doce garoto buscando ser outros garotos, para se sentir aceito, acolhido, pertencente.

A escola muitas vezes é o ambiente em que a criança mais habita em seu dia, ela se expressa com todos os seus conteúdos absorvidos dentro e fora dali. E ter uma escuta atenta ao que nos comunica está para além do que é confortável para o adulto, do que é esperado para que o nosso trabalho seja como desejamos, é ali que a prática da compaixão se aplica.

É preciso despir-me, de certo modo, daquilo que é expectativa para que eu, enquanto profissional, tenha êxito na minha função, para estar disponível ao que, muitas vezes, é imperceptível. Por vezes, o educador pode estar tão concentrado no êxito de uma proposta que não percebe como está o dia de um aluno, que poderia estar mais envolvido e engajado.

Estar disposta a rever os prazos do cronograma, o programado, os horários para se dedicar inteiramente à demanda de uma criança, é praticar a compaixão. É estar sensível ao outro que pode ou não verbalizar o que lhe perturba e, nesse atentar-se ao outro, acolher essa bagagem com amor, livre de julgamentos ou de pressa.

Na escola, os alunos barulhentos ou ditos por bagunceiros nos chamam muito a atenção. Eles mexem com as expectativas dos adultos, enquanto profissionais, desestabilizando-os, uma vez que alunos ditos por bonzinhos são os mais quietos, ouvintes e passivos. É como se o educador se colocasse no lugar de quem recebe uma ameaça, simplesmente por aquela criança não ser o ideal de aluno que o professor espera.

Estar atento e escutar a si também é um ótimo exercício da prática do educador. Quais expectativas estou colocando nos meus alunos? Quais expectativas estão à frente do meu relacionamento com eles?

É preciso ouvir-se, atentar-se, para também exercer essas habilidades com o outro. De fato, os alunos mais ativos, falantes, roubam-nos a atenção, pois olhamos mais para os comportamentos que não aprovamos do que para os que aprovamos. Mas e aqueles alunos que são quietos? Que pouco se expressam? Os introspectivos? Os que não perguntam, não participam, não interagem? É preciso ouvir também o seu silêncio, percebê-los e agir para alterar esses comportamentos.

Havia uma aluna, Ane, que estava com a turma desde os anos iniciais, mas parecia não pertencer ao grupo como os demais, não parecia ter tanta identificação com outros alunos. Ane pouco se expressava e, frequentemente, parecia estar com cara de perdida e insatisfeita. Chegava e se sentava ao fundo, era muito esquecida, diariamente, era preciso lembrá-la de entregar a agenda, a pasta das atividades, pegar os cadernos das aulas do dia etc.

Ela era calada, quieta, não chamava muita atenção e foi exatamente essas características, numa sala que demandava muito, devido à agitação, que estimularam a minha necessidade de compreender quem era Ane.

No início, a garota parecia ter medo de mim. Quando chegava perto dela, sentia sua tensão, seu recuo. Coloquei-me aberta e disponível a ela, como uma parceira. Eu havia entendido que sua memória falhava e, solidariamente, passei a ser seu apoio de lembranças. A prática da compaixão com essa aluna foi muito presente para mim. Por muitas vezes, para orientá-la ou ajudá-la, era preciso deixar algumas preocupações minhas de lado. Para atendê-la, fui observando suas questões e buscando meios de estabelecer uma aproximação.

Mesa mais próxima a minha, desenhos como lembretes, uma aproximação dela a outra aluna e, assim, fui buscando ajudar e conhecer Ane. Ela era uma garota que gostava das artes, a matemática e a escrita eram desafios para ela. Ane preferia pintar ou dançar, preferia expressar com seu corpo tudo aquilo que não dizia.

Com algumas conversas com a gestão escolar e a família, fomos dando espaço para Ane ser quem ela gostaria de ser. Havia questões familiares que pesavam em seu comportamento, mas Ane não estava sozinha, ela compreendeu que a escola estava atuando. Explicava-a sobre sua dificuldade de memorizar as coisas, sem julgamentos, sem pressão, pressa ou com o peso de consertar o que parecia errado, mas, sim, com o foco em como podemos ajustar as coisas para ajudá-la a se lembrar delas.

E assim foi. Ane se orgulhava nos dias em que chegava e já colocava a agenda em minha mesa. Eu a acolhia com sorriso e feliz por ela. Assim, ela foi reconstruindo dentro de si a autoestima que estava abalada pelas críticas.

Ane não falou tudo isso, tampouco sabia nomear todas essas questões, mas com disponibilidade e compaixão, foi possível ler atentamente seus comportamentos, traduzindo suas falas e compreendendo seus sentimentos.

A compaixão tem esse poder de fazer acessar o que está no profundo. A escuta ativa e a compaixão são bastante desafiadoras, porque é para além do sentido do ouvir, está no do sentir, do autorizar deixar ser tocado pelo que é dito e também pelo não dito.

Preocupar-se mais com o que deve ser feito do que quem são seus alunos compromete o vínculo da relação do educador e seus educandos, já que a necessidade central nessa preocupação é a do adulto, não atentando à criança.

Uma vez que a escola, primeiramente, forma cidadãos, é preciso olhar para as crianças e adolescentes, primeiro, como quem eles são, como serão em nossa sociedade e, enfim, quais as suas capacidades e competências.

O professor tem em suas atribuições o papel de ensinar, mas o aprender passa pelo sentir. Por isso, estar atento às demandas dos alunos, otimiza o trabalho do professor.

Um educador não só ensina um conteúdo, mas também abre a possibilidade do existir, do se conhecer, do experienciar; algo que fará parte da construção do ser do aluno. Pense nos professores que mais te marcaram positivamente. Você lembra deles por suas preocupações, enquanto profissionais que eram, ou por terem sido sensíveis a você num dado momento? Por terem te acolhido, ouvido, compreendido e terem estado disponíveis a você? Consegue identificar a escuta ativa e compaixão que tiveram com você?

Assim, na experiência com Pablo, ao ser escutado e ter tido disponibilidade de atenção, afeto, compaixão, ele passou a estabelecer maior diálogo, passou a nomear melhor seus sentimentos e pensar antes de agir. É nessa troca que a criança entende tal maneira como referência e busca fazer igual.

É preciso desenvolver essas habilidades no dia a dia, em cada situação. É preciso sempre pontuar para a criança que o que está sendo feito por ela e para ela é a escuta ativa e/ou compaixão, para que ela saiba também nomear.

Assim, quando uma criança deixa por um momento a brincadeira para ouvir, é preciso dizer a ela sobre essa importância. Pontuar esse momento com gratidão são formas de ajudá-la a compreender que o que ela fez foi uma escuta ativa e que isso é positivo E será nessa troca que o vínculo e a confiança serão o alicerce do relacionamento de vocês.

Deixo aqui uma frase do monge Dalai Lama que representa muito, em poucas palavras, a importância da escuta.

> *Quando você fala, está apenas repetindo aquilo que você já sabe. Mas se você escuta, então pode aprender algo novo.*
> DALAI LAMA

O que você pode aprender com seus alunos ou com as crianças com as quais você convive hoje? Qual a sua abertura para o novo que elas podem te apresentar?

Referências

GERHARDT, S. *Porque o amor é importante: como o afeto molda o cérebro do bebê*. Tradução: Maiza Ritomy, 2. ed. Porto Alegre, Artmed, 2017.

LAMA, D.; CUTLER, H. *A arte da felicidade: um manual para a vida*. São Paulo: Martins Fontes, 2000.

23

ESCUTA ATIVA E COMPAIXÃO

EM AMBIENTES FAMILIARES

Escuta ativa e compaixão são *soft skills* que falam diretamente de nossos melhores sentimentos e emoções. Falam de amor, respeito, compreensão, atenção ao outro e de ir ao encontro. Neste capítulo, a reflexão está em como os pais podem ser o elo de ligação entre todos na família e, é claro, lembrar que tudo que quisermos estimular em nossos filhos deve existir e vibrar primeiramente em nós.

MARIA FERNANDA MASETTO MONTENEGRO

Maria Fernanda Masetto Montenegro

Contatos
girasolassessoria.contato@gmail.com
Instagram: @psico.mafemontenegro
11 94517 4290

Psicóloga formada pela Faculdade São Marcos em 1989, com especialização em Psicodrama Pedagógico. Atua em consultório no atendimento de crianças, adolescentes e de suas famílias. Trabalha pelo encontro com a própria essência, pois nela está toda a força do indivíduo. Força de ser e de agir em comunhão com o ser que se é. Seus pais são da área da saúde e da educação e ela dá continuidade a essa herança com muito orgulho, tanto no consultório quanto na consultoria que faz em escolas públicas de São Paulo. Uma experiência que resultou na criação da ONG A Escola que eu quero ser, fundada no ano de 2022 e que tem como objetivo fortalecer as relações saudáveis dentro da escola, promover a valorização dos professores e funcionários; além de arrecadar subsídios para a realização de projetos e passeios culturais e de lazer com os alunos, professores e funcionários.

A alegria de falar sobre as *soft skills* – escuta ativa e compaixão – é imensa. Acredito que, com essas habilidades, conseguimos construir relações saudáveis e duradouras.

Mas como desenvolvê-las em nossas crianças?

A resposta, com certeza, está em fortalecê-las, primeiramente, em nós. Não podemos negar que temos alguns hábitos menos saudáveis, nossos comportamentos desatentos, agitados ou ausentes. Somos o que somos e é desse lugar que toda a mudança pode acontecer. Pode ser assustador pensar nisso, mas garanto que, apesar da dor, você se surpreenderá com a alegria da sua superação.

Iniciar abandonando crenças limitantes é um ótimo começo.

Crença limitante	**Crença saudável**
Criança é difícil.	Criança é verdadeira.
Criança demora para fazer as coisas.	Criança está apreendendo o mundo e fazendo algumas coisas pela primeira vez, isso demanda tempo.
Não tenho tempo.	O tempo é resultado das suas escolhas.
Errar é algo ruim.	Errar é positivo, é a ação que nos leva ao acerto.

Essas são algumas das crenças limitantes que podem nos atrapalhar nesse processo de estimular habilidades e fortalecer o vínculo com nossos filhos.

A transformação dessas crenças em nós acontece a partir da nossa vontade genuína de mudança, com muita reflexão, autoconhecimento e percepção das necessidades reais do outro.

Busquemos inspiração em Mahatma Gandhi (1869-1948): "Você deve ser a mudança que deseja ver no mundo".

Escuta ativa

Feche seus olhos e inspire profundamente. Segure um pouco a respiração e, depois, expire lentamente. Relaxando seu corpo, abra novamente seus olhos e sinta-se no aqui e agora.

A presença é o conceito básico da escuta ativa. Estar e querer permanecer presente é o início de uma troca verdadeira. Contudo, como fazer para estar focado no corpo, na atenção, no pensamento e na alma? Comece a observar as cores, a temperatura. O que você sente? Ao perceber a mente ir para o passado ou futuro, volte para o aqui e agora. Esse exercício pode se repetir, sempre que necessário, para estarmos cada vez mais no momento atual.

A criança que está à sua frente e que busca pelo seu olhar de carinho, aconchego ou aprovação também o chama para a presença do agora. O olhar é o alimento emocional que nos conecta aos nossos filhos e traz maior possibilidade de compreensão. Eu sempre proponho que o diálogo ocorra na altura da criança, olhos nos olhos. A criança nos observa atentamente e percebe cada movimento e ação nossa.

Imagine que o seu filho o chame para mostrar um tatu-bola, sua incrível descoberta! E você responde: "Ah, que legal!" Sem nem ao menos olhar para ele, sem saber exatamente do que ele está falando. Mas seu filho é persistente e deseja compartilhar a sua descoberta com uma das pessoas mais importantes da vida dele e, então, insiste no convite. Com sorte, você abandona suas preocupações, percebe e acolhe o olhar que brilha ao exclamar: "O tatu-bola vira uma bola, pai!".

Só estando presente será possível ouvi-lo e perceber a sutileza que acontece naquele exato momento. O peito do seu filho se enche de alegria e ele se sente um grande descobridor, quase um cientista, um amante da natureza, pois o olhar do pai pousou nele, além da escuta e da valorização da descoberta. Isso ocorre quando a criança se sente realmente ouvida. Mas e se seu filho não insistisse? Como terminaria esse pedido? Talvez ele fosse brincar de outra coisa e esquecesse a grande descoberta feita.

Quero ressaltar que momentos corriqueiros do nosso dia a dia com os filhos podem ser incríveis e catalisadores de muitas habilidades e dons, se estivermos presentes e tendo uma escuta ativa. Do contrário, essas ocasiões podem ser desmotivadoras para eles.

Temos necessidade de sermos reconhecidos, independentemente de nossa idade.

A comunicação é essencial nesse reconhecimento, seja com ou sem som, gestos, toques, falas ritmadas, silêncios, enfim, é assim que a criança se organiza emocionalmente, se comunicando com os adultos significativos de sua vida.

A autoestima é construída a partir da relação, de como a criança é ouvida, o quanto ela é vista e o quanto se sente valorizada.

Por meio da escuta ativa, nomeamos aos nossos filhos o que eles estão sentindo, mostramos limites. Existe um diálogo com compreensão e acolhimento do que o outro sente. Aqui não cabe a pressa, nem fazer duas coisas ao mesmo tempo ou simplesmente pedir "espere um pouco". Se estamos presentes, nada disso é conveniente, não é?

Você deve se perguntar: "E o que fazer com nossa vida corrida, sem tempo?" Zere o cronômetro, comece de novo e eleja suas prioridades: você e sua família em primeiro lugar e todas as outras coisas se ajeitam.

Sei que, às vezes, não é possível aguardar o nosso filho contar uma história na hora em que vamos entrar em uma reunião, mas você pode se abaixar na altura dele, olhar nos seus olhos e dizer: "Eu quero muito ouvir essa história. Assim que acabar a reunião, estarei com você e você me conta, pode ser?". E, acima de tudo, tenha calma. Não se levante e saia andando. Ouça a resposta e só aí encerre a conversa. Esses dois minutos são fundamentais para que seu filho se sinta ouvido e atendido.

Temos que adotar o lema do "começo-meio-fim" com nossos filhos. Encerrar, fechar uma conversa, saciar a curiosidade, terminar o bate-papo. Conversas inacabadas podem passar uma mensagem de que o outro não tem importância, que não merece ser visto e ouvido por inteiro, que só uma parte é suficiente. Grande mentira que fragiliza a autoestima. Merecemos o inteiro, o completo, e é nosso dever fortalecer nossos filhos em crenças novas e relações saudáveis.

E como ter escuta ativa nas horas de frustração da criança? Vamos ouvi-la chorar por quanto tempo? Antes de nos incomodarmos com o choro (isso parece impossível), é importante tentar entender qual mensagem que esse pranto está trazendo. Uma queixa isolada, em um momento específico, talvez fale da frustração passageira. Já um choro que tem acontecido com frequência pode estar falando que algo não está bem. Então, cabe a nós, pais, investigar, refletir sobre a rotina da criança e suas relações. Feito isso, estar próximo de seu filho, consolá-lo e acolher a dor dele e ouvir o que ele tem a dizer naquele instante. A boa atitude do adulto cuidador fará bem à criança, na medida em que ela estará recebendo a informação de que os seus sentimentos importam e que é possível expressá-los.

Para escutarmos nossos filhos, é necessário silenciar nosso mundo interior, nossos desejos e deveres e dar lugar ao mundo deles, pois só assim faremos uma escuta verdadeira.

Veja este exemplo pessoal: tenho três filhos e cada um possui sua maneira de agir e demonstrar a necessidade de atenção. Enquanto uma filha falava tudo o que sentia, era capaz de ficar horas conversando comigo e contando tudo nos mínimos detalhes – o que para mim era muito gostoso –, a irmã mais nova precisava de tempo para expressar o que acontecia com ela. Então, eu procurava ficar por perto, em silêncio, marcando presença e aguardando o momento dela. Às vezes já havia terminado de arrumar a cozinha, ela chegava e ficava perto de mim. Então, eu inventava mais alguma coisa para fazer ali, pois percebia que minha filha queria conversar. Após alguns minutos, ela começava a falar, e eu ficava muito feliz. Já o caçula contava apenas o que queria do seu dia, e me deixava morrendo de curiosidade. Três filhos, três individualidades. Como pais, devemos enxergá-los como únicos e dar a devida atenção a cada um, conforme sua necessidade. Essa foi minha experiência com eles e, hoje, temos um bom canal de comunicação.

Uma escuta ativa traz benefícios enormes para a relação com seu filho e auxilia muito a estabelecer uma boa comunicação sempre, desde que nós estejamos atentos e façamos nossa lição de casa. Afinal, todos estamos aprendendo.

Compaixão

- Compreensão.
- Paixão.
- Tolerância.
- Amor.
- Aceitação.
- Respeito.
- Acolhimento.

Todos esses substantivos ganham vida no coração daqueles que agem com compaixão. Portanto, levar o melhor de nós para o outro e olhar o outro com os olhos do nosso coração. Assim o mundo estará curado. E se tivermos compaixão em nossos lares, estaremos fazendo nossa parte para a cura do mundo".

O mundo sofre com as dores individuais de seus habitantes e com todo o desequilíbrio que a humanidade criou com sua visão pequena e equivocada. Somos parte dessa humanidade, temos nossas dores, e reconhecê-las é o primeiro passo para entendermos a dor do outro.

Mostrar nossa fragilidade em nosso lar é essencial para que todos sintam a permissão de exteriorizar suas vulnerabilidades, sendo também humanos.

Aqui, estamos estimulando a autocompaixão, a generosidade que devemos ter para conosco mesmos, a fim de sairmos, de uma vez por todas, do lugar de nos criticarmos e de nos julgarmos, o que acarreta tanta dor a nós e às nossas relações.

Ouço muitos relatos de famílias nas quais os filhos têm pouca convivência juntos. Parece que a casa é um ponto de encontro, sem espaço para a partilha. O que aconteceu? Se o que mais queremos é compartilhar o amor, por que, às vezes, sentimos um distanciamento das pessoas dentro do lar?

A comunicação e o convívio devem ser estimulados no ambiente familiar. Para que a compaixão se desenvolva no lar, precisamos fortalecer a proximidade e a comunicação entre todos os integrantes da família, inclusive com todos os outros envolvidos no nosso convívio diário.

As reuniões em família podem ser estimuladas até transformarem-se em um hábito significativo para todos. Elas podem e devem acontecer durante as refeições e nos momentos do brincar.

Podemos criar muitas oportunidades de trocas e de diálogo no lar. Vou colocar aqui algumas ideias:

- Caixinha da conversa: uma caixinha na qual todos podem colocar, durante a semana, ideias, sugestões, reclamações e elogios. Haverá um dia da semana em que ela será aberta, cada um vai pegar as anotações que escreveu e avaliar se ela ainda faz sentido. Se sim, a pessoa falará e todos, juntos, poderão resolver a questão. Respeitar o ponto de vista de cada um é regra básica nesse encontro.
- Dia da revelação: uma brincadeira na qual cada componente da família pensa nas coisas de que gosta e formula perguntas para ver se seus familiares o conhecem bem: Do que eu gosto? Azul ou preto? Amora ou goiaba?
- O melhor e o pior da semana: cada um vai relatar aquilo que mais gostou e o que menos gostou em sua semana.

Normalmente, nos surpreendemos nesses encontros. Eles dão a oportunidade para que cada um se revele e saia do conhecido e superficial e vá descobrindo mais seus familiares.

Instituir esses momentos não é o nosso maior desafio. O maior obstáculo é dar continuidade e qualidade a eles.

Na minha casa, as refeições eram realizadas, na maioria das vezes, com toda a família, mesmo durante a semana. Quando alguém chegava depois, eu fazia companhia. Sempre dizia: "Aqui ninguém se alimenta sozinho". Posso afirmar com alegria que esse se tornou o lema de nossa casa e, até hoje, com filhos e netos, ele continua. E o combinado é o de não conversarmos sobre pagar contas, escola e outras tarefas também (confesso que levei muita bronca de meus filhos por quebrar esse combinado).

A criança está sempre muito aberta para nossas propostas e combinados, e foi assim lá em casa. As refeições em família ocorriam naturalmente e foi muito mais fácil, na adolescência, ter os filhos à mesa, pois o lema era de todos.

Que mensagem estamos passando para nossos filhos se combinarmos que ninguém se alimenta sozinho?

Vamos resumir:

- Todos são importantes.
- O momento da refeição é valioso.
- Alimentar-se é receber afeto.

- Nosso corpo merece atenção e cuidado.
- A hora da refeição é sagrada. Estar em família também.

Quando falamos que todos são importantes, estamos dizendo que, independentemente da idade e das características pessoais, todos têm valor. Todos, dentro e fora de nossos lares.

Se todos são assim considerados, as pessoas que vivem de forma diferente da nossa, que fazem escolhas que não concordamos, que têm outra classe social ou outra etnia, são importantes e merecem nosso respeito.

Pensando e agindo assim, quando estamos fora de casa será natural para nosso filho se preocupar com alguém que dorme na rua, ou querer cuidar de um cachorro doente.

Em toda fala e ação, passamos uma mensagem não verbal. Faça o exercício de refletir sobre qual mensagem você quer passar aos seus filhos. Isso pode ser de grande auxílio para melhorar sua comunicação com eles.

Quero deixar uma reflexão a você: quando assumimos ações como reciclar o lixo, respeitar as regras de trânsito, aguardar nosso lugar na fila, dar a vez para um idoso que está atrás de nós na fila ou, quando cedemos nosso lugar no ônibus para alguém que percebemos que precisa, independentemente da idade, estamos usando a compaixão?

Eu acredito que sim e finalizo com duas frases da querida educadora, escritora e filósofa Dulce Magalhães:

"Respeito e generosidade são as chaves do convívio harmonioso e próspero".

"É fundamental conquistar um novo olhar que nos leve ao mundo que desejamos habitar".

Referências

BARBOSA, C. *A tríade do tempo*. Rio de Janeiro: Sextante, 2011.

BRIGGS, D. C. *A autoestima do seu filho*. 3. ed. São Paulo: Martins Fontes, 2002.

NELSEN, J. *Disciplina positiva*. 3. ed. Barueri: Manole, 2016.

24

ESCUTA ATIVA E COMPAIXÃO

EM AMBIENTES SOCIAIS

Neste capítulo, compartilho o que aprendi ao longo da minha jornada profissional e pessoal com crianças dentro do desenvolvimento típico, com crianças dentro do espectro e com as famílias que por mim já passaram. Este capítulo é sobre respeito, educação e empatia. Neste livro, compartilho um pouco dos meus desafios como mãe. Pais empáticos tendem a criar filhos empáticos. Ao ver uma mãe ou uma família passando por uma situação difícil com seu filho, dispa-se do julgamento e ofereça ajuda. Ofereça carinho, escuta e acolhimento.

ANA LUIZA MORRONE GEBARA

Ana Luiza Morrone Gebara

Contatos
analuiza.s.morrone@gmail.com
Instagram: @analuizamorrone
@speechfono
LinkedIn: Ana Luiza Morrone

Sócia-proprietária da Speech Fonoaudiologia, coordenadora clínica da Tear, Equipe Transdisciplinar e supervisora da Genial Care. Sempre focada no acolhimento a famílias e crianças dentro do espectro do autismo. Professora preceptora da Faculdade de Ciências Médicas da Santa Casa de São Paulo. Mãe do João Pedro, esposa do Luis e apaixonada por desenvolvimento infantil.

Conexões humanas

A relação humana se dá a partir da conexão entre as pessoas e essa conexão é feita a partir da capacidade cognitiva de interagir com o meio. Interagir com o meio significa relacionar-se de forma consciente e presente para resolução de conflitos. Mas como ensinar nossos filhos a serem empáticos e a solucionarem seus conflitos nas relações diárias de forma respeitosa se, muitas vezes, nem nós, adultos, somos capazes de nos conectar ao outro por não sabermos reconhecer nossas próprias emoções e conteúdos internos que podem ser disfuncionais para a conexão humana?

Tomasello, psicólogo e linguista, que pesquisa a relação entre cognição e cultura em crianças de um a quatro anos diz que só nos percebemos como seres humanos quando começamos a contribuir dentro de um espaço que haja cooperação. Na perspectiva da psicologia, somente os seres humanos apresentam um tipo de cooperação específica; aquela em que os indivíduos formam uma articulação coletiva para prosseguirem juntos em um mesmo caminho, em um mesmo interesse.

A cooperação cria conexão. Crianças que crescem em lares e são expostas a situações em que veem os pais colaborarem e cooperarem uns com os outros e não disputarem ou competirem por espaços são crianças que adquirem mais habilidades de atenção compartilhada e, desde pequenas, já são capazes de compreender o respeito mútuo entre os seus pares.

Eu sempre fui apaixonada pelo comportamento humano e, principalmente, pelo desenvolvimento infantil, por crianças. Você já reparou que a criança tem várias formas de pensar? Várias formas diferentes de se conectar com os outros e com o mundo?

A criança se comunica muito além das palavras, se comunica brincando.

Lembro-me de uma das viagens que fiz com a minha família para outro país e estava sentada com a minha mãe em um parque, olhando crianças brincarem. Era incrível como aquelas crianças vinham de vários lugares diferentes do mundo, carregadas de culturas e de costumes diferentes, mas ali, naquele momento, elas eram todas iguais. Elas sorriam e corriam de um lado para outro. Com gestos, chamavam seus recém-colegas a brincarem e protagonizavam uma das cenas mais lindas que um humano pode vivenciar: a verdadeira conexão de estar presente e expressar, de maneira livre, a sua verdadeira personalidade.

Os pais estavam ali por perto, mas quem protagonizava a cena eram elas. Até que, em um determinado momento, duas crianças começaram a disputar por um espaço. Uma empurra a outra, que chora e grita e logo bate no colega, que também começa a chorar. Naquele momento, os pais saíram correndo para dentro da cena e interferiram, tirando as crianças dali e levando-as cada um para um canto. Será mesmo que essa foi a melhor maneira de intervir? Quais habilidades precisariam estar presentes nos pais e nas crianças para resolver esse tipo de conflito. E aí saio da posição de terapeuta, fonoaudióloga e de mestre em comunicação humana para contar o mais intenso e divertido capítulo da minha vida: a posição de mãe.

Ser mãe me trouxe muitos desafios, mas o maior deles tem sido educar meu filho de forma respeitosa e coerente com os meus valores e com os valores do meu marido. João foi uma criança extremamente esperada, amada e desejada. Sempre demos muito amor, muito carinho e muita atenção. Ele sim foi e continua sendo o meu mestre, aquele que me expõe a situações desconfortáveis, nas quais geralmente eu sou a mãe que está desconfortável com alguma coisa que ele está fazendo socialmente.

Mas por que será que pontuo toda hora o que ele deve ou não fazer? Por que será que ele não me ouve quando está no parque e começa a brincar de empurrar ou de bater no amigo? Sair com ele pode ser delicioso, mas, se tivermos algum fator estressante, como sono, fome, dor ou qualquer outra coisa que João se sinta desconfortável, vira um estresse com choros, cenas de gritos e heteroagressões (quando a criança bate no outro e em quem estiver por perto).

Foi aí que comecei a estudar sobre *soft skills* e percebi que eu mesma não tinha as habilidades que meu filho precisava aprender. Eu sempre fui uma excelente terapeuta, uma excelente orientadora parental, mas como mãe, me sentia frustrada, acabada e emocionalmente abalada.

Vim de uma família extremamente rígida, de médicos e militares, e aprendi que amor é cobrar sempre mais e mais de quem você quer bem. Teve uma época em que meus pais me ofereciam dez reais por cada nota acima de sete que eu tirava na escola, a fim de me incentivar. Mas nunca deu muito certo porque eu tinha muitas dificuldades que, para eles, era preguiça. Isso sempre foi motivo de frustração para mim e para os meus pais. Aprendi que maternar era cobrar. Cobrar de alguém tão pequeno para que minhas expectativas fossem atingidas.

O que percebi é que as situações sociais para algumas famílias sempre serão mais estressantes do que para outras. Mas acredite, a dor da mãe que tem o filho que bate é tão grande quanto a dor da mãe que tem o filho que apanha. Sabe o que une essas duas mães? A empatia. A empatia em entender que cada criança é uma, que cada criança se expressa de uma maneira; e que a criança que bateu está simplesmente tentando dizer algo, mas de forma não funcional e esperada. E aí? Como fazer para fortalecer a criança que é agredida e a ensinar novas habilidades para as crianças que estão batendo?

Vamos começar pela nossa casa. A criança é o fruto do meio em que vive e estabelece conexões. Mesmo nos momentos mais desafiadores, devemos agir para que a criança tenha um exemplo claro de como se comportar quando estiver mais estressada ou nervosa.

A criança deve sempre expressar seus sentimentos e emoções. E devemos sempre validá-la. Diga sempre frases como: "eu entendo que você esteja bravo, mas machucar o corpo do outro ou tirar o brinquedo da mão do outro não é legal. Você deixou o seu colega triste! O que podemos fazer para que ele se sinta bem de novo?". E nunca deixe de perguntar: "Filho, o que você estava sentindo?". Se ele não for capaz de nomear essa emoção, diga a ele: "Filho, o que você sente é raiva! A gente pode ter raiva!"

Em uma situação com outras famílias, dê atenção ao seu filho. É ele quem realmente importa. Por mais que você fique frustrada, lembre-se de que você deve ajudá-lo a superar aquela situação constrangedora e não piorá-la com punições ou agressividade. Punição não modifica comportamento.

De acordo com Skinner, quando a punição ocorre após um comportamento, ela é oferecida como uma consequência para a criança, o que pode ser a apresentação de um estímulo aversivo ou a retirada de alguma coisa que a criança gosta muito. CUIDADO! Esse pode não ser o melhor caminho, pois a criança pode ficar sob controle só de quem a puniu e continuar a realizar os mesmos comportamentos inadequados na ausência dessa pessoa.

Ensine seu filho a fazer perguntas. Sempre que ele não gostar de algo ou se sentir desconfortável, ensine-o a perguntar o porquê. A melhor maneira de descobrir sobre os outros e formar conexões é fazer perguntas que pertencem, especificamente, à pessoa com quem a criança está falando. Incentive seu filho a fazer perguntas que não podem ser respondidas apenas com um *sim* ou *não*.

Brinque com o seu filho e, por meio da brincadeira, ensine-o e exponha-o a várias situações diferentes. Use bonecos para resoluções de problemas. Faça com que seu filho finja ser a pessoa com quem ele já teve um impasse, isso fará com que comece a se colocar no lugar do outro.

Se a criança tem melhor compreensão de como os outros se sentem é muito mais provável que se sinta conectada a outras pessoas e formem vínculos positivos. Pais ensinam seus filhos a serem empáticos, expondo-os a diferentes situações sociais. Parte do ensino da empatia é ajudar a criança a aprender a ouvir ativamente os outros. Isso envolve compartilhar a atenção com o que o outro está dizendo e depois pensar sobre o que foi dito.

Respeite os limites da criança. Proteja-a de situações sociais que você sabe que ela não dará conta. Vale lembrar que crianças são diferentes e que algumas têm mais habilidades sociais do que outras. Algumas são mais extrovertidas, outras menos. Algumas crianças se sentem confortáveis em ambientes grandes e com alta exposição, outras não. Por exemplo: festas de aniversário, festas de escola, festa junina e outros contextos sociais que expõem a criança: algumas aceitam e outras se mostram desconfortáveis. Respeite a criança se ela sinalizar que não quer dançar. Às vezes, algumas situações parecem confortáveis somente para os pais, que, por euforia e por pressão social, acabam obrigando a criança a fazer coisas que elas não querem. Aprenda a abrir mão, às vezes.

O mais importante é que esteja consciente da forma como interage com os outros, enquanto a criança está assistindo. Você faz perguntas aos outros e, em seguida, dedica tempo para ouvir ativamente? Ou a criança está acostumada a vê-lo em relações em que você não conversa e não tem escuta para o outro? Você demonstra empatia genuína por amigos e familiares em sua vida?

O Center for Parenting Education afirma que ser um modelo eficaz requer esforço consciente. É importante lembrar que levará tempo para que seu filho desenvolva habilidades sociais, as quais serão desenvolvidas e aprimoradas ao longo da vida.

Antecipe para o seu filho como e onde ele vai, descreva o local. Quem são as pessoas que estarão por lá e quais os combinados que vocês têm enquanto família.

Seja um detetive dos bons comportamentos. Elogie sempre as pequenas ações e as pequenas conquistas diárias do seu filho. Dessa forma, você vai fortalecer a conexão com ele, e ele se fortalecerá para lidar com as diferenças no mundo a partir das experiências nas situações de relações sociais.

Que sejamos pais empáticos para criarmos filhos empáticos. Esse é o caminho para um mundo tão diverso, rico e cheio de belezas.

TRABALHO EM EQUIPE E RESPEITO

Plantei respeito, colhi amigos.
MARCIO ALMEIDA

TRABALHO EM EQUIPE   RESPEITO

Nos próximos capítulos, abordaremos as *soft skills* de trabalho em equipe e respeito. Trabalho em equipe é a nossa capacidade de desenvolver uma atividade conjunta, com um objetivo em comum.

Já o respeito é uma habilidade que funciona em tríade: 1) eu me respeito, 2) eu te respeito e 3) você me respeita. É impossível haver respeito mútuo se eu não me aceito tal como eu sou, se não conheço os meus limites ou não escuto as mensagens emocionais que o corpo me envia.

A infância é uma fase da vida, na qual experimentar, experienciar e vivenciar são ações cotidianas e importantes. A proposta de trabalhar em equipe parte do adulto, que guia e orienta a criança a desempenhar funções que impactam diretamente no bem-estar coletivo, tornando o ambiente e o convívio mais agradável e harmonioso. Como um time, cada membro da família participa de acordo com suas capacidades e fase de desenvolvimento, com igual dignidade e igual valor.

Saber trabalhar em equipe envolve habilidades complexas, de escuta, de compartilhamento, de exposição de uma ideia de forma clara, de conceder, de sustentar uma ideia, de aceitar e recusar, de estabelecer limites. Conclusão: muita aprendizagem.

Aprender na infância sobre a *soft skills* do respeito é, também, aprender sobre limites. E nesse aspecto é importante rompermos com a visão simplista de que "tem que impor limites à criança". O primeiro aspecto a se considerar é que os seres humanos – e, em especial, a criança – foram projetados para romper limites. A evolução da espécie passou pela superação de limites e não pelo conformismo. Dessa forma, no entendimento mais amplo e adequado, é o adulto responsável que favorece o ambiente, meios e condições para que a criança ultrapasse os seus limites. Outro aspecto é o de que a criança está aprendendo a decodificar os códigos de convívio no coletivo, e a sua experiência de base acontece na relação intrafamiliar. É muito importante que ela aprenda que cada um tem o seu espaço e limites individuais. Essa é a raiz do respeito: saber os limites do outro, até onde é possível agir sem fazer mal a si e aos outros.

De fato, limite não é limitar. Limite é a compreensão deste lugar que eu ocupo, é o reconhecimento de quem sou, é a percepção do que gosto ou não. E, também, perceber os limites dos outros.

Relacionamos essas duas *soft skills*, pois são habilidades importantes no desenvolvimento integral do ser humano e que dependem de uma estruturação do adulto para que as crianças vivam na prática.

Relacionar-se é conexão. Conexão com o outro, comigo, com o espaço, com os materiais, com as emoções, com tudo que se vincula a mim. A relação se estabelece por meio do respeito e não no comando, por um objetivo em comum e não apenas individual. Assim, você verá nos próximos capítulos como desenvolver essas *soft skills*.

Lucedile Antunes e Beatriz Montenegro

25

TRABALHO EM EQUIPE E RESPEITO

EM AMBIENTES DE APRENDIZAGEM

Fazer valer o que há de dinâmico entre as pessoas, autenticar e atestar aquilo que há de essencial de um todo em movimento são características da ação conjunta e do reconhecimento respeitoso da sua potencialidade formadora. Para pensarmos essas *soft skills*, buscaremos – e te convidamos para – transcender as simplificações técnicas, homogêneas e cronológicas dos tempos e dos espaços escolarizados.

THAÍS PEREIRA TALLO

Thaís Pereira Tallo

Contatos
thais.tpt@hotmail.com.br
LinkedIn: www.linkedin.com/in/thais-tallo/
Instagram: @thais.tallo

Socióloga (PUC-SP) e pedagoga (Universidade São Marcos). Tem 20 anos de experiência como professora (educação infantil e ensino fundamental I). Coordenadora pedagógica (EFI), com especializações em psicopedagogia (Instituto Singularidades), Arteterapia (Instituto Sedes Sapientiae) e MBA em Gestão Escolar (ESALQ/USP).

> *A imaginação é a verdade da criança e, para alcançarmos a criança, devemos compreender que a imaginação é um mundo.*
> GANDHY PIORSKI

As crianças estabelecem comunicação com o mundo exterior logo cedo. Desde a gestação até o nascimento, os bebês têm contato com a própria família — conceito em expansão que engloba muitos formatos — e com as comunidades extrafamiliares das quais fazem parte. A vida, desde seu início, acontece por meio dos encontros. E é a partir deles que, ao longo do tempo, construímos e (re)modelamos nossas estruturas relacionais para que a manutenção das dinâmicas interpessoais sejam possíveis. Sob o ponto de vista da infância, é possível imaginar o quanto as ações coletivas podem ser potencializadoras para parcerias edificantes, para o convívio com os demais e como alicerce para o respeito às singularidades humanas.

A escola — lugar do coletivo para além da família — ao cuidar dos encontros e das relações, configura-se como oportunidade para que crianças e adultos deem as mãos e, em conjunto, possam gerar e nutrir vínculos fundamentais para a convivência democrática, o exercício da cidadania e a validação conjunta da diversidade. Desenhar essa coletividade, pautada em encontros cooperativos, significa abrir caminhos para o ser-estar em parceria. Significa enveredar por travessias para além das simplificações técnicas, homogêneas e cronológicas dos tempos e dos espaços escolarizados. Estruturar práticas para um coletivo respeitoso significa protagonizar, com as crianças, vivências humanizadas e habitar relações a partir da presença e da escuta, das impermanências e das escolhas, das conquistas e dos desafios, dos equívocos e dos acertos, dos conflitos e dos diálogos.

Minha vivência, por quase 20 anos em escola, como professora e como coordenadora pedagógica de crianças da educação infantil e do ensino fundamental I, me mostrou que, no coletivo, crianças e adultos podem levar as aprendizagens para outros patamares. Quando uma comunidade enxerga as riquezas presentes nas forças individuais e singulares que compõem uma (re)união viva de sujeitos, muitas aprendizagens se tornam possíveis. A ação conjunta, nesse caminho, é um convite para fazer valer o que há de dinâmico entre as pessoas, para autenticar e atestar aquilo que há de essencial entre as partes de um todo em movimento. A ação coletiva, que zela e respeita os encontros, pode muito, porque acontece entre sujeitos que sabem e que fazem questão de preservar a própria autoria e o próprio valor; são individualidades conscientes da função de integrar e animar uma entidade maior/coletiva que não pode se encerrar em si mesma, mas que se mantém, necessariamente, em composição.

As crianças, mediadas por esses planejamentos – dedicados aos encontros e aos estudos criteriosos –, podem habitar um todo que é orgânico. Sentem-se, nesse lugar, seguras para produzirem conjecturas, delinear e testar as próprias hipóteses. A infância, que habita os territórios dos encontros, pode imaginar, conceber e expor outras possibilidades para as vivências lineares ou sequenciadas presentes numa escola. Aqui, a infância toma voz, é coletividade inventiva-criadora, disparo para acontecimentos e experiências. Trabalho em grupo como uma oficina de ideias. Oficina-inclusiva de processos, imaginações e multiplicidade.

Uma ação coletiva, vivida entre crianças dos anos finais do ensino fundamental I, retrata essa forma de pensar: estudavam o tema "sustentabilidade ambiental". Conversavam sobre o assunto, entendendo sua complexidade. Analisavam os pilares que orientam o tema e em como ele envolve um conjunto de ações e de iniciativas que abrangem, desde órgãos governamentais e empresas privadas até as próprias pessoas que, individualmente, compõem a sociedade e que podem trabalhar de maneira responsável e consciente para melhorar suas condições. O trabalho em grupo, nesse caso, estudava sobre o problema da poluição em nosso país, com ênfase na defasagem que vivemos em relação à reciclagem do lixo. Ao final de muitos estudos, investigações e registros (elaborados sob a forma de produção textual, de debates, desenhos e esquemas, produção de vídeos, dentre outras), as crianças decidiram, como coletivo, ocupar uma parte da escola fazendo uso do lixo reciclado (que haviam acumulado ao longo do tempo), no chão, para horizontalizar e compor uma grande obra reciclada. Fizeram, por meio da arte colaborativa, uma composição brincante. Trabalho em grupo e autoral, que reuniu esforços individuais para formar-se por meio de um coletivo humano autônomo e independente. Cada criança, em seu movimento singular e plural, usou a imaginação e a criatividade para ocupar um espaço nessa tela pulsante e improvisada que o território da escola se transformou. Para além das competências socioemocionais, que permearam esse trabalho em grupo, foi possível reafirmar a socialização de um coletivo que tomou voz e definiu, de forma genuína, como queriam ampliar e transmitir para a comunidade uma mensagem cidadã derivada de tantos estudos.

Por isso, a importância de pensar a escola como lugar dos grupos-encontros, como espaço que acolhe narrativas e histórias. Na escola, adentramos aos espaços comuns, habitamos territórios plurais, formamos grupos que trabalham como grande coletivo molecular. E é nesse conjunto que os planejamentos podem ocupar espaços simultâneos. Ou seja, ao mesmo tempo em que se desenvolvem com determinadas orientações e procedimentos, podem também ser janelas e portas abertas para as crianças, em coletivo, pesquisarem o novo, incorporarem e investigarem as realidades que nutrem as próprias reflexões. Esse é um trabalho em grupo que tende à potência e não à linearidade. Caminho em que os saberes se deslocam e irrompem enquadramentos, lançam-se para fora, ocupam espaços abertos para o pensar e para o devanear.

As crianças, desse modo, observam, pesquisam e coabitam o mundo. Podem ser muitas. Em grupos, vivem trocas primorosas, acolhem instantes e escolhas, transformam e enfrentam desafios, podem confrontar ideias, discordar acerca de um ponto de vista, lidar com diferentes opiniões e argumentar. Um coletivo sensível, que ocupa, cuidadosamente, os tempos e os espaços da escola: formação coletiva como vivência humana.

Avião, amarelinha, esconde-esconde, corda, ciranda, pião, faz de conta. Na infância, trabalhar em grupos deve, também, envolver a leveza das brincadeiras. Crianças que brincam respiram e arejam as relações, unem-se e qualificam os encontros. Brincar junto é imaginar junto, é multiplicar os sentidos e os significados para o aqui e o agora.

> As crianças, ao brincarem, inventam suas próprias regras, seus próprios limites; e preparam-se em todos os sentidos para a vida, pura imanência. O brincar é o espaço do possível, do pedagógico: 'Um pouco de possível, senão eu sufoco', parecem dizer, no silêncio, crianças e adolescentes.
> (LINS, 2004)

O brincar, nesse caminho, é estrutura para os trabalhos com grupos de crianças, ensina acerca do próprio estado do ser-coletivo, porque é convite à coexistência e à concomitância. Quando brincam, as crianças pequenas vivenciam tempos singulares e plurais, por meio da presença interativa com os outros. Lydia Hortélio, grandiosa, nos diz que "a criança é um ser brincante e que brincar é o seu movimento mais natural e espontâneo, sua língua". Diria, também, que brincar é convocar o corpo para despojadas danças e cirandas, é movimento, ação que toca a natureza e os caminhos para a invenção: "Na natureza, a criança encontra liberdade, fantasia e privacidade — um lugar distante do mundo do adulto, uma paz à parte" (LOUV, 2016). Por isso, brincar em tempos simultâneos, dentro e fora da sala de aula é valioso, faz gerar experiências únicas para um coletivo com múltiplas dimensões e que pode ser atravessado por vultuosas memórias, vozes e sonoridades expressivas. O brincar também gera dobras para aquilo que está idealizado e definido como o "a priori", multiplica sentidos, soma significados, ecoa achados e reafirma as invencionices das crianças. Algo de contagiante e de encantador perpassa essa atuação conjunta que acontece como um fazer que atravessa as portas e as janelas da sala de aula e que está entre o planejado e o vivido.

Por isso, nesses planejamentos, não há fronteiras fixas, permanentes, definitivas ou imutáveis. As atividades estão abertas às falas da infância. Não são pontos finais, mas pontes para pesquisas em grupo vivenciadas pelas crianças. Grupo-ponte que leva seus integrantes a saborearem acontecimentos, acolherem saberes e a expandirem as possibilidades de uma escola.

Nessa atmosfera, as hipóteses que pertencem à infância têm significados profundos, porque seus conhecimentos, preexistentes e pregressos formam elos e vínculos para a geração de tantas outras alças curriculares. Os textos e os discursos que transitam por esse conjunto humano não atendem às regras padronizadas, prefixadas ou a uma verdade única. Os trabalhos cooperativos, propostos como encontros planejados e abertos aos trânsitos de ideias, abrangem o múltiplo com diligência: trazem temáticas e objetos de estudos, mas também, respeitam e inspiram os ritmos singulares das crianças.

Escola como tempo para todas e para todos: crianças trabalhando juntas, em grupos pequenos, cada qual com sua participação autoral e com tarefas claramente atribuídas, sem supervisão direta ou imediata. Mas em tempos e espaços de mediação, diálogos, hipóteses e brincadeiras.

O trabalho em grupo que acontece pela "rotação por estações", no ensino fundamental, é um exemplo dentre tantos, conta muito sobre essa forma de enxergar o protagonismo infantil no coletivo. Um mesmo tema de estudo, por exemplo, é distribuído em pequenos grupos. As atividades, previamente planejadas, são dispostas por estações e as crianças atuam de maneira ativa: lendo, escrevendo, desenhando. Formam pequenos grupos e circulam por todas as estações. Nesse processo, também sugerem registros (para dentro e para fora da sala de aula), produzem materiais para além dos oferecidos pelas professoras e professores, estabelecem diálogos entre si. São protagonistas nos caminhos dos próprios estudos. Ao final, a depender da idade, podem planejar uma assembleia, conversar sobre os temas investigados e formar uma grande roda-viva de interlocuções e aprendizagens. Um mesmo tema, muitos desdobramentos. Experiências de cooperação e reciprocidade, ampliação de hipóteses e apreensão do mundo de forma respeitosa e colaborativa. Trabalho em grupo como achadouro. Manoel de Barros, em *Memórias Inventadas* (2015), presenteia-nos com a poética de seu olhar e desenha-se nos achadouros da infância: "Sou hoje um caçador de achadouros da infância. Vou meio dementado e enxada às costas cavar no meu quintal vestígios dos meninos que fomos".

E não é a busca por essa meninice que aprofunda, impulsiona e impacta os encontros entre adultos e crianças? Essa meninice contagia, nutre o solo da escola e nos permite atingir ou alcançar os trabalhos coletivos como territórios vivos. Como professora, acredito que é a partir dessa arqueologia, com a enxada apoiada nas costas, que nós iniciamos e damos vida à tarefa humana de cavar até chegarmos nas conexões orgânicas que compõem as partes de um todo, de escavar para podermos ler ou versar acerca dos olhares curiosos que animam o desejo (pelo novo), vivente nas crianças; de cavoucar o chão até vislumbrarmos o presente (como tempo verbal e como substantivo) da infância, seus instantes, seus vestígios e suas sensíveis meninices. Estejamos presentes, sigamos a cavar pelo cultivo, a escavar pela experiência e a cavoucar para suspender o que nos fixa, o que nos quer agrilhoar e estereotipar. Sejamos as partes dos grupos que cuidam da coexistência, que se solidarizam no coabitar, que cultivam concomitâncias, que escutam-olham e, por fim, que trabalham em coletivo, pelas invenções das crianças. Coletivo como fonte para planejamentos cuidadosos, para o cultivo de espaços-tempos dos achados. Coletivo como ponte a ser atravessada, com as crianças, por mãos e pés potentes que ampliam concepções e semeiam caminhos contagiantes que acontecem como "potência de interação, produção de sentidos e na expansão de cada vida que, como a orquídea e a vespa, deixa-se contagiar pelo desejo" (LINS, 2004).

Referências

BARROS, M. *Meu quintal é maior do que o mundo*. Rio de Janeiro: Objetiva, 2015.

COHEN, E. G.; LOTAN, R. A. *Planejando o trabalho em grupo: estratégias para salas de aula heterogêneas*. 3. ed. Porto Alegre: Penso, 2017.

HORTÉLIO, L. *Ocupação. Itaú Cultural*. Disponível em: <https://www.itaucultural.org.br/ocupacao/lydia-hortelio/>. Acesso em: 02 maio de 2022.

LINS, D. *Juízo e verdade em Deleuze*. São Paulo: Annablume, 2004.

LOUV, R. *A última criança na natureza: resgatando nossas crianças do transtorno do deficit de natureza*. São Paulo: Aquariana, 2016.

26

TRABALHO EM EQUIPE E RESPEITO

EM AMBIENTES FAMILIARES

Neste capítulo, compartilho o que aprendi ao longo da minha jornada profissional – e aperfeiçoei, quando me tornei mãe – sobre encorajar famílias a trabalharem em equipe, de modo que o respeito seja um grande pilar dessa aprendizagem.

KAMILLY GUEDES

Kamilly Guedes

Contatos
kamillysgp@gmail.com
Instagram: @kamillyguedesm
11 98161 7563

Fonoaudióloga especializada em Desenvolvimento Infantil e Linguagem. Mestranda em Saúde da Comunicação Humana. Fundadora do Espaço de Desenvolvimento Infantil Território de Pequenos. Idealizadora do programa Faz Comigo (abordagem de conexão entre famílias no ambiente domiciliar). Pesquisadora nas áreas de desenvolvimento, linguagem e comunicação há mais de 15 anos. Mãe do Heitor e apaixonada pelo desenvolvimento infantil.

Comecei a estudar sobre *soft skills* desde que me tornei mãe, até então era muito focada nas *hard skills* por causa de minha profissão. Esse estudo me levou a perceber que se trata da lapidação do indivíduo para um bom convívio em sociedade.

Falar de família é algo que me toca profundamente, em especial por ter vivenciado recentemente a mudança do meu núcleo familiar.

Sair da casa dos meus pais, casar e ter filho me trouxeram a necessidade e a coragem de olhar para mim, para o entendimento de quem sou e de como vou ajudar no desenvolvimento de um novo ser humano.

Tenho quase 35 anos e faço parte de uma geração de transições.

O que antes era dito como sabedoria, hoje está em desuso. Se antes entendíamos que respeito era ter medo, hoje sabemos que ele precisa ocorrer de forma mútua. É inaceitável o desrespeito com o outro, ou melhor, queremos que seja inaceitável e impraticável, porque ainda estamos em fase de transição e, infelizmente, muitas coisas ruins ainda acontecem.

Mas essa transição é urgente e não vejo melhor maneira de acelerar o processo do que olhar para a infância e para as oportunidades de crescimento que surgem quando cuidamos dela.

A infância é a época que mais temos páginas em branco para escrever ou participar do processo de escrita da história de alguém. É muita responsabilidade. É informação e aprendizagem para a vida toda.

Quando citei a coragem de olhar para mim, me referia ao fato de ter a possibilidade de somar a minha história com a de outra pessoa e formarmos uma equipe.

Não é fácil e, na figura a seguir, tento ilustrar o motivo.

FAMILY TREE

PESSOA 1 PESSOA 2

CRIANÇA

Quando falamos em família, estamos mencionando a união de duas pessoas que têm suas histórias e essas, geralmente, são as responsáveis por conflitos no núcleo familiar. Cada integrante possui um perfil, repleto de amor e dor, e esta dualidade faz com que vejam os fatos por perspectivas diferentes.

Acontece que uma família precisa encontrar o equilíbrio desses pontos de vista para conseguir administrar, com empatia e respeito, situações que podem potencializar conflitos. E um bom exemplo disso é o impacto que sofremos com a chegada da pandemia. Na minha casa, assim como na maioria dos lares, não foi diferente.

Era início de 2020 e veio a notícia que abalou o mundo: "Pandemia, covid-19, fechem tudo, recolham-se em suas casas e se virem...".

Fechei o consultório, liberamos a babá do pequeno e meu marido ingressou no tal do *home office*. No começo, tudo era incrível. Eu pensava "férias forçadas e uma chance de aproveitar o convívio familiar". Sem imaginar o tempo que passaríamos nessa situação, virei uma máquina de promover engajamento para o meu filho de um ano e quatro meses. A mente não parava, o corpo menos ainda. E o que antes, na minha cabeça, seria uma oportunidade de conexão, passou a me mobilizar pela perspectiva da exaustão.

Aquela dinâmica de "uhu! Vamos viver o agora" começou a me incomodar.

Sempre batalhei pela minha autonomia e realização profissional. Eu amo o que faço. Mas, assim como todas as pessoas vivendo a pandemia, mudei drasticamente de contexto diário.

Acordar, quer dizer, levantar, porque quem tem criança sabe que as madrugadas são longas, fazer café da manhã, lavar a louça para sujar novamente fazendo o almoço, sentar vinte minutos para brincar com o filho que está há duas horas na frente da televisão, voltar para a cozinha e colocar a comida no fogo, lavar a roupa, varrer a casa, brincar, dar banho e... socorro!

Comecei a atacar meu marido, que estava trabalhando em casa. Só que quem é atacado devolve. Pronto, porta aberta para vivenciarmos a energia do estresse e a falta de respeito.

Sabe o que aconteceu?

Nosso filho começou a agir como enxergava a gente agindo. É o exemplo, né?

Lembro-me dele começar a franzir a sobrancelha e ficar falando "bavo, bavo, tô muito bavo".

Apesar de triste, foi um bom clique para olharmos para nossa relação e buscarmos estratégias que nos resgatassem como família e otimizassem a realização das demandas domésticas para termos disponibilidade emocional que ajudasse a passarmos juntos por este período tão difícil.

A conversa foi o que nos reconectou. Dialogamos para encontrar estratégias que minimizassem a carga mental e física dessa fase penosa. Mas, para chegar à solução, tivemos que pôr em evidência nossas vulnerabilidades e sermos sinceros. Cada um expôs suas angústias e necessidades. Encontramos o caminho em uma boa conversa, com escuta ativa e empatia. Entendemos que o que era fácil para mim era difícil para o meu marido, e vice-versa. Reafirmamos nosso propósito de sermos bons exemplos de respeito e cooperação para o nosso filho.

Embora eu tenha mais de uma década de dedicação ao desenvolvimento infantil, foi a maternidade que me fez acessar algumas circunstâncias com maior clareza e, quando reflito sobre a oportunidade de ser um guia para uma criança, lembro-me de um conceito da educadora Maria Montessori (1870-1952):

> As pessoas educam para a competição e esse é o princípio de qualquer guerra. Quando educamos para cooperarmos e sermos solidários uns com os outros, nesse dia estaremos a educar para a paz.

A partir desse pensamento que quero contribuir para que as famílias desenvolvam as habilidades de cooperação e respeito.

Então, como ensinar sobre trabalho em equipe e respeito às nossas crianças?

Você já parou para pensar que elas, desde muito novinhas, podem e devem fazer parte da dinâmica de organização e acontecimentos da casa?

É comum vermos os responsáveis assumindo tarefas que poderiam ser delegadas aos filhos, por não saberem como fazer ou até por não acreditarem ser possível. Mas atribuir tarefas é benéfico para incentivar a independência, responsabilidade, autoestima e senso de pertencimento. Isso sem falar do suporte ao desenvolvimento motor, cognitivo e de linguagem. Dependendo da idade da sua criança, é possível direcionar diferentes tarefas domésticas e de autocuidado.

Existe um termo nas áreas da saúde chamado AVDs (Atividades de Vida Diária), que engloba tarefas do cotidiano. Há também avaliações específicas para entender o que cada criança já consegue fazer e o que é esperado para a idade dela. Mas, acreditem, é muito comum fazermos perguntas como "seu filho se veste sozinho?" e os responsáveis responderem "não sei, nunca dei oportunidade para ele fazer isso" ou "ele demora muito e sempre estamos com pressa, então, acabo fazendo".

O fato é que todos estamos sempre correndo, cansados e hipnotizados por equipamentos eletrônicos. Enquanto lavamos uma louça, estamos assistindo a uma palestra; poderíamos levar dez minutos para guardar os pratos, mas estendemos para vinte porque damos uma checada na nossa rede social preferida. Você, em algum momento, já teve que lavar novamente as roupas, porque se esqueceu de estendê-las? É disso que falo... as atividades domésticas não são fáceis e nunca acabam, mas a organização da casa pode ser mais leve quando envolvemos todos os integrantes da família, inclusive as crianças.

Então, comece devagar, com o que já tem. Monte um esquema de rotatividade para trabalhar com a curiosidade e motivação da criança. O objetivo é plantar sementes para criar um ser humano curioso, responsável e colaborativo.

Promover essas *soft skills* demanda conhecimento sobre os pequeninos. Se entendermos as necessidades infantis, teremos mais paciência e compreensão.

Crianças são impulsivas e o amadurecimento da área cerebral, responsável pelo autocontrole, se dá por volta dos 20 anos.

É fundamental saber que elas passam por um processo chamado "crise de autoafirmação" e têm a necessidade de dizer o imponente e sonoro "NÃO" porque percebem que são pessoas independentes dos pais e anseiam por mais autonomia.

Elas são sinônimo de movimento, precisam explorar e descobrir o mundo à sua volta. E é essa liberdade que ajuda a se tornarem aprendizes curiosas.

Sabe quando você gasta muito dinheiro comprando o brinquedo mais luminoso e sonoro que existe e as crianças se divertem mais com os potes de sorvete? São elas demonstrando maior interesse nos objetos manuseados pelos adultos por se sentirem parte da família. Elas são genuinamente comunicativas e, por ainda estarem amadurecendo, expressam seus pedidos de ajuda por meio de comportamentos desafiadores. Mas elas devem aprender limites de forma calma e compreensiva, com ordem e consistência.

Os adultos devem ser guias gentis, focados em continuarem conectados com a criança, até mesmo quando precisam impedi-la de fazer algo que não é seguro ou adequado.

É comum tentar obter a colaboração das crianças com subornos, ameaças, castigos etc. Porém, esse tipo de conduta raramente tem efeito a longo prazo, porque a criança muda ou aceita na hora com o objetivo de evitar consequências negativas ou tirar vantagem das positivas, e o preço da sua colaboração vai aumentando cada vez mais.

Então, para auxiliá-las nos momentos desafiadores, precisamos nos envolver e sermos parceiros na resolução dos problemas, mostrando que o desenrolar dos acontecimentos depende dos dois (dar possibilidade de escolha é um bom aliado para fazer a criança se sentir pertencente), alinhar as expectativas e falar com a criança de forma clara e gentil (uma opção é tornar a fala mais informativa do que uma ordem).

Pensando em respeito, além de conhecer sobre as necessidades infantis, é essencial valorizar alguns pontos nas necessidades dos adultos:

- **Autoconhecimento:** entenda quem você é e quais seus princípios, virtudes e necessidades. Alcançar o autoconhecimento

ajuda na flexibilidade para aprender a nos comunicar com o outro, respeitando como ele é e não como o imaginamos.
- **Conversa:** é impossível um time dar certo quando não há troca. É aquela história de "a conta chega", sabe? Então, a conversa é urgente.
- **Fazer acordos** e escrevê-los, se for preciso.
- **Treinar a percepção diária dos seus sentimentos e do outro.**
- **Conectar-se:** o fato de ouvir 100% e genuinamente alguém já pode elevar o bom humor.
- **Compreender e valorizar diferenças:** parar de achar culpados. Juntar forças. Reconhecer pontos cegos.

Entendendo as necessidades das crianças e dos adultos, faço uma retomada agora ao que escrevi no início deste texto. Temos a oportunidade de ajudar na escrita de um livro em branco de uma pessoa. Promover o desenvolvimento de *soft skills* é ajudar a lapidar o ser humano para um bom convívio em sociedade.

E, na prática, como posso encorajar meu filho a trabalhar em equipe dentro de casa?

Para facilitar, darei exemplos de algumas atividades que podem ser desenvolvidas por faixa etária:

De 2 a 3 anos: nessa faixa etária, as crianças estão sedentas por aprendizado. É uma época muito importante e de muita plasticidade cerebral. Então, é um bom caminho para plantar a sementinha do "aprender a fazer". Por isso, podemos aproveitar tarefas relacionadas à organização, como guardar brinquedos, jogar coisas no lixo, molhar plantinhas, levar um saco de compras com algo leve, guardar roupas sujas no cesto. Dar autonomia e respeito, especialmente nos momentos de refeições como, por exemplo, deixá-la se servir de algo ou colocar o suco no copinho.

De 4 a 5 anos: esse é um momento de favorecer autonomia e autocuidado. Tarefas com objetivo de aumentar a independência da criança fazem muito sucesso dentro de casa. Aproveite o momento em que ela se sente motivada a superar desafios e deixe-a se vestir sozinha, tomar banho (ainda com supervisão), lavar algumas louças, ajudar a arrumar as gavetas, separar o lixo reciclável etc.

De 6 a 8 anos: nessa idade, as crianças começam a fazer aqueles questionamentos sobre atividades de bebezinhos e atividades de criança grande. Bom momento para assumir mais responsabilidade em casa, como lavar louça, passar aspirador, guardar compras, ajudar a lavar o carro.

De 9 a 10 anos: nessa faixa etária, a maioria das crianças já está alfabetizada e consegue fazer operações matemáticas. Por isso, é um bom momento para fazer lista de mercado, ter compreensão financeira para fazer uma compra em padarias e mercadinhos, além de aperfeiçoar as tarefas de casa, como arrumar o quarto, trocar a roupa de cama, cuidar de animais de estimação, preparar lanches etc.

Por fim, deixo uma imagem do meu filho sendo parte do funcionamento da nossa casa. E reafirmo que os pequenos conseguem e devem ser vistos como pessoas que podem cooperar, aprender e ensinar.

Educação não muda o mundo. Educação muda pessoas. Pessoas mudam o mundo.
PAULO FREIRE

Referências

DAVIES, S. *A criança Montessori: guia para educar crianças curiosas e responsáveis*. São Paulo: nVersos Editora, 2021.

FERREIRA, L. *A arte de ser leve*. São Paulo: Planeta, 2016.

27

TRABALHO EM EQUIPE E RESPEITO

EM AMBIENTES SOCIAIS

Será que percebemos, nas miudezas do que vivemos no dia a dia, a importância de refletir sobre as atitudes que demonstram o respeito e a importância de viver em grupo? Será que conseguimos ajudar as crianças a exercitar essa maneira de ser e de estar no mundo? Neste capítulo, reflito sobre o meu próprio processo de aprender a pertencer, como pessoa e como mãe, no ambiente social.

AMANDA CHRISTINA TEIXEIRA DE FARIA

Amanda Christina Teixeira de Faria

Contatos
mira.desenvolvimento@gmail.com
11 96637 0887

Mulher, mãe, filha, irmã, amiga, professora, psicopedagoga, cidadã, um ser em constante aprendizado. Ao mesmo tempo que sou muitas, sou única, singular, sujeito em transformação, assim como o mundo. Essa pluralidade de identidades me proporciona a liberdade para criar, errar, buscar o bem comum e a construção de um agora melhor para mim e para o todo ao qual pertenço. Pertencer a um mundo líquido e rápido me obriga a realizar paradas para organizar o sentir. Quem sou eu, hoje? Sou Amanda Faria, amante do desenvolvimento humano, e me permito brincar para conhecer. As reflexões sobre como o ser humano aprende me possibilitam a conexão comigo mesma enquanto sirvo de ponte entre o outro e seu próprio processo de aprendizagem. Existem várias perspectivas para enxergar esses processos e, para mim, todas se complementam, como uma obra de arte repleta de símbolos que partem da cultura e rompem com a sua organização, a fim de provocar. Aprender é ser constantemente provocado. Posso provocar você?

É curioso como, no recorte de mundo do qual fazemos parte, as defasagens encontradas na fase adulta da vida sempre tendem a aumentar as demandas do período da infância, como se esse fosse apenas uma etapa preparatória para a fase adulta. Esse, a meu ver, é o primeiro equívoco que nos faz estarmos sempre "atrasados". A infância é o principal período de desenvolvimento. Contudo, por sorte ou obra divina, fomos presenteados com a plasticidade cerebral, descoberta da neurociência, que nos coloca no lugar de aprendentes ao longo de toda a nossa vida. Ufa! Temos conserto. Somos capazes de aprender algo novo até mesmo na velhice. Vamos aprender?

Estamos num grande movimento de ressignificar o lugar da infância na sociedade, motivo pelo qual existe uma parte neste livro dedicada apenas a pontuar e refletir sobre as relações sociais.

A consequência do não desenvolvimento das *soft skills* na infância está, primeiramente, na própria infância. Claro que sabemos que também há consequências na fase adulta, mas meu convite é para que olhemos o presente. Devemos contemplar e atuar no hoje sem nos desligarmos da nossa história, do contexto no qual estamos inseridos e da relação com nossa ancestralidade, que nos ensina e nos permite avançar.

Assim, para proporcionar uma vida adulta próspera às nossas crianças, precisamos primeiro cuidar delas agora. Fazer aulas de inglês, teatro, natação ou robótica são formas de preparar e ampliar as possibilidades para um futuro promissor. Mas já pensou no impacto na vida dessas crianças se elas forem preenchidas, principalmente, por respeito, escuta, amor e autoconhecimento? Acredito que a mudança que queremos no mundo comece aí.

O que é respeito?

Acho essa palavra tão batida. Respeito é quase como bom senso: todo mundo acha que tem. Alguém aqui assume que desrespeita as regras de trânsito, que anda na velocidade permitida só quando está chegando no radar? Nós, adultos, somos falhos, temos incoerências que nos fazem humanos e que denunciam a necessidade de estarmos atentos para realizar a manutenção autônoma dos nossos comportamentos. Para isso, é imprescindível que tenhamos certeza do significado da palavra *respeito*.

Segundo a etimologia da palavra, respeito é oriundo do latim, *respectus*, que significa "olhar outra vez". Assim, o que merece um segundo olhar é algo digno de respeito.

Imagino que concordamos que toda a relação que estabelecemos deve ser regida pelo respeito mútuo. Quando olhamos, porém, para os tipos de relação, vemos o quanto o tal respeito se distancia da origem da palavra a depender dos tipos de poder que regem a relação, relacionando-se mais com os significados de tolerância e obediência.

Criança obediente é uma maravilha: passível de se controlar, de se exigir. Criança boazinha que se submete aos desejos do outro, que não diz "não", que não conhece os próprios limites, que não tem voz, que não se coloca no mundo, tamanha a sua insegurança e medo de não ser amada.

Essa criança saberia se defender, pedir ajuda, falar suas ideias? Conseguiria encontrar soluções para os problemas? Arriscar-se-ia experimentar o novo? Minha experiência diz que não. E que, para cada simples ação dessa criança, um medo seria disparado, rompendo mecanismos naturais da aprendizagem. Sim, as emoções regulam os processos cognitivos: quem tem medo de se afogar, por exemplo, passa bem longe de uma piscina. O medo interrompe a aprendizagem.

Pessoas obedientes não criam, não propõem mudanças, não buscam soluções. O que quero dizer aqui é que queremos pessoas e crianças capazes de respeitar.

Antes de me aventurar a escrever este capítulo, escutei as crianças falarem o que pensam sobre o que é respeito.

*Respeito, pra mim, é quando a pessoa
realmente escuta o que você pede.*
(L., 10 anos)

*É como quando eu brigo e a outra pessoa fala
pra eu parar e tenho que parar.*
(D., 8 anos)

É quando uma pessoa elogia a outra.
(R., 5 anos)

É pra brincar com meus amigos e ser divertido, sem briga.
(E., 4 anos)

Você não me respeitou

Sabemos que as crianças aprendem a viver com outras pessoas enquanto vivem. É como aprender a andar de bicicleta, em que, mais do que a explicação, são a experiência, as tentativas frustradas e os pequenos sucessos que sustentam a aprendizagem.

A escola é o primeiro ambiente social, fora da família, do qual a criança passa a fazer parte. Além disso, a criança é produtora de cultura e também integrante da sociedade, como diz um provérbio africano: é preciso uma aldeia inteira para educar uma criança.

Será que a nossa aldeia respeita a criança? O que vemos nos ambientes sociais é que há uma exigência velada de que a criança seja, na verdade, um miniadulto: que cumprimente, que siga as normas de higiene, que não faça barulho, que não interrompa o adulto soberano. Ou seja, que não seja criança. Será que isso é uma experiência de respeito que a criança vive? Como, então, ensinaremos a criança a respeitar?

Dica: conhecer as fases do desenvolvimento ajuda a equilibrar as expectativas que você tem em relação ao comportamento da sua criança nos ambientes sociais. Significa que você precisa fazer um curso para pais e mães? NÃO! Significa estar atento e aberto ao que as pessoas que conhecem a sua criança podem dizer, principalmente, a escola. Essa seria uma aldeia bastante funcional para apoiar o desenvolvimento da criança, não é mesmo? Respire, estamos todos aprendendo.

Esse buraco é meu

Quem frequenta pracinhas com tanque de areia sabe que as crianças disputam, palmo a palmo, o espaço e os brinquedos. Quanto menor a criança, mais dificuldade em dividir.

Quando meus filhos eram pequenos, tínhamos o hábito de ir a uma pracinha e eu sempre levava alguns brinquedos comigo.

Certa vez, Lina e Davi, então com quatro e dois anos de idade, respectivamente, cavaram um buraco profundo e, juntos, saímos para recolher folhas. Quando voltamos, porém, outra criança estava brincando no buraco de areia. Lina desviou o interesse, tratou de adaptar a brincadeira e encontrou, por ela mesma, a solução para o problema. Já o Davi...

— Esse bulaco é meu!

Sim, ele se frustrou. E era como se o buraco fosse um pouco meu também. Mas eu era a adulta: "Filho, quando a gente foi pegar as folhas, o buraco ficou sozinho". Davi chorava, não me ouvia. Peguei ele no colo e esperei até que se acalmasse. Então, disse a ele que entendia que se sentia triste, mas que ele poderia escolher convidar o menino para brincar junto ou mudar a brincadeira. Ele acabou convidando o menino que, por sorte, aceitou.

Crianças de até quatro a cinco anos de idade têm atitudes exclusivamente ligadas ao atendimento das suas necessidades. Quanto menor a criança, mais egocêntrica e movida pelo próprio desejo. Esse período do desenvolvimento da moral é marcado pela ausência da consciência de regras, por isso as crianças se frustram tanto. Assim, é a mediação do adulto que promoverá o estímulo necessário para que aprendam, paulatinamente. Evitar a frustração de ter que dividir o buraco de areia, por exemplo, não promoveria aprendizagem. Sabemos que, na escola, situações como essa ocorrem o tempo todo, e um olhar para essas questões no ambiente social potencializa e diversifica a aprendizagem.

Dica: diversificar os materiais e oferecê-los pouco a pouco aumenta o tempo de envolvimento da criança na brincadeira.

Dica: quando a disputa aparecer no parquinho, ofereça com tranquilidade uma ou duas soluções possíveis de resolução.

Enquanto isso, lá no alto do morro...

Um dia fui a uma festa junina comunitária. Famílias se juntaram numa praça e organizaram uma festa aberta, com comes e bebes oferecidos pela própria comunidade. As pessoas respeitavam os espaços, sorriam umas às outras. Numa trombada, sem querer, as pessoas diziam "Oh, desculpe!", num movimento de olhar de novo e perceber que acidentes acontecem. Enfim, o tal respeito acontecia ali. Ao fundo da praça havia um morro alto, forrado por um gramado verde, macio e convidativo. As crianças faziam algo divertidíssimo: desciam morro abaixo sentadas em pedaços de papelão.

Minha sobrinha, que estava com quatro anos de idade, resolveu subir. Permaneci embaixo, a observar. Enquanto ela subia, uma criança mais velha se juntou a outra e travaram, então, uma disputa corporal pelo "teco" de papelão. Depois do puxa-puxa, minha sobrinha desceu, frustrada. E eu, estava como? Muito frustrada também, querendo subir o morro e ajudar as crianças a se entenderem, mostrar meus dotes de educadora, organizar uma fila ou algo do tipo. Serviria de autoridade e ditaria as regras, já que as crianças ainda não tinham condições cognitivas para fazê-lo. Mas ali não era o lugar para exercitar esse tipo de autoridade.

Esse diálogo me marcou:

— Tô com raiva!

— Entendi, foi errado o que eles fizeram. Mas o que a gente poderia fazer? – perguntei.

— Eu quero bater nele, tia!

— Eu também estou com raiva, por isso escolhi sair de perto. Ele bateu em você para pegar o papelão. O que você achou disso? – perguntei, tentando mostrar a situação.

— Eu não gostei! Não pode bater, né, tia?

— Não, não pode. Eles estão errados. Quando você estiver pronta, podemos voltar a se divertir, tá bem? Vou tomar uma água para me acalmar, você quer?

— Quero sim!

Confesso que a minha vontade era de ir embora da festa. Mas ficamos. Logo, ela arrumou outro papelão e voltou a brincar.

Conseguir olhar duas vezes durante um conflito de interesses, autorregular suas emoções para, então, fazer uma escolha que leve tudo isso em consideração é, talvez, a receita do respeito.

Dica: respeitar não é uma restrição ao sentir, mas sim do que fazemos com ele. Precisamos ensinar as crianças, por meio do exemplo, a reconhecerem suas emoções. Depois de acolher e de dar forma a essa emoção, podemos ajudá-las a manifestar os sentimentos sem que isso cause danos ao outro.

O grande tronco de árvore

Gosto de observar a movimentação das crianças em grupo. O corpo delas fala, comunica. Ficam visíveis os medos, os desejos, a euforia. O corpo em ação sustenta a experiência. Temos um complexo sistema nervoso que proporciona aprendizagens baseadas nas sensações e nos significados construídos a partir desses estímulos sensoriais.

Certa ocasião, estava sentada numa praça e observei algumas crianças em torno de um grande tronco de árvore caído no chão. Havia quatro crianças que, a princípio, estavam disputando o tronco. Quando perceberam que era pesado demais para carregarem sozinhas, começaram um trabalho em equipe.

Estava um lindo céu azul de outono. As crianças carregavam o tronco com enorme esforço e, quando a mais nova, que devia ter uns seis anos de idade, ficava cansada, todos paravam de carregar. Repetiram esse movimento umas três vezes até chegar perto do trepa-trepa. Brincavam e se divertiam enquanto realizavam a tarefa. O brincar é a essência da ação, é o fazer da criança, um fazer carregado de sentido, de desejo. O brincar é o trabalho da criança. E não fui eu quem disse isso.

Trabalho em equipe é as pessoas ajudarem para conquistarem uma coisa que todas querem.
(M., 6 anos)

Não é muito fácil. Você pode chamar seus amigos e pode demorar um pouco pra conseguir terminar a brincadeira.
(V., 5 anos)

É quando a gente ajuda um amigo pra fazer uma coisa.
(L., 4 anos)

> *Quando tem responsabilidade, é um trabalho, como a lição de casa pra mim.*
> (L., 10 anos)

> *É quando cada um faz uma parte da brincadeira. Não tem chefe!*
> (D., 8 anos)

Aqui, a experiência compartilhada partiu de um grupo social privilegiado e específico, em que o trabalho infantil felizmente não é uma realidade. Mas sabemos que as respostas seriam bem diferentes se as perguntas tivessem sido feitas a crianças pertencentes a outros contextos socioeconômicos. Levar o contexto social em consideração é imprescindível para realizarmos análises e propor definições do comportamento humano.

Importar termos do mercado de trabalho e trazê-los para o desenvolvimento infantil é delicado e requer muita reflexão, pois, como diz a canção do grupo Palavra Cantada: "Criança não trabalha, criança dá trabalho!".

Vimos, então, que o respeito e o trabalho em equipe são habilidades socioemocionais de autorregulação que passam pela capacidade de refletir. Assim, considerar as fases de desenvolvimento humano é imprescindível para saber o que esperar.

As crianças vivem as relações sociais a partir do repertório que elas têm. Se lhes foi ensinada uma atitude colaborativa dentro de casa e na escola, será mais fácil para replicarem esse saber em outros contextos.

Dica: deixe sua criança exercitar a cooperação em diversos momentos, desde guardar os brinquedos até arrumar a cama e organizar a própria mochila da escola. Criança é criança e não saberá fazer isso tão bem como um adulto. Reconheça o seu esforço para que ela sinta vontade de fazer de novo.

O desenvolvimento das *soft skills* é fundamental para a construção de uma sociedade plural, igualitária e próspera. Vamos juntos?

> *Seja a mudança que quer ver no mundo.*
> MAHATMA GANDHI

RESPONSABILIDADE E ATITUDE POSITIVA

*Se não assumirmos, individualmente, a responsabilidade de
nos compreender e compreender o próximo,
não é possível haver mudança.*
LAURA GUTMAN

RESPONSABILIDADE   ATITUDE POSITIVA

Nos próximos capítulos, abordaremos as *soft skills* de responsabilidade e atitude positiva. Responsabilizar-se é considerar o erro como parte intransponível do aprendizado. É, igualmente, aprender a assumir as consequências das atitudes e das escolhas. Em vez da culpa e da vergonha, essa *soft skills* traz aprendizado, resiliência, curiosidade, liberdade e consciência.

A capacidade de se responsabilizar é uma habilidade necessária para todos, porém, para desenvolvê-las nas crianças, necessitamos de um olhar muito cuidadoso com as nossas responsabilidades, já que as crianças aprendem por observação e conseguem espalhar e agir conforme o que viram.

Já a atitude positiva compreende a qualidade de agir de forma assertiva na direção do que se quer.

Estudos na área da neurociência apontam que as crianças nascem com cerca de 84 bilhões de neurônios. Muitos deles são do tipo neurônios-espelhos, também conhecidos como neurônios da imitação. Eles são capazes de espelhar uma reação, uma ação, um comportamento e agir daquela mesma forma. Apesar dessa grande quantidade de neurônios, as crianças realizam poucas conexões entre eles e, ao longo do seu desenvolvimento, de acordo com as experiências e os estímulos, essas conexões vão aumentando.

Relacionamos essas duas *soft skills*, pois as crianças que vivem e experienciam uma rotina com adultos responsáveis e responsivos às necessidades biológicas e emocionais, desenvolvem essa habilidade para a vida pessoal e, consequentemente, conseguirão ter atitudes positivas diante dos desafios.

Como aproveitar os desafios diários para que as crianças aprendam sobre responsabilidade e, assim, se desenvolvam emocionalmente, sendo capazes de agir positivamente? É isso o que você verá nos próximos capítulos.

Lucedile Antunes e Beatriz Montenegro

28

RESPONSABILIDADE E ATITUDE POSITIVA

EM AMBIENTES DE APRENDIZAGEM

A sociedade tem o compromisso de proporcionar à criança experiências de responsabilidade e atitude positiva. Diante disso, oferecemos a seguir algumas reflexões sobre como o desenvolvimento dessas *soft skills*, no ambiente escolar, auxilia na construção de uma subjetividade colaborativa e consciente sobre a aprendizagem, estimulando um futuro promissor à criança e, como resultado, a todos.

CLAUDIA SIQUEIRA

Claudia Siqueira

Contatos
csiqueira03@gmail.com
Instagram: @claudia_siqueiraedu
LinkedIn: https://bit.ly/3pGyVEt

É mãe da Nana, historiadora e pedagoga; fez magistério com especialização em educação infantil. É pós-graduada em Aperfeiçoamento de Docentes de Educação Infantil e Ensino Fundamental (PUC), e em Pedagogia de Projetos e Tecnologias Educacionais (USP). Fez especialização em Primeira Infância (Harvard), iniciativa da Fundação Maria Cecilia Souto Vidigal. Foi aluna do programa institucional Stanford Teacher Education Program (iSTEP) e do Ensino para Equidade (EpE). Formada no Programa de Especialização Docente (PED) Brasil, coordenado pela profª Rachel Lotan, iniciativa do Lemann Center – Universidade de Stanford. Atuou como professora universitária em cursos de pós-graduação e é formadora na área de educação básica. Trouxe ao Brasil a 1ª exposição Reggio Emilia, no Instituto Tomie Ohtake. Foi palestrante do TEDx Educação com o tema "Quanto maior a interação, maior a aprendizagem". É conselheira do Instituto Cacau Show e CEO do Futuro, presidente do Conselho Municipal de Educação em Cotia/SP, diretora pedagógica do Colégio Sidarta e gestora do Instituto Sidarta.

Responsabilidade e atitude positiva

Você já deve ter lido várias vezes e de várias formas as definições compartilhadas pelos meus colegas sobre *soft skills*, certo? Então, vamos focar aqui em duas bem importantes: a responsabilidade e a atitude positiva.

Vamos começar pela responsabilidade? Quem nunca ouviu de seus pais: "Filho, você vai crescer e terá muitas responsabilidades!" ou: "Você não tem responsabilidade com as suas coisas!". Mas vamos lá, em que momento os adultos, os mediadores, os mentores, os educadores, os modeladores de comportamentos – sim! Isso é o que todos nós somos! – atuamos intencionalmente para desenvolver responsabilidades? Se você escolheu este livro é porque quer estar mais instrumentalizado para lidar com temas como esses, para promover um desenvolvimento mais integral, intencional e assertivo aos seus filhos.

Nesses muitos anos de estudo sobre desenvolvimento infantil, coleciono evidências do quanto a responsabilidade tem sido tirada do campo da experiência de crianças e adolescentes. E posso afirmar que as sequelas são enormes e, inicialmente, invisíveis, porque são mascaradas como "cuidado e proteção".

Tirar a experiência da responsabilidade de uma criança, no decorrer das últimas décadas, representa colher e investir em programas robustos no mercado de trabalho, o que também tem acontecido ao longo do tempo, já que as consequências são jovens que chegam a essa etapa sem a responsabilidade como competência fundamental.

Pergunto a vocês: é possível ter alguém, em uma equipe de trabalho, em sua empresa, que não entrega um relatório ou uma apresentação no prazo? Que chegue atrasado nas reuniões, sejam elas em *hangouts* ou *zoom*? Porque fisicamente tinha a desculpa do trânsito. Que sempre coloca a "culpa" em alguém da equipe por algo que você sabe que a responsabilidade de liderar era dele? Que sempre tem uma desculpa ou uma justificativa? A resposta é sim. Agora, vamos transpor para o ambiente escolar o desenvolvimento e potencialização dessa *soft skill*.

Situação 1

O filho tem uma tarefa para realizar, que faz parte de um trabalho em grupo, e sua família tem um jantar com um grupo de amigos no dia da entrega.

Decisão A: "Filho, essa confraternização é importante. Escreva para seus amigos perguntando se você pode assumir outra tarefa para não deixá-los na mão e explique que não tínhamos nos organizado. Diga que essas pessoas são muito importantes para você, porque estiveram em muitos momentos de sua vida, quando menor. Nós te ajudaremos a se organizar na nova tarefa que seu grupo lhe passará. Porque, dessa forma, eles conseguem ter evidências de sua responsabilidade com a qualidade do trabalho e podem te ajudar em uma solução".

Decisão B: "Filho, fique tranquilo! Escreva para o seu grupo dizendo que você passou mal e não conseguiu fazer a sua parte da tarefa, e peça que passem para outro membro do grupo. Porque, assim, você não fica mal com seus amigos e pode aproveitar o jantar sem estresse".

Qual seria a sua decisão? A politicamente correta? Que mensagem em cada uma dessas escolhas você está modelando com seu filho ou sua filha? Decisão difícil? Decisão cruel? Não, simplesmente uma decisão que poderá ajudá-lo a vivenciar a responsabilidade com ele mesmo e com o grupo, além de compreender que toda escolha tem consequência, isso é modelar responsabilidade.

Tirar ou não proporcionar esse exercício de responsabilidade de uma criança é não reclamar, depois, de suas escolhas na adolescência e de colher a irresponsabilidade na fase adulta – que hoje os neurocientistas afirmam estar tardia, chegando aos 25 anos –, pelas não experiências de responsabilidade, o que é uma *soft skill* básica e primária.

A escola, quando promove programas de voluntariado, consegue propor sanção por reciprocidade. O que significa que a criança precisa propor algo que a ajude a compreender as consequências diretas de seus atos e escolhas, propondo formas de regenerar, reconstituir ambientes harmônicos para ela e para os demais, criar espaços de assembleia e diálogos constantes sobre ações e consequências, além de estar, definitivamente, sendo responsável com o desenvolvimento de experiências de responsabilidade individual e coletiva.

Algumas regras de ouro para considerar.

Um bom pai ou uma boa mãe não é aquele(a) que faz pela criança, mas, sim, os que envolvem a criança em tarefas simples, desde muito cedo.

Professores que envolvem seus alunos a realizarem pequenas tarefas em sala de aula, como deixar tudo organizado e limpo para o próximo dia.

Adultos que valorem, apoiem e aprovem as iniciativas das crianças, reconhecendo sua iniciativa e não dizendo "está muito bom, porém eu faria assim".

Lembre-se sempre: aprendemos pelo exemplo. Assim, menos falatório e sermão, mais atitude e iniciativas que demonstrem que você é responsável consigo e com os outros.

É importante compreender a diferença entre ajuda e trabalho infantil, porque o óbvio não é óbvio.

Em algumas famílias, os filhos ajudam com pequenas tarefas domésticas. E essa atitude é muito simbólica, por exemplo, para que as crianças aprendam desde cedo a arrumar os brinquedos. Mas isso não é trabalho doméstico infantil. É um exercício de cooperação e corresponsabilidade entre os membros da família.

É importante diferenciar ajuda de trabalho. O trabalho infantil doméstico é o trabalho constante de crianças e adolescentes, menores de 16 anos, realizado na casa de terceiros ou na própria casa, remunerado ou não, que consiste em fazer faxina na casa, lavar, passar, cozinhar e cuidar dos filhos de outras pessoas ou dos irmãos mais novos, sistematicamente.

Pesquisas indicam que estabelecer uma rotina de responsabilidades para as crianças dos 7 aos 11 anos é um bom exercício inicial para que elas sintam o que é responsabilizar-se. Esse senso pode e deve ser estimulado desde cedo, com propostas mais simples, como:

2 a 3 anos – guardar brinquedos, tirar o prato da mesa.
4 a 5 anos – arrumar a cama, colocar agasalho.
6 a 7 anos – varrer espaços, separar tipos de resíduos para reciclagem.
8 a 9 anos – preparar lanches, cuidar de animais.
10 a 11 anos – cuidar de plantas e preparar pequenas refeições.

Trabalhar, intencionalmente, o senso de responsabilidade na escola é mirar em um próximo conceito mais completo e decisivo para a vida adulta, o conceito de interdependência.

Agora que refletimos sobre a importância e o impacto da responsabilidade para o desenvolvimento – e como o ambiente escolar precisa, assim como a família, compreender que não acontecerá por osmose, pois é um ato que precisa ser sistemático para que a criança e, posteriormente, o jovem compreenda o que significa assumir responsabilidades e as consequências da irresponsabilidade para a vida adulta –, vamos falar de outra *soft skill* que é muito presente nas crianças, mas que muitas vezes não é prioridade no ambiente escolar, pelo não entendimento das necessidades contemporâneas.

Cultivar uma atitude positiva é muito importante para a aprendizagem, assim, o ambiente escolar deve ser um guardião dessa *soft skill*, porque ela pode se fragilizar, potencialmente, nesse ambiente.

Considerando que é importante aprender a lidar com o erro como um elemento central para avançar no processo de aprendizagem e que, nem sempre, este é colocado como algo que faz parte do processo e que seu cérebro cresce e faz mais sinapses quando você erra, é muito difícil manter uma atitude positiva quando o erro é recriminado e não aceito. Crianças e jovens se sentem em falta ao tentar atender às expectativas, frente ao seu desempenho escolar, o que pode gerar situações de pânico e ansiedade.

Para exemplificar esse apontamento, vou compartilhar uma situação: um grupo de professores, em reunião, narrou que, depois de um ano do estudante Felipe na escola, conseguiram ver que ele tinha covinhas. Por que dessa descoberta? Porque nunca ninguém havia visto Felipe sorrir, rir espontaneamente. Era um menino inseguro, vivia tenso e com quase nenhuma atitude positiva sobre si. Foi um ano de investimento, tentativas e muita articulação com a família para resgatar uma competência que será determinante para a vida dele.

Lógico que não estamos falando do complexo de Poliana, até porque pontuamos a importância do desenvolvimento da responsabilidade e da ação e consequência. Porém, manter uma atitude positiva diante dos desafios fortalecerá o processo de aprendizagem, assim como lidar com as frustrações, seja parte de um todo ainda maior e não se tornar, o que no mundo corporativo denominam síndrome de Hardy: "Oh céus! Oh vida! Oh azar! Eu sei que não vai dar certo!"

Quem não quer ter na sua equipe alguém que consiga enxergar saídas e que não paralise, que lide com as frustrações e seja criativo para buscar soluções? Então, aquele grupo não celebrava a covinha, o riso de uma criança, celebrava um futuro adulto atuando mais assertivamente em sociedade. Isso é atuar no futuro emergente, como o professor e pesquisador do MIT, Otto Scharmer, idealizador da teoria U, propõe.

Matemática, arte e esportes são bons exemplos de desafios corporais e/ou intelectuais em que a criança não se expõe. Pesquisas mostram que meninas a partir de nove anos acreditam que não são boas em matemática. A pesquisadora da Universidade de Stanford, Jo Boaler com sua equipe tem trabalhado para mudar essa triste constatação. Será que essas meninas terão uma atitude positiva sobre sua capacidade de aprendizagem na área de exatas? Por que meninas pensam em profundidade e meninos em velocidade?

Pesquisadoras na área da arte mostram que crianças param de desenhar aproximadamente aos sete e oito anos – quando começam a dominar a escrita –, porque não se sentem compreendidos, socialmente, quando usam o recurso gráfico. A escrita é um atalho e uma armadilha. Será essa a razão por que muitos adultos desenham corpos com palitinho e verbalizam "Eu não sei desenhar", com certo constrangimento? Com essa atitude, validam que desenhar não é importante, e hoje sabemos que sim, que ativa partes importantes do nosso cérebro. Atitudes como essas não danificam a possibilidade de atitudes positivas diante da expressão gráfica, que sabemos ser a primeira forma de comunicação humana.

Crianças deveriam ser apresentadas, inicialmente, a jogos colaborativos e cooperativos e não competitivos, porque não têm maturidade neural e emocional para compreender os sentimentos que a competição provoca em nossos corpos e cérebro. Quantas crianças são "amputadas" diante de decisões desastrosas, equivocadas e pouco assertivas de adultos e mentores que desencorajam atitudes positivas que o esporte poderia proporcionar?

O que esses exemplos têm a ver com a atitude positiva? Tudo. Quando uma criança consegue lidar com o erro como parte do processo, consequentemente, ela está no caminho da autoconfiança. Quando ela compreende que uma lista de exercícios não a define, assim como um resultado de uma prova, e que a borracha é para ser usada para que ela possa desenvolver a resiliência, atuamos para ajudá-la a exercitar a superação. Quando ela compreende que terá momentos ruins e bons – e que muito dependerá de suas curadorias, de suas escolhas e aberturas para as frustrações e o novo, o inédito –, ela aprenderá que existem várias maneiras de se viver e que a escola é um grande local de ensaio para isso.

Assim, para finalizarmos esta conversa, quero retomar com o que começamos. Para que a atitude positiva seja potencializada e desenvolvida, crianças precisam de modeladores, mentores e pares que, visivelmente, cuidem dessa *soft skill* em si. Afinal, um gesto vale mais que mil palavras.

Referências

BECKER, F.; MARQUES, T. *Ser professor é ser pesquisador*. Porto Alegre: Mediação, 2007.

BOALER, J. *Mente sem barreiras: as chaves para destravar seu potencial ilimitado de aprendizagem*. Porto Alegre: Penso, 2020.

CORTELLA, M. S. *Educação, escola e docência: novos tempos, novas atitudes*. São Paulo: Cortez Editora, 2014.

HOOKS, B. *Ensinando pensamento crítico: sabedoria prática*. São Paulo: Editora Elefante, 2020.

MELSER, A. N. *Soft Skills for Children: A Guide for Parents and Teachers*. Rowman & Littlefield Publishers, 2019.

OAKLEY, B. *Mindshift: mude seu padrão mental e descubra do que você é capaz*. Rio de Janeiro: Bestseller, 2020.

29

RESPONSABILIDADE E ATITUDE POSITIVA

EM AMBIENTES FAMILIARES

Responsabilidade e atitude positiva na família são competências socioemocionais essenciais para o desenvolvimento e a preparação da criança para a vida. Aqui, divido o conhecimento adquirido em mais de sete anos de estudos da disciplina positiva no universo da educação. Não escolhemos a forma como fomos educados, mas podemos decidir como vamos agir com nossos filhos. E você? Qual será sua escolha?

JUSLEY VALLE

Jusley Valle

Contatos
jusleyvallecoach@gmail.com
LinkedIn: Jusley Valle
YouTube: Academia de Pais Conscientes
Instagram: @academiadepaisconscientes
@jusleyvallecoach
21 99719 7909

Psicanalista em formação, pós-graduada em Coordenação Pedagógica, educadora parental, consultora educacional, membro da PDA, *coach* credenciada pela ICF – International Coach Federation, escritora e criadora da Academia de Pais Conscientes. Mergulhou na educação infantil em 2016, se especializando em *coach* infantil pela Rio Coaching. Concluiu a certificação internacional em educador parental pela Positive Discipline Association (Brasil/USA), e o curso de analista de perfil comportamental pelo ICIJ/RJ. Seu papel nessa jornada é apoiar pais ou responsáveis a desenvolverem seu potencial, gerar autoconhecimento e ensinar ferramentas para melhoria da relação parental com seus filhos, promovendo harmonia e qualidade de vida na família. A base do seu trabalho é a disciplina positiva – uma abordagem socioemocional que desenvolve consciência social, responsabilidade, autorregulação e inteligência emocional, preparando a criança para a vida adulta. É mãe da Juliana e está aqui para caminhar de mãos dadas com você.

É necessário estudar para ser pai ou mãe? Vou responder com outras questões. Procuramos nos instruir para ingressar na faculdade, aprender um idioma... E por que não nos informarmos sobre parentalidade? Precisamos repetir padrões pelos quais fomos educados, mas que não fazem sentido na nossa realidade?

Se a gente parar e pensar, nada é permanente. E a forma de educar também muda. A maioria dos pais reproduz o modelo que recebeu e, por isso, desconhece que existem outros caminhos para se conectar com os filhos. Por que não aproveitar o que deu certo e transformar o que não foi eficiente em lições aprendidas, recalculando a rota da educação deles?

Afirmo com muita segurança, porque vivi isso. Fui educada de forma autoritária, o que me trouxe um elevado nível de autocobrança. Construí a crença de que não podia errar e evitava me expor. Cresci, tive minha filha e decidi que não queria impor padrões que não nos conectavam. Ainda que essa ideia não afetasse minha infância, seria a protagonista na educação dela. O desafio era não ser permissiva como compensação. Assim, intuitivamente, adotei o estilo democrático. Digo intuitiva, pois ainda não conhecia a comunicação não violenta e não praticava a disciplina positiva.

Mas por que contei isso? Para contextualizar sobre como essa dupla competência passa pelo estilo de educação. Responsabilidade e atitude positiva na família são conquistadas por meio do respeito e do exemplo parental. São habilidades irmãs, construídas desde a primeira infância, à medida que nos apropriamos das nossas ações, avaliando as consequências e a parceria em família.

Está teórico demais e difícil de aplicar? Para facilitar o entendimento e o uso, vou detalhar três pilares que sustentam a responsabilidade e a atitude positiva na família.

1. Erro como gerador de responsabilidade

Existe uma cultura de que o erro é reparado com punição/castigo. Essa ideia é uma grande cilada, porque é agressiva e autoritária. Causa medo, baixa autoestima e insegurança. Os erros sinalizam que algo não vai bem e que é hora de recalcular a rota. Os pais podem aproveitá-los como lições aprendidas, gerando responsabilidade, associadas à atitude positiva.

> *De onde tiramos a ideia absurda de que, para levar uma criança a agir melhor, antes precisamos fazê-la se sentir pior?*
> JANE NELSEN

A disciplina positiva foca em solução, entendendo que erros são oportunidades de aprendizado e que os pais são capazes de ajudar os filhos por meio do encorajamento, abrindo portas para a tomada de decisão responsável.

Em geral, os pais interpretam fatos sem ouvir os envolvidos. Quer um exemplo? Durante uma briga, a mãe grita: "Parem de brigar! Aposto que foi você que bateu no seu irmão! Não está vendo que ele é menorzinho? Vai para o castigo agora!". Essas são frases ditas por pais ou responsáveis que focam nos culpados/punição e não na solução.

É muito significativo promover o senso de responsabilidade nos filhos. Enxergar a capacidade deles de encontrarem respostas para seus erros. Quando a criança participa da solução do problema, aprende com a experiência, tornando-se responsável e mudando o comportamento. Faz sentido para você? Espero que sim. Mas como resolver isso?

Segundo a disciplina positiva, a estratégia que funciona precisa cumprir quatro critérios: 1. Relacionada; 2. Razoável; 3. Respeitosa; e 4. Útil.

Relaxe! Veja um exemplo real de atendimento: dois irmãos brincam e um quebra o brinquedo do outro. Quais são as falas dos pais que não geram responsabilidade e atitude positiva?

a. "Você quebrou o brinquedo do seu irmão! Vai ficar de castigo e sem jantar". Relacionada? Não, porque ficar sem jantar não tem relação com quebrar. Sem conexão com o erro cometido.
b. "Já que quebrou, vai dar todos os seus brinquedos para ele". Relacionada? Sim. Razoável? Não é razoável ficar sem nenhum brinquedo.
c. "Quebrou o brinquedo do seu irmão? Vai apanhar com o brinquedo quebrado para aprender a não quebrar mais". Relacionada? Sim. Razoável? Não. Respeitosa? Não. Violenta e desrespeita os direitos e deveres.

Qual seria a fala dos pais que geraria responsabilidade e atitude positiva? Uma hipótese seria:

"Quem quebrou pede desculpas, pode tentar consertar ou dar outro brinquedo para repor o quebrado". Relacionada? Sim. Razoável? Sim. Respeitosa? Sim. Útil? Sim. Aqui, todos os critérios são contemplados, gerando responsabilidade e reforçando a atitude positiva de reparação.

O pulo do gato é construir a solução em parceria com a criança, fazendo perguntas que direcionem a tomada de decisão, buscando uma atitude positiva. Exemplo: "O que podemos fazer para que isso não aconteça de novo?" ou "Quais ideias vocês dão para a gente resolver isso?".

Crianças com pensamentos poderosos do tipo: "Eu posso resolver meus problemas", "Meus pais me apoiam e me respeitam" tornam-se fortes e conhecedoras de suas potencialidades. Portanto, busque o diálogo e a conexão entre vocês.

Bons pais corrigem.
Pais brilhantes ensinam a pensar.
AUGUSTO CURY

2. Modelando pelo exemplo

As crianças absorvem o que os adultos fazem? Como os pais podem influenciá-las?

Todos os dias, temos a oportunidade de modelar nossos filhos. E modelar não é desfilar na passarela, mas, sim, servir como exemplo e inspiração.

Os pais são as primeiras pessoas que os filhos modelam como referência de comportamentos e atitudes. Crianças não aprendem, simplesmente por meio de palavras, e nada é tão contagioso quanto o exemplo.

Durante o processo de aprendizado infantil, os bebês imitam os pais, usando os neurônios-espelho, ainda que involuntariamente, repetindo sons e movimentos. Com conexões neurais mais complexas, a imitação passa a ser uma atitude voluntária, refletindo o comportamento dos pais ou cuidadores.

> *A chave para uma liderança de sucesso é a influência, não a autoridade.*
> KENNETH BLANCHARD

O exemplo tem um poder de convencimento inabalável, e a criança repete o padrão de comportamento dos pais. Nesse ponto está a chave para você atingir seus objetivos e exercer a parentalidade plenamente. Pais afetam os filhos pela capacidade de influenciar e não de obrigar.

Cuidado para não repetir sermões, pois chega uma hora em que as palavras viram "ruído auditivo" e o que fica registrado na mente infantil são as atitudes do dia a dia. E por que funciona assim? Crianças não aprendem com o que falamos? Sim, porém internalizam melhor observando o que fazemos.

Sabe aquele ditado: "faça o que eu digo, não faça o que eu faço?". Na verdade, esconde uma pegadinha, porque fazemos coisas que não gostaríamos que nossos filhos repetissem. E as crianças são ótimas imitadoras e fracas intérpretes. Por isso, é importante haver congruência entre o que os pais falam e o que fazem. Os pais são os melhores *coaches* para seus filhos. No trânsito, a caminho da escola, no parquinho... Sempre é hora e local de ser o exemplo.

Vou contar uma situação que vivenciei com minha filha. Dei um celular para ela para monitorar o trajeto casa-escola. Tinha acabado de comprar o aparelho, lançaram um modelo novo que ela amou e insistia muito para trocar. Além de o aparelho atual ter menos de três meses, já havia realizado a despesa e não podia gastar mais. Depois de muito refletir (e com o coração apertado), fiz uma proposta que ela aceitou. Expliquei que não via a necessidade da troca, já que o celular era novinho, funcionava perfeitamente e que eu não tinha como bancar a despesa extraordinária sem estourar o orçamento familiar. Sugeri, então, comprar o modelo novo e descontar o valor em parcelas, na mesada dela, já prevista nas despesas. Ela entendeu, aceitou e assim foi feito. Comprei o novo aparelho e descontei, religiosamente, na mesada. Fui criticada por alguns? Fui. Chamada de "mão de vaca"? Sim. Mas mantive o acordo e dei um baita exemplo de responsabilidade sem estourar o orçamento. Com isso, não assumi dívidas e propus uma solução com atitude positiva na família. E, de quebra, dei uma aula sobre gestão financeira na infância.

O papel e a responsabilidade dos pais não consistem apenas em atender aos cuidados básicos das crianças. É importante aproveitar oportunidades cotidianas. Não é o fato, é o ato. A atitude da criança fará a diferença no desenvolvimento das suas habilidades.

3. Senso de pertencimento e de importância na família

O senso de pertencimento e de importância é o nosso objetivo primário e, em especial, das crianças. Todo mundo quer se sentir pertencente, útil e capaz, desde sempre.

Na pré-história, os seres humanos se organizavam em grupos, conforme afinidades e características, mesmo sem a linguagem verbal estruturada. Conectavam-se por interesses comuns e pela sobrevivência, gerando responsabilidade e atitude positiva, tal como uma família. O senso de pertencimento e o de importância geram conexão e há algumas estratégias que ajudam a estreitar esses laços. Vamos a elas:

a. Todos no mesmo barco

No início do capítulo, falei sobre erros como oportunidades de aprendizado. Vou completar o raciocínio, adicionando um ingrediente: a neutralidade. Quando os filhos erram ou brigam, temos a tendência de buscar culpados. Mas adotar a neutralidade é uma forma inteligente de estimular a autorresponsabilidade, trazendo um olhar para si e para o outro. É essencial que as crianças entendam que estamos todos no mesmo barco e que não podemos deixá-lo afundar. Somos responsáveis em manter uma atitude positiva e de conciliação dentro da família. Para gerar esse pertencimento, provoque uma decisão com visão coletiva. Quer um exemplo? "Vocês preferem conversar agora sobre o problema ou preferem se acalmar e falar depois em conjunto?". Atenção: não priorize ouvir um lado em detrimento do outro, ou individualmente. Pode soar como preferência ou proteção.

b. Pelo meu poder

Outra estratégia eficiente é demonstrar confiança. Um dos sentimentos que mais abalam a criança é seus pais não acreditarem que elas são capazes de encontrar soluções próprias para os problemas. A credibilidade nos filhos desenvolve a coragem e a autoconfiança que se transformam em autorresponsabilidade.

A habilidade de lidar com erros e acertos fortalece o "músculo do desapontamento" e prepara as crianças para os desafios da vida, por meio das experiências. Empodere seus filhos, validando a confiança neles. O encorajamento é o alimento da autoconfiança que possibilita a tomada de decisão responsável. Incentivar a capacidade resolutiva fortalece o poder pessoal e a autonomia, despertando responsabilidade por comportamentos e atitudes de forma coletiva.

> *Uma criança precisa de encorajamento, tal como uma planta precisa de água.*
> RUDOLF DREIKURS

Veja um exemplo de frase encorajadora: "Sei que você está chateada por ter rasgado o livro do seu irmão. Tenho certeza de que você vai dar um jeito de resolver isso e ficar tudo bem entre vocês. Se precisar, pode me chamar".

c. Cuidar de si e dos outros

Cuidar não é mimar. É demonstrar preocupação a qualquer hora e lugar, considerando os integrantes da família, assumindo responsabilidade e atitude positiva em relação a todos, inclusive aos pets. Cuidar não é fazer coisas no lugar dos seus filhos. É fazer com e para seus filhos. Você não precisa fazer o exercício por eles, mas pode ajudá-los na pesquisa, se estiverem sobrecarregados. Se gostam de bolo de chocolate, você pode preparar essa sobremesa para agradá-los.

Cuidar de si também é sinônimo de responsabilidade e atitude positiva na família. Por isso, é necessário reservar o seu momento. Isso não é egoísmo, nem negligência. Lembra da orientação do comissário de bordo? "Em caso de despressurização, coloque a máscara primeiro em você e, depois, ajude quem está ao seu lado". É impossível cuidar dos outros se não cuidarmos de nós primeiro. Pais equilibrados têm maior chance de educar e formar filhos emocionalmente saudáveis. Salve esse mantra!

Envolva seus filhos na rotina da casa. Façam juntos a lista de compras, permita que participem da escolha do cardápio, ensine-os a separar o lixo e a cuidar do pet. Distribuir tarefas é excelente para criar senso de coletividade. Atitudes práticas e positivas contribuem para o bom funcionamento da engrenagem familiar. Uma ótima dica é montar um quadro de rotina, conforme a faixa etária e com rodízio semanal, para lembrar a todos as tarefas.

Cuidados e gestos simples geram conexão, como um carinho, um abraço, um aperto de mão, um sorriso, uma piscada de olho e até um curtiu. Pequenas atitudes são superpositivas no ambiente familiar. Você também pode ensinar sobre o cuidado com falas: "Percebi que você foi carinhoso com sua irmã, quando ela se machucou. Aposto que isso fez com que ela sentisse menos dor".

Conclusão

As competências e habilidades compartilhadas neste capítulo compõem um repertório poderoso, ao qual você está tendo acesso para educar seus filhos. Não se trata de fórmulas prontas e miraculosas, mas servem para auxiliá-los como pai e mãe conscientes que vocês já são.

Parabéns pela leitura!

Obrigada e um abraço.

Referência

NELSEN, J. *Disciplina Positiva*. São Paulo. Editora Manole, 2015.

# 30

RESPONSABILIDADE E ATITUDE POSITIVA

EM AMBIENTES SOCIAIS

O presente capítulo pretende levantar reflexões que auxiliem pais e educadores a compreenderem a importância do desenvolvimento das habilidades emocionais de responsabilidade e atitude positiva para o convívio social e inteligência emocional de nossas crianças, pelo fornecimento de estratégias e recursos que visem à aquisição dessas competências. Essa prática possibilitará uma experiência enriquecedora e gratificante rumo a relacionamentos sociais mais saudáveis, benéficos e construtivos.

ROBERTA A. M.
BITTENCOURT OCAÑA

Roberta A. M. Bittencourt Ocaña

Contatos
contato@robertaocana.com.br
www.robertaocana.com.br
Instagram: @robertaocana
Facebook: Psicóloga Roberta Ocana
11 99757 2125

Psicóloga clínica graduada pela Universidade São Marcos (2008), com pós-graduação em psicologia da Saúde pelo Programa de Aprimoramento Profissional do Hospital Santa Marcelina (2010). Especialista em Psicologia e Desenvolvimento Infantil. Certificada em ludoterapia com abordagem da Teoria Cognitivo-comportamental. Educadora parental em Disciplina Positiva pelo CPA Brasil (2022). Participante do programa televisivo Nosso Programa, ex-colunista da revista Sua Escolha e, atualmente, colunista convidada do blog Mamis na madrugada (2022). O significado da palavra "cuidar", o encanto pelo universo infantil, somado à experiência pessoal como mãe de três filhos e bagagem profissional são o alicerce para auxiliar e orientar gestantes, pais, famílias, crianças e adolescentes rumo a uma saúde mental saudável e feliz.

Ambientes sociais: como ter uma atitude positiva e de responsabilidade?

Falar sobre ambientes sociais no contexto atual é, por si só, um grande desafio. Se fizermos uma breve análise, nossos hábitos, costumes, modelo de família e trabalho modificaram-se significativamente. A tecnologia, sua facilidade e rapidez, desenvolveu, de maneira involuntária, uma nova forma de se relacionar. O uso contínuo de aplicativos de conversas e mídias sociais, além da mudança do senso de coletividade e interação, possibilitou que nossos comportamentos sejam cada vez mais expostos a críticas e julgamentos.

Todos se sentem capazes para validar ou "cancelar" nossas ações, pensamentos e sentimentos. Conviver com a sensação de ser avaliado a todo momento é o nosso principal inimigo. Faz-nos acessar nossos recursos mais primitivos e engatilhar respostas inadequadas, pois estamos sobre o comando do nosso mecanismo de defesa.

Faça um exercício e tente se lembrar: qual foi a última vez que se sentiu julgado? E qual foi a sua primeira reação/sentimento? Com certeza, essa memória ocorreu com uma lembrança recente e a negatividade e impulsividade se tornaram os protagonistas.

Pensando nessa reflexão, se para nós, adultos, muitas vezes, é desafiador mantermos uma atitude positiva e responsável frente às dificuldades e cobranças do nosso dia a dia, como fazer, então, para construir essa habilidade em nossos filhos?

Cérebro o quê?

Para isso, precisarei retomar, de forma sucinta, a neurofisiologia do cérebro infantil, com um exemplo cotidiano em nossas vidas, mas que auxiliará para compreender o quão complexo, porém, motivador, pode ser o nosso papel enquanto pais e educadores.

Quando nos deparamos com a criança que apresenta um comportamento desafiador (mais conhecido como birra), nós, pais, sentimos constrangimento e, muitas vezes, temos a tendência de puni-la. Em contrapartida, as pessoas que a cercam estão munidas de crenças limitantes, como: "olha que absurdo", "se fosse meu filho", entre tantas outras coisas que vocês já ouviram, como também já pensaram. Contudo, já repararam que toda vez que você reage de forma autoritária com seu filho, repreendendo com intervenções que não te conectam com ele (castigo, grito ou ignorar), a tendência é que a birra se intensifique ainda mais? Mas vocês sabem o motivo pelo qual a criança reage dessa forma e o que isso significa?

Nosso cérebro possui uma área responsável por nossa segurança chamada cérebro epilítico. Toda vez que nos sentimos inseguros ou com medo, o nosso corpo entra em alerta máximo e, automaticamente, essa região cerebral é acionada, na tentativa de buscar proteção. O mesmo ocorre com as crianças.

Você pode questionar: mas, se a criança quer proteção, qual o motivo de se comportar "mal"? Porque atenção é uma necessidade básica de sobrevivência da criança. E essa busca por atenção está vinculada a se sentir amada e, principalmente, aceita.

Quando a área límbica, geradora do estresse e ansiedade, está ativa, a criança reage instintivamente e muitos hormônios são liberados, por esse motivo o comportamento eufórico surge. Assim, na percepção da ameaça, o corpo se prepara para lutar com toda a energia que puder. Irritação, agressividade e impaciência são comportamentos primitivos nos quais a criança mostra que existem necessidades que precisam ser supridas.

Atitude positiva: sensibilizar com o oposto

Imagine a situação em que sua criança está resistente a vestir roupa de frio. Se você utilizar como ferramenta a hostilidade ou o medo, dizendo "Se você não vestir, terá que tomar injeção!" ou "Você vai fazer isso porque eu estou mandando!", provavelmente seu filho reagirá com o impulso do medo e do descontrole. Porém, se você fizer uso de estratégias de cooperação e autonomia, dizendo frases como "Escolha entre estas opções de roupa de frio!", poderá perceber que, pelo senso de tomada de decisão, desenvolverá a capacidade de percepção de temperatura, além da responsabilidade e atitude positiva frente aos conflitos, o nosso grande objetivo.

Dica de ouro: reagir exatamente com o oposto é o que a criança precisa de nós.

Ter expectativas reais a partir do conhecimento sobre o desenvolvimento infantil e das características do seu filho são ferramentas essenciais para que possamos praticar a educação pautada na jardinagem e não na carpintaria. Pode parecer engraçado, mas essa analogia tem um significado muito importante.

O carpinteiro molda e conserta a madeira a fim de conseguir o que ele considera ideal. Já o jardineiro compreende as plantas em suas características originais e as acolhe no objetivo de que cresçam e floresçam da melhor forma possível.

A partir do momento que entendo e alinho a realidade e o peso dela na nossa comunicação e na construção dos saberes mais importantes de nossas crianças, o comportamento adequado é mais fácil de ser praticado por nós e pelas crianças. E, consequentemente, promovemos a capacidade e habilidade que precisamos nos nossos filhos.

Qual motivação você quer que seu filho tenha?

Dessa forma, pontuo dois pontos essenciais na promoção da responsabilidade e atitude positiva das crianças:

1. É preciso ensiná-las que os sentimentos são nossos amigos, não nossos inimigos. Todos têm suas funcionalidades e características de proteção vital. Saber lidar e compreendê-las é a nossa maior conquista ao longo da vida.
2. As crianças precisam ser guiadas na busca por autonomia, autoconfiança, autoestima, amorosidade, empatia e paciência. Mas de que forma podemos fazer isso?

Se parar agora e imaginar seu filho, você conseguiria reconhecer essas dificuldades nele?

— Sente que o medo o paralisa na tomada de decisões?
— Sente-se inseguro em realizar funções nas quais tem plena capacidade?
— Preocupa-se demais com a opinião de terceiros, principalmente com as "figuras de autoridade"?
— Não consegue expressar as próprias opiniões?
— Necessidade constante de agradar aos demais em detrimento de si?
— Tem o hábito de diminuir os outros com o objetivo de se sentir superior e valorizado?

Se você respondeu *sim* para mais de duas dessas perguntas, preciso ressaltar a necessidade de mudar a forma com que está se relacionando com seu filho. Saliento: as crianças tendem a cooperar e serem mais responsáveis quando entendem o motivo e consequências de suas ações.

Obediência é contrária à criatividade, positividade e responsabilidade. A criança precisa entender sobre o lugar dela no mundo, sobre senso de coletividade e ética. Quando esses conceitos são transmitidos com leveza, firmeza, exemplo e respeito, são internalizados por elas e desencadeiam, automaticamente, uma atitude positiva na forma de se relacionar consigo e com o mundo.

Marshall Rosenberg escreveu: "Qual a motivação que você quer que seu filho tenha na vida para executar qualquer tarefa?". Nosso papel é de humanizar nossos filhos, acreditar e se comprometer com a capacidade individual que cada um possui. Essa habilidade só poderá ser exercida quando possibilitamos um ambiente seguro, acolhedor, de autonomia e de empatia. Quando oferecemos isso aos nossos filhos, a tão almejada responsabilidade é adquirida.

Como incluir responsabilidade e atitude positiva no dia a dia?

Muitas vezes, por conta da nossa correria, não percebemos quais valores transmitimos aos nossos filhos, muito menos a maneira que eles estão absorvendo as informações.

Por isso, listei os seis pilares que devemos utilizar no nosso relacionamento com as crianças para que elas aprendam de forma simplificada e prática sobre atitude positiva e responsabilidade e, assim, consigam utilizá-las em seu meio social, ressaltando que repassam para o ambiente aquilo que vivenciam em seu núcleo principal.

— Sorrir para seu filho demonstra leveza, abertura e acolhimento. Essa energia é contagiosa, desarma qualquer mau humor e deixa o ambiente mais feliz. Você sabia que o motivo pelo qual o bebê sorri quando é advertido, funciona como seu mecanismo de defesa para entender e validar que está tudo bem? Ele aguarda o sorriso do outro para poder se sentir seguro e não porque não entendeu ou "debochou" de nós.

— Foco na solução e não no problema: mostre aos seus filhos que problemas sempre vão existir, mas é possível mudar a forma como lidamos com eles. Como? Quando seu filho fizer algo que considere errado, em vez de julgá-lo, ajude-o a buscar soluções.

— Seja empático: empatia não é algo que se aprende conversando, e sim transmitido com exemplos. A capacidade de se colocar no lugar do outro só é adquirida quando vivida. Seu filho só internalizará esse princípio se ele vive no dia a dia. Esse é o nosso maior recurso de aprendizagem.

— Errar é humano: o erro faz parte do processo de desenvolvimento, principalmente das crianças. Ensine-as a perceber e reconhecer seus erros, mas também a compreender que existe uma segunda chance para se fazer diferente.

— Diálogo: quando estamos abertos a conhecer novas opiniões, conceitos diferentes ou experiências inusitadas, fortalecemos o nosso próprio intelecto, aumentando a criatividade e o conhecimento.

— Respeito: se condicionamos nossos filhos a acreditar que não têm direitos, apenas deveres e que devem nos obedecer, independentemente de seus sentimentos e vontades, de que forma entenderão sobre respeito e o praticarão no futuro?

Desvincular-se para reinventar: uma nova estratégia

Não considerar e, principalmente, não se comparar com as condutas "exigidas" em mídias sociais e círculos casuais, além de ponderar as intervenções dos grupos pertencentes, são medidas para "blindar" a nós e aos nossos filhos de exigências que não correspondem à realidade familiar de cada um.

Os fatores que moldam um ser humano são múltiplos e complexos. Como diz a escritora Rafaela Carvalho, "comparação é o ladrão da felicidade". É possível escolher a leveza quando assumimos a tarefa de compreender o desenvolvimento infantil e a necessidade por trás de cada comportamento, nos desarmando de preconceitos. A auto--observação é o principal ponto de liberdade e a ferramenta para se questionar quais habilidades pretendemos desenvolver nos nossos filhos e qual a melhor forma de ensiná-la. Não nos esquecendo de que somos os responsáveis por garantir, pelo conhecimento dos nossos sentimentos e dos deles, que se tornem adultos mais compreensivos e com maior inteligência emocional.

Que tal quebrar paradigmas auxiliando nossos filhos em uma atitude positiva e responsável por meio dessas mudanças de comportamento?

Em vez de →	tente
Ordenar	Observar
Elogiar	Legitimar a habilidade
Limitar	Sintonizar
Punir	Conectar

Responsabilidade negativa x atitude positiva

Recebi no consultório uma menina de sete anos de idade com queixa de agressividade, desmotivação e tristeza. No decorrer dos atendimentos, ficou evidente o quanto a criança se cobrava para corresponder às expectativas do meio e o quanto essa dificuldade estava vinculada à falta de se sentir pertencente. Por conta disso, utilizava da negatividade e da hostilidade com as pessoas que a rodeavam. Uma das ferramentas que sugeri, durante as sessões, foi que todo início e final de atendimento ela identificasse e escrevesse uma situação positiva que havia vivido ou presenciado em seu dia, assim como algo positivo durante o período em que estávamos juntas. Esse exercício a ajudou a ter uma visão mais positiva, minimizar os diversos sentimentos negativos e a desmistificar o sentimento de inferioridade que a tanto fazia sofrer.

Esse exemplo é importante para entendermos que a falta de compreensão, empatia e respeito podem, sim, acarretar uma responsabilidade excessiva e uma necessidade errônea de corresponder ao outro. Atitudes e ambientes positivos são fatores principais para o bem-estar biopsicossocial.

Durante o período de desenvolvimento neural de nossos filhos, suas mentes não são medidores da realidade, pois não diferencia, intrinsecamente, o certo do errado. Eles se tornam capazes de realizar essa distinção a partir daquilo que lhes ensinaram. Sendo assim, nossos filhos buscam corresponder àquilo que ouvem e sentem de nós.

Sensacionais ou bons?

Há muitas desavenças sobre o modelo de educar. Escuto bastante na prática clínica levantamentos do tipo: "fui educado assim e sobrevivi", "apanhei e venci na vida". Que bom que no final deu tudo certo! Mas levanto uma reflexão profunda e necessária: e se fizermos diferente? E se, em vez de bons adultos, apesar da infância carregada de ressentimentos e hostilidade, desenvolvermos crianças que se tornarão sensacionais, decorrentes da sua infância? Então, aproveite esse momento de conexão consigo e com sua parentalidade e reflita sobre o que pode fazer a partir de agora.

Referências

CARVALHO, R. *60 dias de neblina (maternidade).* Curitiba: Matrescencia, 2019.

ROSEMBERG, M. *Criar filhos compassivamente: maternagem e paternagem na perspectiva da comunicação não violenta.* São Paulo: Palas Athenas, 2019.

AUTENTICIDADE E ESCUTA

Pouco importa o julgamento dos outros. Os seres humanos são tão contraditórios, que é impossível atender às suas demandas para satisfazê-los. Tenha em mente, simplesmente, ser autêntico e verdadeiro.
DALAI LAMA

AUTENTICIDADE   ESCUTA

Podemos começar esta conversa com a epígrafe escolhida, pois ela nos provoca a refletir sobre a simplicidade do ser autêntico e verdadeiro. E este capítulo têm exatamente essa intenção de propor uma experiência sobre autenticidade e escuta, e como ela se dá no universo infantil, sim! Porque é possível modelar, intencionalmente, e valorar que crianças desenvolvam a escuta e que não percam a autenticidade, uma característica da infância.

Nos próximos capítulos você verá que essas duas *soft skills* são bem desafiadoras, porque têm muito adulto que não desenvolveu a escuta e paga um preço caro por isso. Porque muitas gerações foram forjadas para serem bons faladores, até os ditados populares dizem isso. "Ganhar no grito" é um bom exemplo. Mas vimos que decisões e orientações como essas não tinham os resultados esperados. Hoje, temos muitas pesquisas sobre o saber ouvir, o escutar genuinamente, o famoso "dar um passo para trás, para dar mais para frente".

Em um mundo repleto de ruídos, de muitos formatos e formas, cuidar da escuta é um diferencial enorme, porque saber escutar é desafiador e também algo que trará comportamentos mais empáticos e compreensão de interdependência com maior potência.

Quando imaginamos crianças vivendo em espaços que não potencializam ou com responsáveis que não valorizam esse escutar atento e generoso, sabemos que muitas experiências lhe serão negadas.

Da mesma forma, quando trazemos a autenticidade que, aliás, deveria ser definida por "criança", pois essas são muito autênticas, dado ainda não estarem envoltas pelo "juízo de valor". Assim, o seu viver é mais pleno e leve.

Entre as muitas reflexões que encontramos, essa muito nos agrada: a autenticidade precisa ser preservada, cuidada e cultivada, porque ela consiste na certeza da veracidade ou da originalidade de algo, sendo obtida pelas análises feitas no objeto em questão.

Quando algo tem autenticidade, significa que é autêntico, ou seja, não passou por processos de mutações ou reproduções indevidas. A autenticidade é a natureza daquilo que é real e genuíno. Então, podemos ou não podemos usar CRIANÇAS como sinônimo?

Agora, convidamos você a aprofundar esta reflexão com os nossos autores e autoras, que nos presentearam com narrativas profundas e muitos exemplos que vivenciaram no dia a dia com esses seres mágicos e surpreendentes que são as crianças.

Lucedile Antunes e Beatriz Montenegro

31

AUTENTICIDADE E ESCUTA

EM AMBIENTES DE APRENDIZAGEM

Oferecer um processo de educação que considere e legitime a autenticidade e o protagonismo da criança é uma oportunidade para o desenvolvimento de outra *soft skill*, a escuta ativa. Propomos refletir, aqui, sobre como essas habilidades insubstituíveis dão espaço à subjetividade da criança e condições para que ela manifeste ao outro o seu modo de ser, pensar e agir, respeitosa e assertivamente.

ANDREA QUIJO E
FABIANA DOMINGUES

Andrea Quijo e Fabiana Domingues

Contatos da Andrea
www.espacopartager.com.br
andrea@espacopartager.com.br
11 99811 4443

Contatos da Fabiana
fdomingues.psi@gmail.com
11 99446 9344

Andrea Quijo é psicóloga graduada pela Universidade Presbiteriana Mackenzie e pós-graduada em Formação de Psicanálise pelo CEP (Centro de Estudos Psicanalíticos). Especialista em autismo e orientação vocacional. Idealizadora e fundadora do espaço interdisciplinar Espaço Partager. Atendimento a crianças, adolescentes e adultos. Atua com atendimento clínico há 15 anos no Bairro de Higienópolis.

Fabiana Domingues é psicóloga graduada pela Pontifícia Universidade Católica de São Paulo (PUC-SP/2007), com formação em Psicanálise pelo Instituto Sedes Sapientiai, de São Paulo. Aprimoramento em Atendimento Infantil com Distúrbios no Campo da Linguagem pela Divisão de Educação e Reabilitação dos Distúrbios da Comunicação (DERDIC), em São Paulo. Trabalha como psicanalista em consultório particular, na cidade de São Paulo, desde 2008.

Autenticidade e escuta

Em um mundo onde a tecnologia vem ganhando espaço numa velocidade incessante e sem igual, a inteligência artificial, cada vez mais, vem executando importantes tarefas que o ser humano, até então, executava. Desde a criação do primeiro computador, na década de 40, nos EUA, esse avanço segue uma crescente mundial e, progressivamente, habilidades, ditas "mais humanas", aquelas que escapariam aos sistemas binários das máquinas, serão importantes. A autenticidade é uma delas, pois é uma *soft skill* que envolve o pensar, o criar, o expressar e o agir. Mas como definir, em breves palavras, a autenticidade?

A autenticidade envolve o ser do humano, que leva em conta ideais, valores, crenças, individualidade e singularidade em ser quem ele é. Cada ser humano é único e poder sê-lo à sua maneira, é o que o torna autêntico. Ser autêntico coloca cada um em uma condição de saber mais sobre si, fundamental para o autoconhecimento, o seu poder de expressão e atuação nas relações e no mundo.

Pensar a autenticidade, pela via da criança, é pensar de uma forma ainda mais genuína e pura, haja vista que a criança possui uma espontaneidade natural em sua maneira de estar no mundo.

Autenticidade e protagonismo na infância

Há muito tempo se pensou – a partir de um pensamento trazido por John Locke, filósofo inglês do séc XVII – que o ser humano, ao nascer, era como uma folha em branco, onde o outro – o adulto, cuidador, educador etc. – se encarregava de imprimir nessa folha aspectos, habilidades e ensinamentos a fim de que, numa determinada idade, essa folha estivesse pronta para viver de acordo com o que se esperava dela. Contudo, com o avanço dos estudos, verificou-se que a criança desde muito pequena não é tão passiva quanto se pensava. A atividade e a ação que provêm de uma criança é uma potência que ela já carrega em si desde muito cedo, o que tem feito com que ela ocupe um lugar de protagonismo em seu aprendizado e na sua relação com o mundo.

Na relação com o outro, a criança pode encontrar um parceiro que possa acompanhá-la em sua busca e interação com os objetos e com o mundo, e não, como se pensava, dirigi-la deixando de fora a singularidade e autenticidade. O adulto porta e constrói um saber sobre a criança que é importante, porém há que se ter certo cuidado para que não corra o risco desse saber encobrir o que pode vir da parte da criança naquilo que tange sua espontaneidade, criatividade e legitimidade. Por isso, faz-se importante que o adulto circule entre esse lugar de saber junto ao lugar de não saber, para que a criança possa surgir no lugar de quem também porta um saber, essencial e autêntico. Se o adulto acreditar que ele porta um saber total sobre a criança, pode encobrir a autenticidade e o protagonismo dela, tão fundamentais no processo de construção da subjetividade infantil e aprendizado.

Maria Montessori, educadora, médica e pedagoga italiana, conhecida pelo método educativo que desenvolveu e que até hoje é usado em escolas públicas e privadas em diversos países, em suas publicações, por volta dos anos 40, gerou mal-estar na educação tradicional quando trouxe suas ideias a respeito da criança, colocando-a como protagonista em seu processo de aprendizado. Com suas ideias, Montessori promove algumas concepções que desconstroem a posição da criança em diversos âmbitos, mas, principalmente, no ambiente escolar, no qual o educador passa a ser visto como um facilitador do processo de aprendizado da criança, sendo ela a protagonista de seu aprendizado. Com essa transformação na forma de entender e enxergar a criança, Montessori nos auxilia a pensar de uma forma diferenciada o processo de escuta delas. Mas de que forma podemos escutá-las?

Escutar x ouvir

Escutar e ouvir podem ser entendidos como sinônimos, mas não são. Propomos uma distinção entre essas duas categorias, pois pensá-las no âmbito escolar pode ser de grande valia.

"Ouvir" se trata de um sentido do corpo humano, algo mais próximo do sentido orgânico. Durante uma conversa, nós ouvimos uma série de ruídos que passam pelo campo da audição, mas não podemos dizer que esses ruídos, de fato, entraram numa "escuta" atenta e detalhada daquilo que foi ouvido.

"Escutar", por sua vez, envolve o ouvir, porém trata-se de um refinamento mais detalhado do que foi ouvido. Trata-se de estar atento para ouvir, consciente do que está sendo dito e, ainda, esforçar-se para ouvir com clareza. Envolve acompanhar a fala do outro, as ideias colocadas, as queixas, dar um espaço legítimo de fala e reflexão para si e para o outro. Escutar tem a ver com considerar e refletir sobre o que foi colocado, do ponto de vista do adulto em relação à criança e de cada um em relação a si mesmo.

Na escola, pensar essa dicotomia escutar/ouvir pode ser diretiva no processo de educação, que considera e legitima a autenticidade e protagonismo da criança por meio de ações. Entre elas, a escuta pensada em diversas situações, pois a escuta legitima a autenticidade, porque ela faz uma abertura para a subjetividade da criança, permitindo que ela coloque em jogo com o outro o seu modo de ser, pensar e agir.

A escuta e a autenticidade no ambiente escolar

Situações comuns no ambiente escolar são aquelas que envolvem o conflito entre crianças, que podem acontecer por variados motivos. Em um desses episódios, a professora, por exemplo, após o conflito, pode ouvir cada criança e propor uma resolução para o problema, ou seja, com essa atitude pode impor algo que venha de fora, da professora, para a criança. "Escutar", nessa situação, seria oferecer um lugar de fala para essas crianças, para que a escuta das singularidades possa acontecer. Essa escuta viabiliza que a criança desenvolva a *soft skill* da autenticidade.

Contudo, escutar a criança em sua queixa é parte do processo, mas não a única. Como cada criança enxerga suas dificuldades e pode resolvê-las? Quais são as alternativas e saídas possíveis que ela mesma levanta para solucionar situações desafiadoras para ela? Como o autoconhecimento que ela possui pode ajudá-la em suas ações e resoluções?

A construção desse espaço, em que se faz abertura para que a criança desenvolva essa habilidade, permite a ela ocupar um lugar de protagonismo diante de sua vida e de seus conflitos, no qual ela mesma encontra recursos para pensar as próprias alternativas. Nesse processo, a criança pode nos surpreender lançando mão de soluções que o próprio adulto não poderia imaginar, mas se ele se antecipa, corre o risco de perder a possibilidade de acompanhá-la nessa construção que envolve entre outras competências, a autenticidade.

Outra reflexão importante, apresentada por Catherine L'Ecuyer, autora do livro *Educar na curiosidade: a criança como protagonista da sua educação*, se faz na distinção entre as práticas "inculcar" e "educar". Se procurarmos inculcar a criança, fazemos desse processo algo que venha de fora, ou seja, do adulto, no lugar de quem dirige a criança e o processo de aprendizado, inculcando nela o que já foi estabelecido como importante por outrem. Em contrapartida, educar envolve exatamente o contrário, pois trata-se da ação do adulto em acompanhar a criança em sua aprendizagem, ou seja, extraindo o melhor dela, de dentro para fora, e não inculcando de fora para dentro.

Por isso, é importante a escuta no ambiente escolar; dependendo de como a escola escuta a criança, ela pode ajudar na construção da autenticidade. Mas como isso pode ser feito? A primeira coisa é não atrapalhar o processo natural da criança de pensar e processar o mundo, a partir de si mesma e não do outro. Outra coisa é fazer uma abertura para que ela possa colocar seus questionamentos, recursos e repertórios para lidar com situações práticas, a partir da escuta e da consideração efetiva de alguns dos elementos que ela traga, desde que isso seja possível em cada situação.

Um exemplo recente foi em uma escola particular infantil (zero a seis anos) que, durante a pandemia, havia instituído que apenas as crianças pequenas levariam brinquedos para a escola – já que, por conta do risco de contágio, quanto menos objetos externos entrassem, melhor seria para a segurança de todos. As crianças mais velhas, com seu direito ao brinquedo tolhido, reivindicaram levar os seus também. Para isso, reuniram-se e levaram o caso para a professora que acolheu o pedido das crianças, levando-o à coordenação que, por sua vez, entendeu esse pedido como algo legítimo e cedeu à colocação das crianças, que apenas colocaram o seu desejo em cena, pois queriam levar os brinquedos, assim como os mais novos. A professora poderia ter sido muito amorosa e cuidadosa ao receber o pedido das crianças e lhes explicar o motivo da regra estabelecida, reforçando a importância do impedimento, mas ela, ainda, buscou dar voz às crianças, por conta da legitimidade do pedido e do movimento vindo delas. Essas situações podem parecer simples, mas são peças importantes na construção desse interessante quebra-cabeça escuta/autenticidade.

O mais importante nesse exemplo não é o resultado positivo em si, das crianças terem alcançado o que queriam, mas, sim, o processo como um todo, tanto do lado das crianças que pensaram na resolução de algo que foi um problema para elas quanto do lado da professora/coordenação por terem acolhido a fala e o pedido das crianças. A escola, dessa forma, ofereceu uma escuta respeitosa, não limitando as crianças às suas regras, e, sim, proporcionando um espaço para autenticidade e protagonismo delas na resolução de um conflito.

São inúmeras as situações em que a escola pode se apresentar como um ambiente cultivador do espaço autêntico e criativo da criança em benefício do aprendizado e construção do ser de cada criança, ainda em constituição.

O brincar, por excelência, é o espaço da autenticidade da criança, no qual ela imprime muito o que é dela, sem amarras que a limitem. É o espaço puramente criativo, em que ela constrói e exerce toda singularidade e potência de ser quem ela é.

A seguir, listamos propostas que favorecem a exploração da autenticidade/escuta da criança.

- **Vestimentas:** as crianças, geralmente, não se importam com os padrões advindos do universo adulto que possam limitá-las. Elas trocam os pares dos tênis, fazem sobreposições de roupas e combinações sem lógica pelo olhar do adulto, mas, dessa forma, vão colocando traços da sua autenticidade na forma de se vestir. Na escola, os dias livres do uniforme, da roupa maluca ou penteado maluco são boas oportunidades de espaço para a autenticidade da criança.

- **Atividades que envolvam criação:** espaços para criação de personagens, brinquedos e histórias também são boas opções para a criança colocar a autenticidade em cena. A criação de uma criança é tão única e autêntica que dificilmente se coincidirá com as das outras crianças. Um rico exemplo de criação foi quando uma turma de alunos, com idade aproximada de três anos, se reuniu junto à professora para a criação de um personagem. A esse boneco foi dado nome, sexo, características e vestimentas. Após essa criação, ele foi produzido por uma costureira e, no retorno à escola, as crianças terminaram a caracterização. A partir disso, cada criança pode levar o boneco para casa por uma semana e fotografar os momentos em que brincou e viveu com ele. Depois de ter passado pela casa de todos, o boneco permaneceu na escola e a professora fez um álbum com as fotografias que todos os alunos haviam tirado, contando um pouco da história dele com cada um.
- **Situações que envolvam tomada de decisões e resoluções de conflitos** – dentro do que for possível incluir a criança – também são bons espaços para ela colocar em prática concepções sobre como lida com conflitos e seu raciocínio e repertório para resolvê-los. Cabe ao adulto escutá-la e gerenciá-la da melhor forma possível, considerando a autenticidade de cada um sem perder de vista o bem coletivo.

Dessa forma, a autenticidade tem a ver com a subjetividade e com a singularidade da criança e, no ambiente escolar, que é uma importante entrada da criança no coletivo, cada criança contará com a escuta do adulto como ferramenta nesse processo de legitimação e liberdade em ser quem se é. A criança é uma verdadeira potência, essencialmente autêntica, que pode ter essa *soft skill* a favor de sua constituição, desde que encontre espaço para praticá-la e se autoconhecer dentro do que lhe for possível em cada etapa e momento de seu desenvolvimento, para em seu universo adulto colher os frutos de sua potência que foi respeitada e encorajada.

Referências

L'ECUYER, C. *Educar na curiosidade*. São Paulo: Edições Fons Sapientae, 2015.

MONTESSORI, M. *O segredo da infância*. Brasil: Edição CEDET, 2019.

32

AUTENTICIDADE E ESCUTA

EM AMBIENTES FAMILIARES

Trazendo meu olhar para a primeira infância e a importância da construção de uma relação entre a família, neste capítulo, vamos conversar sobre como essas duas habilidades estão interligadas e como podemos abrir espaço em nosso cotidiano para essa observação tão preciosa.

AMANDA MOTA
ANDRADE MARQUES

Amanda Mota Andrade Marques

Contatos
amandamotadanca@gmail.com
Instagram:@amandamotadanca
11 98222 0330

Publicitária e pós-graduada em dança, arte, esporte e educação. É apaixonada pelo movimento e pela comunicação. Iniciou a paixão pela arte por meio do teatro, quando morou em Olinda e foi altamente contagiada pela cultura local. Já em São Paulo, a carreira artística começou pela dança de salão, em 2011, atuando em escolas de dança. Teve a oportunidade de ministrar aulas nos festivais de forró de Lisboa e Barcelona. Hoje, segue com seus estudos, integrando as equipes da escola de forró Pé Descalço e da Dois Rumos – Companhia de Dança de Salão Contemporânea. Em 2017, se tornou mãe e pode afirmar que foi revolucionário. Direcionou seus estudos em dança para famílias – desde a gestação até os três anos do bebê — por meio da Dança Materna e da doulagem. É mãe solo da Alice e acredita muito no potencial da primeiríssima infância e de como se pode construir novos caminhos para a humanidade tendo um olhar mais atento e amoroso para essa etapa da vida.

Em minhas pesquisas sobre o tema deste capítulo, encontrei como uma das definições de autenticidade: "uma pessoa que permanece fiel a si mesma".

Lembrei-me do meu puerpério, mais especificamente no primeiro mês da chegada da minha filha. Não sabia direito nem qual era o meu nome. Virei a mãe da Alice. Com muito orgulho, sim, com uma fusão emocional enorme e, ao mesmo tempo, com um vazio muito grande, por não saber mais quem eu seria daquele dia em diante.

Receber um novo componente na família não passa despercebido e nasce uma nova estrutura. A rotina, a dinâmica da casa e a agenda sofrem muitas adaptações. É impossível os pais não se abalarem a ponto de não saberem mais quem eles são em meio a tantas mudanças.

A chegada de um filho é um convite ao autoconhecimento. É preciso se revisitar e se faz isso não só nessa chegada, mas durante toda a vida. Leva tempo para entender como será essa nova dança. Qual música vai para o baú das memórias e quais novas *playlists* vão tocar para embalar os caminhos dessa nova família que está se formando.

Antes de falar sobre a autenticidade na infância, vamos conversar sobre a importância de encontrar a própria autenticidade. E talvez isso passe por novos caminhos, como conversas, leituras, estudos, terapia; até você encontrar qual tipo de pessoa você quer ser.

A internet possibilita o acesso a um mundo de informações, que são valiosas, mas, ao mesmo tempo, trazem uma confusão dos caminhos que podemos seguir. Porém, acarreta também algumas polaridades perigosas.

Os filhos não vêm com manual, por isso nada garante que seguir à risca tudo que nos é apresentado será a receita da maternidade perfeita. Entre os livros e a realidade existem, pelo menos, dois fatores que podem mudar todo o percurso: o que você almeja e o que o seu filho quer.

A teoria é importante demais. Nós pesquisamos até quando trocamos de celular, lemos o manual, perguntamos para os amigos e vamos em lojas diferentes... Por que deveria ser diferente em um dos momentos mais marcantes das nossas vidas?

E aí entra uma mistura que precisa ser considerada, que é a experiência de tudo o que você viveu e o que está pesquisando. Não posso deixar de acrescentar que o ambiente igualmente influencia nossas decisões. A família, os amigos, o trabalho e uma variedade de fatores que estão presentes, mesmo que, inconscientemente, afetam as nossas escolhas.

Não existe só o lado intuitivo de se criar um filho ou o famoso "comigo foi assim e sobrevivi". Estudar e se atualizar faz parte da jornada e, para isso, é preciso estar disponível para mudar de opinião, para experimentar o novo e para mergulhar nessa experiência.

Um dos meus maiores desafios tem sido a separação do que eu realmente quero e do que estou fazendo pela minha filha. A sociedade cobra muito das mães, em um nível que chega a invisibilizar os nossos quereres.

Quando você faz uma escolha sem se priorizar, o risco dessa conta chegar para o seu filho, futuramente, é muito grande.

Isso não quer dizer ser egoísta, que as necessidades da criança não serão atendidas. Pelo contrário. Abdicar de algumas coisas e fazer escolhas sempre fizeram parte das nossas vidas muito antes de os filhos chegarem, mas com eles a balança vai ficar diferente. E é, justamente, nesse ponto que a equação fica difícil, que é somar a nova vida, sem esquecer de se priorizar.

Passei a entender melhor sobre isso no final do meu puerpério, quando comecei a sentir falta de estar sozinha. Imaginem só a logística de conseguir isso sendo mãe solo de um bebê que mamava em livre demanda?

A famosa e tão importante construção de uma rede de apoio me possibilitou sair a primeira vez sozinha por algumas horas, que depois de um tempo viraram mais horas, que depois de bastante tempo se transformou numa primeira noite, que depois de mais um tempo rolou até uma viagem. Ter um tempo sozinha é uma necessidade materna. Essa pausa é essencial. Faz com que eu me recarregue e me sinta com mais energia e inteira em mim mesma. E, dessa forma, eu fico abastecida, plena e completa na relação com a minha filha.

E, mesmo com a certeza de que preciso desses momentos, ainda ouço as vozes da culpa na minha cabeça, perguntando se fiz uma boa escolha e se ela estará bem cuidada. Então, aceitei que não existe uma fórmula, nada está pronto.

Cada pessoa é única, singular e isso, por si só, já a torna autêntica. Desejo imensamente que você nunca perca a curiosidade, a vontade de pesquisar, de mudar de ideia e também (talvez, principalmente) de se divertir.

Cuidar da sobrevivência de um ser humano já é extremamente trabalhoso e, se durante esses percursos não houver diversão e leveza, a relação e o cotidiano ficarão pesados demais.

Ao reconhecer a sua autenticidade, outro caminho muito mais rico – mesmo com alguns desafios – começa a surgir. Há um encantamento precioso, caso você se permita participar dessa dança no ritmo das crianças. E é aqui, nesse ponto, que a autenticidade se encontra com a escuta, que é o tema deste capítulo.

Desenvolver nossa autenticidade está diretamente ligada à possibilidade de termos espaço para sermos nós mesmos e, muitas vezes, o sistema no qual vivemos não permite que as crianças façam isso. Elas já são logo colocadas dentro de um padrão de comportamento e expectativas do que os adultos esperam que elas sejam.

Ao criar uma expectativa, esperando que o seu filho a alcance, você também está contribuindo para que ele apenas siga o que você quer e não o que ele realmente é na sua essência, nos seus gostos, individualidade e autenticidade.

O suave e delicado aprendizado de escutar bebês e crianças

Ouvir o que a criança quer não significa dizer que você realizará todas as vontades dela. Entre a permissividade e a autoridade, existe um mundo de acordos, combinados, conversas e ponderações que podem ser feitas. A escuta aberta é um caminho que atravessa a teoria.

Vou fazer uma associação com o movimento e o brincar livre. Se você nunca ouviu falar sobre isso, sugiro fortemente que conheça o trabalho de Emmi Pikler, uma pediatra húngara que introduziu novas teorias na educação infantil.

É comum, quando vamos brincar com uma criança, o uso de frases como: "pegue esse brinquedo", "olha só que legal", "veja como se faz"...

Usamos muito o imperativo com a melhor das intenções de ensinar ou ajudar os pequenos, porém, quando passamos a apenas observar, abrem-se novas possibilidades de interpretação.

> *Uma criança que consegue as coisas por meio da experimentação independente adquire um tipo de conhecimento completamente diferente daquela criança para a qual são oferecidas soluções prontas.*
> EMMI PIKLER

Possibilitar que uma criança explore o próprio corpo, o ambiente, os objetos e tudo ao redor é estimular que ela encontre preferências, que trabalhe a criatividade e, principalmente, que as suas escolhas sejam autênticas.

Atender famílias com bebês me colocou em um lugar desafiador: é possível trabalhar autenticidade e escuta mesmo com os bebês que ainda não desenvolveram a fala?

Faço um convite a vocês, com base também na minha experiência como mãe, para que possamos nos aprofundar ainda mais na observação e no acolhimento.

Ao tocar o corpo de um bebê nos cuidados de rotina, como trocar a fralda, a roupa ou oferecer comida, normalmente, fazemos isso de maneira automática. Afinal, sabemos fazer isso com tranquilidade.

Então, faço-lhes uma pergunta.

Quando vai trocar a fralda do seu filho, você costuma informá-lo sobre o que vai acontecer ou somente executa a ação?

Um bebê que já adquiriu alguma mobilidade, possivelmente, vai se virar, balançar as pernas e, às vezes, até "fugir" desse momento. Em vez de um momento de conexão, transforma-se em uma possível irritabilidade.

Em vez de um movimento robotizado, podemos aproveitar os instantes de cuidado (que envolvem grande parte do dia com um bebê), para estabelecer essa conversa da maneira possível para essa fase.

Por mais que ele ainda não se comunique verbalmente, o adulto pode fazer isso e, assim, possibilitar uma preparação do ambiente para que as coisas fluam de maneira mais leve.

Uma simples fala informativa pode ajudá-lo a entender que vai acontecer algo novo, diferente, mas que logo tudo voltará a ficar bem. É como se você dissesse ao seu bebê: eu vejo você. Estou aqui para acolher suas necessidades.

O tom de voz e o seu estado emocional também vão auxiliar o bebê a entender o que está acontecendo. Assim como os sons e movimentos que ele emite podem dar sinais de que quer comunicar algo.

Dar espaço para o bebê reconhecer as ações é uma maneira linda de ouvi-lo e que pode reverberar em outras tantas coisas muito positivas futuramente, como o respeito e a percepção sobre seu próprio corpo e limites.

Lembro-me de uma mãe que foi em uma aula na qual eu estava ensinando algumas técnicas da Shantala, uma deliciosa massagem para bebês. Ela estava muito animada para colocar em prática essa técnica que traz tantos benefícios e foi seguindo minha orientação.

No entanto, passei a observar que um movimento em especial não era tão confortável para o bebê. Ele puxava os pezinhos e resmungava. Então, no decorrer das aulas, cada vez que tínhamos esse momento eu pedia para que ela fizesse algumas adaptações e investisse em movimentos que eram mais agradáveis ao bebê. A partir disso, eles foram criando a própria sequência e foram surgindo outras brincadeiras. Se ela tivesse insistido em seguir somente a técnica, possivelmente teriam desistido dessa prática e não criariam essas memórias que vieram a partir da adaptação.

Como uma apaixonada pelo movimento que sou, faço sempre uma analogia com a flexibilidade. Existe o ideal e o possível para cada pessoa.

Outra forma muito comum de comunicação dos bebês é o choro. E essa parte vem cheia de desafios, pois, na maioria das vezes, o choro é muito mal interpretado pela sociedade. O choro é visto como incômodo.

Uma criança que resmunga, grita ou chora não está simplesmente fazendo birra. Ela está querendo comunicar algo, está pedindo atenção.

De que outra maneira esses seres tão pequeninos e indefesos poderiam nos avisar sobre seus desconfortos se não dessa forma?

O choro pode alertar para fatores importantes como sono e fome, mas também para coisas simples como uma etiqueta da roupa que está fazendo coçar suas costas.

E, mais uma vez, falo da importância dessa escuta atenta, de entender o todo e não somente focar no choro. Se sua criança está chorando, ela precisa ser acolhida para que se sinta confortável novamente. Precisa ser atendida em suas necessidades e, dessa forma, se sentir ouvida.

Minha criação (e, possivelmente, se você tem mais de 30 anos vai se identificar com isso) foi firmada em uma disciplina muito autoritária. E comento isso sem julgar ou condenar minha mãe, era dessa forma que se fazia antigamente, era como tinha sido ensinada e usou as ferramentas de que disponha da melhor maneira possível.

Mas me lembro muito de falas que silenciam totalmente a criança: vai fazer porque estou mandando, engole o choro, criança não se mete em conversa de adulto etc.

Silenciamos nossas crianças e depois as cobramos quando maiores para serem mais assertivas, comunicativas, criativas, autênticas. Como poderiam desenvolver tais habilidades se, no momento da construção dessas habilidades, elas não foram ouvidas?

E, ressalto ainda, a importância dessa escuta para que seja também recíproco.

Nossos filhos funcionam como um reflexo nosso, dos nossos gestos e atitudes. São os neurônios-espelho.

Se uma criança cresce em um ambiente onde o grito é muito ouvido, é também dessa forma que ela vai se comunicar. Assim, se uma criança convive com pessoas que a escutam e dão o espaço necessário para suas falas, ela também tende a se comportar da mesma maneira.

O tempo e o ritmo de um bebê ou uma criança é completamente diferente do nosso. Principalmente para quem vive em grandes capitais como São Paulo, como é o meu caso. Vivemos praticamente numa corrida contra o tempo, para dar conta de todas as demandas que precisamos resolver no dia e, com isso, acabamos atropelando o tempo e a fala da criança.

Diariamente, no caminho para a escola com a minha filha, ela faz uma parada para pegar uma flor, para olhar um bichinho, para andar com um pé só pela linha branca, para me mostrar a lua que já está no céu, mesmo estando claro. E tudo isso é um aprendizado para ela.

Nós, adultos, estamos muito ocupados com nossos trabalhos, nossos celulares, com a arrumação da casa e, infelizmente, estamos nos afastando cada vez mais de enxergar o mundo pelos olhos dos nossos filhos.

Eles também têm muito a nos ensinar. O tempo e a presença estão entre as maiores riquezas que podemos dar aos nossos filhos. Esse tempo não precisa exatamente ser o tempo do relógio, mas estando presente verdadeiramente você terá mais tempo para observar, para escutar e para construir essa relação de maneira cuidadosa, atenciosa e amorosa.

33

AUTENTICIDADE E ESCUTA

EM AMBIENTES SOCIAIS

Este capítulo tem o objetivo de dialogar sobre a importância de fomentar autenticidade e escuta nos ambientes sociais a partir de vivências que oportunizem respeito à infância e suas fases de desenvolvimento, autonomia para que a criança seja quem precisa ser e coragem para caminhar de mãos dadas, sem a pretensão de delimitar a estrada.

MARIA JULIANA DE JESUS NETA AUDI

Maria Juliana de Jesus Neta Audi

Contatos
mariajuliana.servicosocial@gmail.com
Instagram: @surtosdeumamae
71 98392 5036

Assistente social e pedagoga, acredita na educação como pilar de transformação social e na escola, como um território de descobertas. Mãe do Enzo (anjo) e da Melissa (bebê arco-íris), que escolhe, diariamente, caminhar de mãos dadas, atenta às belezas do caminho, conectada e disposta a crescer com e ao lado da minha criança. Gente feliz, que ri alto, muda de opinião, enxerga beleza na rotina dos dias e sabe que é sempre tempo de aprender. Vamos juntos?

Não existe nada mais autêntico que uma infância feliz, vivida em ambientes saudáveis, com adultos que assumem responsabilidades, e a tão sonhada liberdade de ser.

Crianças são como passarinhos no pôr do sol, voando alto, testando novos ângulos, descobrindo todas as possibilidades do existir. Elas querem ser vistas, exatamente como são.

Os adultos tendem a esquecer que foram crianças um dia, tantas vezes, por terem experienciado vivências repletas de punições e dor.

Assim, como a pequena ave que voava livre na imensidão, hoje engaiolada, deixa de enxergar o céu como oásis de alegria. Reencontrar a criança que fomos um dia pode ser desafiador, mas é crucial para oportunizar liberdade no caminhar.

Desconstruir padrões que nos aprisionam é o primeiro passo para uma jornada mais leve, sem atribuir ao outro projeções irreais, sonhos não realizados e vaidades enormes.

A certeza de que a gente só ensina o que já aprendeu gera auto-observação e compromisso com o desenvolvimento mútuo.

Sobre minha experiência

Por um período da minha vida, as mudanças constantes de endereço proporcionaram encontros e desencontros. Lembro uma tarde no parque, depois de explorar os espaços, resolvemos fazer um piquenique. Estava na companhia da minha filha, que na época tinha apenas 2 anos.

Tínhamos acabado de chegar àquela cidade, sentia a necessidade de criar laços e fortalecer vínculos, pois a rotina de cuidar sabe ser exaustiva e bem solitária, principalmente, sem uma rede de apoio. A proximidade com outras famílias, naquele ambiente social, trouxe alegria e ansiedade por contato.

Uma criança se aproximou de nós. Minha pequena segurava sua boneca preferida. Uma mãe sorridente apareceu em seguida, trocamos olhares e cumprimentos.

As crianças começaram a disputar o mesmo brinquedo, o que é tão natural. Minha filha se recusou a dividir, tentei mediar a situação, mas ela chorou, gritou e deixou clara sua insatisfação.

Expliquei que, naquele momento, ela não queria compartilhar, redirecionei e ofereci outro brinquedo. Procurei emendar uma conversa divertida para quebrar o gelo. A mãe, magoada, olhou nos meus olhos e, numa típica birra de adulto, disparou: "Vamos, filha, procurar outra criança que saiba brincar".

Por um segundo, cheguei a pensar que poderia estar criando uma filha egoísta, porém, no instante seguinte, me dei conta de que aquilo não era um julgamento sobre minha capacidade, mas uma escolha individual de respeitar sua fase de desenvolvimento. Naquela etapa, ela ainda não estava pronta para compartilhar. Contudo, teve tempo e aprendeu. É preciso atenção para não querermos cobrar das crianças, o que tantas vezes, ainda nem conseguimos conquistar.

Talvez fosse mais fácil tomar seu brinquedo favorito e ignorar suas emoções. Mas o que eu estaria ensinando sobre respeitar seu espaço e ser autêntica com seus sentimentos?

Clareza em suas crenças

Os espaços sociais são aqueles em que as famílias se encontram, cada uma com seus valores e combinados. Com frequência, esses ambientes nos conduzem a proceder dentro de um padrão socialmente esperado, para não sermos julgados, para buscar aceitação. Ter clareza daquilo que se acredita – e conhecimento sobre o desenvolvimento infantil – traz a segurança para agir, sem deixar de lado a amorosidade e o bom senso.

Crianças são oportunidades incríveis de se reinventar, desconstruir estereótipos e desenhar novas formas de olhar o mundo.

Sou uma pessoa comunicativa, de riso frouxo, que gosta do contato físico. Fui uma criança que adorava vestir a camisa de boazinha e, ainda hoje, tenho uma dificuldade absurda em dizer *não*.

Em contrapartida, não tive a filha mais simpática do universo, aquela que ri e cumprimenta todos, a cativante do parquinho ou a adorável menina doce da escola.

Minha pequena é desafiadora, atenta, gosta de defender seu espaço e quase nunca sorri no primeiro contato. Isso pode ser muito simples na teoria, mas nem tanto na prática cotidiana.

Perdi as contas das vezes que a chamaram de "bicho do mato" no encontro de amigas ou de "enfezadinha" na festa da empresa; das muitas situações que precisei intervir, porque adultos se acham no direito de tocar no corpo de uma criança sem consentimento.

Sempre deixei claro que ela não precisava abraçar ou beijar se isso não fosse um desejo, mas que seria necessário respeitar todas as pessoas. Isso, sim, era inegociável. Não vejo outra forma de fomentar respeito, sem respeitar os limites da minha menina, sem olhar nos olhos e abraçar forte, sem salientar que, ao meu lado, ela pode ser quem ela quiser. Hoje, tantas vezes, acolho a criança que fui, por meio da sua coragem bonita de ser.

Um dia desses, sentada em uma mesa de restaurante com pessoas queridas, conversávamos sobre mudanças de planos na carreira. Em determinado momento, minha pequena se posicionou, como de costume. O desconforto foi geral; alguém imediatamente reiterou o quanto soa impertinente crianças se envolverem em conversas de adulto. Não retruquei, apenas validei a opinião da minha menina e fiquei refletindo sobre a situação. Passei algum tempo revivendo o acontecido, revisitei sensações que remetiam à infância, questionei minha forma de agir, mas como poderia calar minha criança? Me dei conta de como os ambientes sociais podem oprimir e invisibilizar. Reflitam comigo: a criança está ao redor da mesa, logo, ela faz parte daquele círculo de debate. Qualquer assunto que não seja pertinente à sua faixa etária, não deveria fazer parte do diálogo, concordam? A verdade é que os filhos nos pegam pelas mãos e convidam a desconstruir certezas, assim, vamos desenhando novas narrativas, repletas de autonomia, respeito e amor-próprio. Não tenham medo de agir com amorosidade!

Os ambientes sociais podem ser deliciosos espaços de partilha e encontros, nos quais laços se atam e experiências coletivas repletas de significados se estabelecem. Para que isso se desenvolva de maneira natural, é necessário que você acredite e valide os valores que escolheu para permear a relação e a educação da criança que tem nas mãos. Assim, o posicionamento do outro, bem como suas escolhas, não se apresentará como impasse ou obstáculo às conexões. Pelo contrário, serão pontes de trocas e conversas. E se, em algum momento, as pressões sociais impulsionarem você a agir de maneira diferente do que acredita, a certeza do percurso te guiará de volta.

Oportunize escolhas autênticas

Em outro contexto, um pouco mais velha, na saída para o aniversário de uma amiga querida, ela começou a tirar a roupa, os sapatos e arrancar o penteado que levei muito tempo para fazer. Disse que não ia daquele jeito, que queria seu velho vestido vermelho e sandálias confortáveis, finalizou disparando: "Você nunca me deixa escolher nada". Lidar com aquilo tudo, exatamente naquele momento, não estava nos meus planos, mas respirei fundo e, embora a vontade fosse de gritar alto, tentei contornar a situação e internalizar que ela queria comunicar algo e eu precisava ouvir, ou então, aquilo tudo viraria uma luta de gigantes na qual ambas sairiam magoadas. No mesmo instante, um sinal vermelho piscou forte na minha cabeça: tenho oportunizado autonomia para escolhas autênticas? Abracei forte e expliquei que, para cada ambiente, usamos um tipo de vestimenta: "Filha, não dá para ir à praia de casaco e bota, lembra?" — Então me deixa escolher – ela respondeu.

Voltamos ao quarto, dei algumas opções, ela elegeu a sua preferida, fui à festa com uma menina feliz, confiante e de sapatos confortáveis, que dançou, brincou e eu quase podia sentir sua satisfação. Desde então, venho oportunizando escolhas diariamente e, assim, abandonamos alguns calçados apertados e laços enormes, acrescentamos muitas cores, cabelos ao vento, galochas inusitadas e fantasias diversas. O reflexo no espelho tem mostrado uma menina cada vez mais confiante e visuais que arrancam as nossas melhores gargalhadas. Que delícia é permitir! Crianças aprendem pela experimentação, repetição e observação. E só há uma maneira de fomentar autenticidade nas crianças que nos rodeiam, validar suas emoções, escutar atentamente o que elas têm a dizer, permitir que sejam o que precisam ser, se conectar para conhecer e, principalmente, alinhar as expectativas com a fase de desenvolvimento neuropsicomotor. Uma dica: ame, sem medo, hora marcada ou condicionantes. Ame, porque caminhar de mãos dadas com uma criança é a melhor oportunidade de olhar a vida por vertentes inusitadas. Se entregue sem medo de ouvir do outro que você está mimando, com a certeza de que liberdade não é falta de limites, respeito nada tem a ver com permissividade e o mais importante: acredite no AMOR, porque ele é o único caminho possível para estabelecer relações saudáveis.

Trilhando caminhos para fomentar a autenticidade

Crie momentos para fortalecer a conexão e o vínculo. Separe um tempo para interagir com sua criança, sem distrações. A brincadeira é a linguagem da infância e, se ampliarmos o conceito do brincar, começamos a identificar oportunidades de ser feliz na rotina, em qualquer hora ou lugar.

Se você não gosta de jogar bola, experimente cozinhar com sua criança; se brincar de casinha não é o seu forte, convide-a para desenhar, explorar os espaços da casa ou, quem sabe, dar uma volta no quarteirão, observando as cores das construções, os diferentes tipos de veículos, nomeando os minúsculos bichinhos dos jardins.

Contemplem o pôr do sol da janela, desenhem nas paredes do banheiro, costurem roupas de bonecas, tomem banho de mangueira, dancem e cantem em alto e bom som a música preferida no chão da sala.

Não é sobre quantidade ou brinquedos elaborados, mas, sim, estar verdadeiramente disponível no tempo que se tem.

Ao brincarem juntos, pais e filhos fortalecem vínculos, encontram novas maneiras de se conhecerem e reconhecerem: limites, dificuldades e preferências. Brincar junto é adubar o solo de um jardim que sempre pode florescer.

Ouça e acolha as emoções

Com a rotina frenética que vivemos, é comum ouvir sem prestar atenção, responder sem analisar, diminuir o sentimento do outro. Certifique-se de que o modo automático seja desligado ao atender às necessidades da criança.

Se, na saída da escola, você não consegue escutar o que ela tem a falar porque precisa responder a um e-mail do trabalho, explique que precisa de um tempo e, ao retornar, esteja inteira.

Se esquecer o brinquedo preferido em casa desregulou as emoções, abrace-a e conversem sobre aquela frustração. Acolha os sentimentos da sua criança em toda parte. Não sinta a obrigação de justificar os comportamentos dela.

Estude sobre o desenvolvimento infantil

Compreender o processo de desenvolvimento infantil nos ajuda a alinhar as expectativas com as capacidades cognitivas, motoras, emocionais e sociais de cada fase da infância.

Compreender que esse desenvolvimento é gradual, nos ajuda a internalizar que uma criança de dois anos ainda não adquiriu a habilidade plena de compartilhar brinquedos. Diminui a chance de se esquecer de abraçar no caos, durante aquela birra do shopping center, onde todos os olhares podem condenar. Nesse momento, você vai respirar e lembrar que aquela criança está em desenvolvimento, seu cérebro imaturo precisa de tempo, repertório e bons exemplos de controle emocional, para, então, nomear e entender seus sentimentos. Na hora da birra não há aprendizado, porém a maneira que você lida com o descontrole ensina muito.

Desconstrua estereótipos e expectativas que impedem de enxergar a criança como ela realmente é

Vislumbre a criança sem atribuir-lhe projeções, sonhos não realizados e vaidades enormes. Deixe que ela seja quem precisa ser, não existe autenticidade sem espaço e escuta ativa.

Lembre-se: você não precisa formar um troféu, prefira um ser humano.

Possibilite autonomia para escolhas autênticas

Instigue a criança a se envolver em escolhas que ela já possa realizar sem gerar prejuízos ou riscos ao seu desenvolvimento, fortalecendo sua autoestima e identidade.

Faça uma pré-seleção de opções e deixe que ela se posicione, seja na escolha das roupas, na compra de brinquedos, no cardápio do restaurante ou mesmo no momento de programar o fim de semana da família.

Incentive a criança a se posicionar

Mostre, desde muito cedo, que sua criança pode e deve se posicionar com relação a tudo, principalmente sobre o que a incomoda.

Por fim, internalize que somos todos aprendizes nessa vida. Nenhum caminho ou mudança acontece de maneira linear, acredite nas suas escolhas, recomece quantas vezes forem necessárias e se divirta no processo: a felicidade está no percurso. Ame sem limites.

Um balanço de aprendizagem e próximos passos

E, assim, chegamos ao fim.

O impulso inovador de trazer a pauta das *soft skills* para o universo da educação infantil foi o que uniu Lucedile Antunes, idealizadora, e Beatriz Montenegro, cocoordenadora desta obra. Que essas duas mulheres potentes e determinadas tenham combinado suas causas paralelas e semelhantes constitui um presente aos leitores na forma de uma curadoria primorosa. A comprovação se dá quando, ao final dessa jornada, cada leitor se sente verdadeiramente tocado pelos textos, busca-se a si mesmo em modo reflexivo, admite-se, inspirado e desafiado por tudo o que leu. Não nos espantaria se alguém, ao atingir esse ponto, mencionasse certo aperto no peito diante das novas perspectivas encontradas, das possibilidades de revisão crítica de seus comportamentos pretéritos: "Ah! Agora entendo que poderia ter procedido de um modo diferente" ou, ainda, com um sentimento de reafirmação pessoal: "Que bom que venho agindo dessa maneira!". Seria, no mínimo, fascinante ouvir as reações de quem aceitou o convite para essa viagem entre narrativas compartilhadas, repletas de propostas de transposição e mudança. A ideia era essa mesma: despertar a consciência para os muitos ditos e não ditos, os vividos e não vividos, das dificuldades e potencialidades do comportamento infantil, fazendo pensar sobre como podemos iluminar nossas atitudes e ações dirigidas às pequenas e aos pequenos.

Amar a criança é sempre o essencial, mas o amor é insuficiente se não for iluminado por determinados saberes bem refletidos. É preciso, claro, demonstrar esses conhecimentos na experiência das situações reais, cotidianas, aquelas em que até o afeto incondicional é desafiado a responder com resoluções práticas. É nesse sentido aplicado que muitos leitores podem ter se surpreendido com a quantidade de *insights* úteis que os autores dos capítulos foram capazes de gerar por meio de suas abordagens.

É bem verdade que as mentes mais sistemáticas podem ter sentido a ausência de uma linearidade rígida no conjunto dos textos, tanto pela variedade de estilos de escrita quanto pela diversidade de perspectivas que emergem na alternância de vozes bem distintas. Ora, o que houve, nesse caso, foi a escolha consciente das coordenadoras que optaram por uma linha mais flexível e plural, considerando, acima de tudo, a paixão espontânea de cada autor singular. Desde o início, o que se quis foi dar passagem para o dinamismo dos temas das *soft skills*, provando que elas não estão restritas ao universo da vida adulta ou corporativa, mas, ao contrário, podem e devem estar na mira de todos os que se preocupam com o desenvolvimento infantil. Em vez de um tratado reconhecido pela sua coerência lógica, o que desejávamos era ver leitores interessados, usando canetas marca-textos e *post-its*, levando os exemplos e os temas para as conversas de um almoço em família ou para as rodas de conversa com outros pais de filhos pequenos.

Pelo mesmo motivo, escolhemos amplificar as abordagens em diversos espaços: a família, os ambientes de aprendizagem e as situações sociais. Queríamos proporcionar experiências multifacetadas, que cobrissem a multiplicidade das circunstâncias em que vivem as nossas crianças.

Agora é, didaticamente, recomendável que façamos um balanço da aprendizagem que fica, sem a pretensão de retomar os temas levantados e discutidos em sua riqueza de detalhes, apenas em busca da alma de cada capítulo:

- Todos gostamos de poder escolher. Com a criança não é diferente. Dar-lhe opções passa a sensação de que ela está no controle e é protagonista da ação.
- Para escutarmos nossos filhos, é necessário silenciar nosso mundo interior, nossos desejos e deveres e dar lugar aos deles, pois só assim faremos uma escuta verdadeira.
- Incentivar a capacidade resolutiva fortalece o poder pessoal e a autonomia, despertando responsabilidade por comportamentos e atitudes de forma coletiva.
- Possibilitar que uma criança explore o próprio corpo, o ambiente, os objetos e tudo ao redor é estimulá-la a descobrir suas preferências, a sua criatividade e, principalmente, a autenticidade de suas escolhas.
- Os adultos devem ser guias gentis, focados em se manter conectados à criança, até mesmo quando é necessário impedi-la de praticar algo que não é seguro ou adequado.
- Não podemos rotular os sentimentos, pois a nossa capacidade de empatia vem do reconhecimento e da aceitação das nossas próprias emoções para que possamos aferi-las e aceitá-las no outro.
- O problema não é o comportamento da criança, mas, sim, a atitude reativa, impulsiva e punitiva do adulto diante da conduta dos pequeninos.
- Se queremos que nossas crianças desenvolvam criatividade e capacidade de resolução de problemas e conflitos, precisamos propiciar as experiências em que possam praticar tais habilidades.
- Às vezes, nós, pais, somos muito exigentes e queremos que a nossa criança organize as coisas com perfeição, desrespeitando seu ritmo de aprendizado. Porém, o primordial é que ela coopere e se sinta valorizada e amada!
- Ao sustentarmos a escolha das nossas crianças, vamos fortalecendo a autoconfiança, a autonomia e o posicionamento delas, enquanto realizamos eventuais ajustes na retaguarda, de forma que não fiquem desamparadas nessa fase tão marcante.
- É função de todos nós desenvolvermos indivíduos completos, autônomos e engajados ao ambiente social. E isso se inicia na infância, principalmente na família e em todos os ambientes de convivência.
- Quando a criança compreende que terá momentos ruins e bons, e que muito dependerá de suas curadorias, de suas escolhas e aberturas para as frustrações e o novo, o inédito, ela aprenderá que existem várias maneiras de se viver e que a escola é um proveitoso local de ensaio para isso.
- E se ríssemos mais de nós mesmos ao cometer um erro? Será que isso não poderia ajudar os nossos alunos e filhos a compreender os benefícios imprevistos de fazer as coisas de modo distinto?

- Para ajudarmos a criança a estimular essas competências, precisamos girar o nosso próprio caleidoscópio interno, a fim de perceber nossas crenças, valores e como integramos, intencionalmente, resiliência, aprendizado e empatia no dia a dia com os pequenos. Devemos começar por nós.
- Como mostraram que podiam muito mais do que acreditavam, ultrapassaram seus limites e já não eram mais os mesmos do começo do ano letivo.
- O brincar, por excelência, é o espaço da autenticidade da criança, no qual imprime muito o que é dela, sem amarras que a limitem. É o espaço puramente criativo, em que ela constrói e exerce toda a sua singularidade e potência de ser quem realmente é.
- É indispensável valorizar a cooperação nas pequenas rotinas e nos hábitos cotidianos.
- Em grupos, vivem trocas primorosas, acolhem instantes e escolhas, transformam e enfrentam desafios, podem confrontar ideias, discordar acerca de algo, lidar com várias opiniões e argumentar.
- "Eu sou aquele que ninguém sabe lidar. Eu sou difícil", quando, na verdade, era possível compreender que suas atitudes diziam: "Eu preciso de um olhar mais compassivo".
- Boas perguntas incentivam a criança a pensar fora da caixa e a resolver questões de forma criativa, mas cuidado para não parecer um interrogatório. O processo de *brainstorming* infantil deve fluir com leveza.
- Acreditamos que a sala de aula seja um espaço que estimula a coragem e que tanto o educador quanto o aluno podem nela aprender a cultivar e aprimorar essa virtude em favor das relações significativas, pautadas em respeito mútuo, ética, evolução pessoal e coletiva.
- Após reconhecer os próprios sentimentos e saber como lidar com eles, a criança é capaz de entender o terceiro pilar do desenvolvimento da inteligência emocional, que é identificar as emoções do outro.

Nessa lista de tópicos de aprendizagem, encontra-se a nossa resposta ao inquietante provérbio africano: "Não basta deixarmos um mundo melhor para os nossos filhos. É necessário também fazermos tudo para deixarmos filhos melhores para o nosso mundo".

Para terminar, vale dizer que não alcançamos o fim. Esta é apenas uma parada estratégica importante. O esforço inicial de trazer a discussão sobre *soft skills* para o universo da infância foi cumprido: um desafio e tanto para todos os envolvidos. E já estamos avançando.

Claudia Siqueira

É mãe da Nana, historiadora e pedagoga; fez magistério com especialização em educação infantil. É pós-graduada em Aperfeiçoamento de Docentes de Educação Infantil e Ensino Fundamental (PUC), e em Pedagogia de Projetos e Tecnologias Educacionais (USP). Fez especialização em Primeira Infância (Harvard), iniciativa da Fundação Maria Cecilia Souto Vidigal. Foi aluna do programa institucional Stanford Teacher Education Program (iSTEP) e do Ensino para Equidade (EpE). Formada no Programa de Especialização Docente (PED) Brasil, coordenado pela profª Rachel Lotan, iniciativa do Lemann Center - Universidade de Stanford. Atuou como professora universitária em cursos de pós-graduação e é formadora na área de educação básica. Trouxe ao Brasil a 1ª exposição Reggio Emilia, no Instituto Tomie Ohtake. Foi palestrante do TEDx Educação com o tema "Quanto maior a interação, maior a aprendizagem". É conselheira do Instituto Cacau Show e CEO do Futuro, presidente do Conselho Municipal de Educação em Cotia-SP, diretora pedagógica do Colégio Sidarta e gestora do Instituto Sidarta.

Luciano Alves Meira

Escritor, professor e cofundador da empresa Caminhos Vida Integral, cuja missão é estimular o florescimento do potencial integral das pessoas, por meio da ciência, da filosofia e da arte. Autor dos livros *Ser ou não ser: nossa dramática encruzilhada evolutiva*, *A segunda simplicidade: bem-estar e produtividade na era da sabedoria* e *Novo Normal: provocações sobre o tempo, liderança, relacionamentos e o si-mesmo*. Responsável pela implementação, no Brasil, do programa "O Líder em Mim", que se espalhou por escolas de todo o país. Graduado em Letras, especializado em Gestão de Organizações Não Lucrativas, pela Universidade de Berkeley, e em Liderança e Gestão Organizacional, pela FranklinCovey-Uniceub.

Seus próximos passos

E, para finalizarmos, nós gostaríamos de saber qual foi seu maior aprendizado neste livro. Abra o QR *code* e responda as perguntas abaixo.

- Como você acredita que pode utilizar os conhecimentos na prática?
- Quais foram seus maiores *insights*?
- Qual foi a parte que você mais gostou nesta obra?

Ficaremos muito contentes em receber um contato seu para nos contar sobre as mudanças que a leitura desta obra provocou em sua vida e na vida das crianças.